山东省水利工程建设项目法人工作指导手册

《山东省水利工程建设项目法人工作指导手册》编委会　编著

黄河水利出版社
·郑州·

图书在版编目(CIP)数据

山东省水利工程建设项目法人工作指导手册/《山东省水利工程建设项目法人工作指导手册》编委会编著. —郑州:黄河水利出版社,2023.6

ISBN 978-7-5509-3595-2

Ⅰ.①山… Ⅱ.①山… Ⅲ.①水利工程-基本建设项目-法人-责任制-山东-手册 Ⅳ.①D927.520.266-62

中国国家版本馆CIP数据核字(2023)第103083号

策划编辑:杨雯惠 电话:0371-66020903 E-mail:yangwenhui923@163.com

责任编辑	冯俊娜	责任校对	岳晓娟
封面设计	张心怡	责任监制	常红昕
出版发行	黄河水利出版社 地址:河南省郑州市顺河路49号 邮政编码:450003 网址:www.yrcp.com E-mail:hhslcbs@126.com 发行部电话:0371-66020550		
承印单位	河南匠心印刷有限公司		
开　　本	787 mm×1 092 mm 1/16		
印　　张	14.75	插　　页	4
字　　数	352千字	印　　数	1—1 000
版次印次	2023年6月第1版		2023年6月第1次印刷

定　　价 98.00元

临沂三河口
（沂河、祊河、柳青河交汇处）

峡山水库
（山东省第一大水库，总库容 14.05 亿 m^3）

打渔张引黄闸

（打渔张灌区和引黄济青调水工程的渠首引黄闸，设计引水流量 120 m^3/s）

引黄济青输水干渠

（自引黄渠首至棘洪滩泵站，干渠输水线路长度 265 km）

台儿庄泵站

（南水北调东线一期工程在山东省境内的第一级提水泵站，提水流量 125 m^3/s）

济平干渠

（南水北调东线一期工程在山东省向胶东供水的首段工程，输水线路总长 90.055 km）

小清河防洪综合治理新淄河闸建设

小清河河道清挖治理

黄水东调应急工程输水管道铺设

黄水东调二期工程加压泵站建设

老岚水库混凝土坝施工

老岚水库土坝黏土心墙施工

《山东省水利工程建设项目法人工作指导手册》
编 委 会

主　　任　王祖利

副 主 任　凌九平　张修忠

委　　员　王锡利　杜珊珊　李　飞　杜子龙

主　　编　唐庆亮

副 主 编　杜子龙

编写人员　陈　静　李鸿亮　马远超　黄文庆　秦余朝
王国庆　沈云良　申建强　魏允冲　宋振振
王宏波　邹　涛　刘文亭　王青艳　许　冉
任红燕　赵广甲　曲英杰　韩立新　宋淑贞
李　莉　宋全芳　王　晓　韩更生

参编人员　魏振峰　王　昊　徐　胜　周广科　徐田峰
郭　静　刘　晗　韩鸿雁　刘　帆　李　峰
王庆伟　高向平　刘　斌　孟凡荣　刘振勇
刘雅芬　宋晓旭　刘　光　侯祥东　孙　翀
迟志学　张　鲁　韩仲凯　周士勇　田增刚

序

党的十八大以来，山东省水利系统坚持以习近平新时代中国特色社会主义思想为指导，积极践行"节水优先、空间均衡、系统治理、两手发力"的治水思路，统筹水资源、水生态、水环境、水灾害协同治理，持续推动水利建设事业高质量发展。南水北调东线一期、胶东调水、黄水东调等一批骨干调水工程先后建成通水，形成山东省"T"字形骨干水网架构，实现了水资源的联合调度、统筹调配，为推动全省经济社会高质量发展提供了坚实有力的水利支撑。

水利工程建设项目法人对工程建设负总责，对工程建设质量安全负首要责任。法人的工作对工程建设至关重要。为加快建立与新时代水利工程建设管理高质量发展相适应的项目法人管理制度，2020 年水利部印发了《水利工程建设项目法人管理指导意见》（水建设〔2020〕258 号），山东省在水利部指导意见的基础上，结合山东省水利建设实际，2021 年山东省水利厅印发了《山东省水利工程建设项目法人管理办法》（鲁水规字〔2021〕14 号），进一步细化明确了项目法人的工作职责和履职要求。

近年来，中央持续加大对水利工程建设的投资力度，水利工作步伐进一步加快，水利基础设施建设进一步加强。为指导山东省水利工程建设项目法人能够更好、更快地掌握水利工程建设程序和相关管理要求，由山东省水利厅水利工程建设处牵头，会同水发规划设计有限公司，历经两年，编撰完成了《山东省水利工程建设项目法人工作指导手册》。本书较系统地阐述了项目法人在各个建设阶段应承担的工作内容，注重实用性，对指导项目法人系统开展建设管理工作，具有积极的指导和促进作用。

当前，山东省水利建设事业迎来了新的发展机遇，各级水行政主管部门、各项目法人等要积极适应新形势、新任务、新变化，锚定新阶段水利高质量发展目标，完整准确地全面贯彻新发展理念，坚持问题导向，坚持守正创新，主动担当作为，狠抓工作落实，为新时代中国特色社会主义现代化强省建设贡献积极力量！

王祖利

2023 年 5 月

前　言

近年来,山东省水利工作以推动水利高质量发展为主题,以健全完善水资源调配体系、水灾害防御体系、水生态保护体系、智慧化水网体系(四个体系)为重点,着力抓好水利工程项目建设。当前水利工程建设投资大、规模大,任务重,工程建设内容多元化,工程建设涉及的政策广、部门多,参建单位多,项目法人的工作跨度大、管理内容复杂、责任要求高。为方便山东省水利工程建设项目法人规范、系统地开展工作,由山东省水利厅水利工程建设处牵头,会同水发规划设计有限公司编撰完成了《山东省水利工程建设项目法人工作指导手册》一书。

本书主要依据国家、行业和地方现行法律法规、规章、规范性文件及技术标准,围绕水利工程建设程序要求,阐述了水利工程建设项目和项目法人在各个阶段需开展的工作内容,全书共分项目法人概述、项目建设程序及前期工作、施工准备、建设实施、工程验收、生产准备与后评价、财务管理与绩效管理等 7 章内容,可供山东省大中型水利工程建设项目的项目法人参考使用。同时随着“放管服”改革的深入,水利工程建设管理相关法律、法规、规章、规范性文件等更新较快,相关单位在使用的过程中,应注意相关政策文件的时效性,如有变化以新的规定为准。由于本书中依据的相关政策文件发布时期、发布部门不同及涉及多个建设阶段,对项目法人有时也采用了建设单位、招标人、发包人等不同用词,无特定说明均指项目法人。

本书在策划和编写过程中,得到了山东省水利厅各处室(直属单位)、相关市(县)水行政主管部门、项目管理单位及专家的大力支持,提出了很好的指导意见,同时参考了江苏省水利厅基本建设处、南京市水利规划设计院股份有限公司编写的《江苏省水利工程建设项目法人工作指南》等文献,在此一并表示诚挚的感谢!

由于本书内容较为丰富,涉及专业较广,编者水平有限,成书时间仓促,尚存在不完善和疏漏之处,恳请读者在使用过程中对疏漏、错误之处批评指正,以便进一步修改完善。

作　者

2023 年 5 月

目　录

第 1 章　项目法人概述

水利工程建设项目法人是项目管理的主体，在项目建设中处于核心地位，对工程建设的质量、安全、进度、资金使用等负首要责任。为加快建立与新时代水利工程建设管理高质量发展相适应的项目法人管理制度，2020 年 11 月 27 日水利部制定印发了《水利工程建设项目法人管理指导意见》（水建设〔2020〕258 号），山东省水利厅根据相关法律法规和水利部相关规定，结合本省实际情况，于 2021 年 12 月 24 日制定印发了《山东省水利工程建设项目法人管理办法》（鲁水规字〔2021〕14 号），旨在加强项目法人的履职能力，提高水利工程建设管理水平。本章主要介绍项目法人管理、项目代建管理、全过程工程咨询相关内容。

1.1　项目法人管理

1.1.1　项目法人的概念

法人是具有民事权利能力和民事行为能力，依法独立享有民事权利和承担民事义务的组织。项目法人的概念首先源于项目业主，1992 年 4 月 6 日，国家计划委员会印发了《关于建设项目实行业主责任制的暂行规定》（计建设〔1992〕2006 号，已废止），第一次明确提出项目业主的概念，指出项目业主是指由投资方派代表组成，从建设项目的筹划、筹资、设计、建设实施直至生产经营、归还贷款及债券本息等全面负责并承担投资风险的项目（企业）管理班子。1995 年 4 月 21 日，水利部印发了《水利工程建设项目实行项目法人责任制的若干意见》（水建〔1995〕129 号，于 2021 年 3 月 23 日废止），提出了在水利工程建设中实行项目法人责任制，项目法人对项目的立项、筹资、建设和生产经营、还本付息及资产保值增值的全过程负责，并承担投资风险。2020 年 11 月 27 日，水利部印发了《水利工程建设项目法人管理指导意见》（水建设〔2020〕258 号），指出项目法人责任制作为水利工程建设项目管理的基本制度之一，项目法人对工程建设的质量、安全、进度和资金使用负首要责任。

1.1.2　项目法人组建

1.1.2.1　项目法人组建方式

（1）政府出资的水利工程建设项目，按照项目管理权限，由县级以上人民政府或其授权的水行政主管部门或其他部门（简称政府或其授权部门）负责组建项目法人；政府与社会资本方共同出资的水利工程建设项目，由双方协商组建项目法人；社会资本方出资的水利工程建设项目，由社会资本方组建项目法人，但组建方案应经工程所在地县级以上人民政府或其授权部门同意。

(2)政府出资的跨行政区域的水利工程建设项目,一般由工程所在地共同的上一级政府或其授权部门组建项目法人,也可根据项目特点,按职责、区域分别组建项目法人。分别组建项目法人的,上级主管部门应协调明确各项目法人所负责项目的投资概算和建设任务。

(3)鼓励各级政府或其授权部门组建常设专职机构,履行项目法人职责,集中承担本级政府负责的水利工程建设任务。

(4)推行按照建设运行管理一体化原则组建项目法人。对已有工程实施改、扩建或除险加固的项目,可以以已有的运行管理单位为基础组建项目法人。

1.1.2.2 项目法人应具备的基本条件

(1)具有独立法人资格,能够承担与其职责相适应的法律责任。

(2)具备与建设项目相适应的组织机构,一般可设置工程技术、计划合同、质量、安全、财务、综合等内设机构。

(3)主要负责人熟悉水利工程建设的方针、政策和法规,掌握有关水利工程建设管理要求,有较强的组织协调能力。

(4)技术负责人为专职人员,具备相应的管理能力,有从事类似水利工程建设技术管理的经历和经验,能够独立处理工程建设中的专业问题。大型水利工程和坝高大于70 m的水库工程的技术负责人具备水利或相关专业高级技术职称或执业资格,其他水利工程技术负责人具备水利或相关专业中级以上职称或执业资格。

(5)财务负责人熟悉有关水利工程建设财务管理的政策和法规,具备相应的管理能力和经济财务管理经验,具备与工程项目相适应的财务、经济专业技术的职称或执业资格。

(6)人员结构满足工程建设在技术、质量、安全、财务、合同、档案等方面的管理需要。大、中、小型水利工程人员数量一般不少于30人、12人、6人,其中工程专业技术人员原则上不少于总人数的50%。

建设项目在可行性研究报告(或相当于可行性研究阶段的技术文件)中应明确项目法人组建主体,提出项目法人机构设置方案。原则上在可行性研究报告批准后、初步设计开展前完成项目法人组建。

1.1.3 项目法人职责

项目法人按照工程建设程序和批准的建设规模、内容,依据有关法律法规和技术标准组织工程建设。主要职责包括以下几点。

1.1.3.1 施工准备阶段

(1)做好征地拆迁、移民安置工作,配合地方政府做好工程建设外部条件落实等工作。

(2)组织开展通水、通电、通路、通信及场地平整等工作。

(3)建设必需的生产、生活临时建筑工程。

(4)实施经批准的应急工程、试验工程等专项工程。

(5)依法对工程项目的勘察、设计、监理、施工、咨询和材料、设备等组织招标或采购,并签订合同。

1.1.3.2　**初步设计阶段**

(1)组织或协助水行政主管部门开展初步设计报告(实施方案)的编制工作。

(2)组织或协助开展对初步设计中重大问题进行咨询论证,并对初步设计组织审查,按规定权限向主管部门报批。

(3)组织或协助主管部门办理相关专项报批手续。

1.1.3.3　**建设实施阶段**

(1)办理工程质量与安全监督手续,并提供危险性较大的单项工程清单和安全生产管理措施。

(2)组织进行项目划分,在主体工程开工前报质量与安全监督机构确认。

(3)组织施工图设计审查,按照有关规定履行设计变更的审查或审核与报批工作。

(4)办理开工报告备案手续。

(5)组织各参建单位实施工程建设,同时做好建设过程中的水土保持和环境保护工作。

(6)组织编制、审核、上报在建工程度汛方案和应急预案,落实安全度汛措施,组织应急预案演练,负责在建工程安全度汛。

(7)组织进行设计交底,参与工程重点部位、关键环节的安全技术交底,组织解决工程建设中的重大技术问题。

(8)制订和上报验收计划,组织进行分部工程、单位工程、合同工程完工验收及项目法人应主持的阶段验收和专项验收。组织做好政府验收相关准备工作。

(9)按照批准的概算控制工程投资,按时完成年度建设任务和投资计划。

(10)开展项目信息管理和参建各方信用信息管理相关工作。

(11)接受并配合质量与安全监督机构开展的监督活动,按规定做好相关备案、核备等工作。

(12)接受并配合有关部门开展的审计、稽查、巡察等各类监督检查,组织落实整改要求。

1.1.3.4　**竣工验收阶段**

(1)建立或落实档案库房,负责工程档案资料的管理,对参建单位档案资料的收集、整理、归档工作进行监督检查。

(2)组织编制项目竣工财务决算,并按规定报送项目主管部门审核批复。

(3)组织参建单位编制竣工验收资料,完成竣工验收技术鉴定(大型水利工程)和验收自查。

(4)提出竣工验收申请,做好竣工验收相关工作。

(5)竣工验收后及时办理工程移交手续。

1.1.3.5　**其他**

法律法规规定的职责及应当履行的其他职责。

1.1.4 工作指导

(1)各级政府及组成部门不得直接作为项目法人,政府部门工作人员在项目法人单位任职期间不得同时履行水利建设管理相关行政职责。项目法人筹建时,受条件制约无法满足项目法人基本条件时,特别是基层水行政主管部门人员数量普遍偏少,组建项目法人时人员数量不足,项目法人单位中既有项目的管理人员,部分人员还同时负责项目监督工作,造成既是"运动员"又是"裁判员",这种情况下,项目法人可通过委托代建、项目管理总承包、全过程咨询等方式,引入专业技术力量,协助项目法人履行相应职责。项目法人和被委托单位的人员总数量及专业要求应不低于项目法人应具备的基本条件。

项目法人委托的代建、项目管理总承包、全过程咨询等单位,按照合同约定承担相应责任,不替代项目法人的责任和义务。

(2)项目法人责任制作为水利工程建设的四项制度(项目法人责任制、招标投标制、工程监理制、合同管理制)之一,在项目管理中发挥了重大作用。但目前也存在着项目法人管理不专业的情况,项目法人中的人员多是临时搭配,是在多个部门、单位中抽调部分人员组合而成,组成人员对管理程序不熟悉,待业务熟悉后,已到了项目后期,人员又回到原单位。因此,政府或其授权部门组建常设专职机构,履行项目法人职责尤为重要,集中承担本级政府负责的水利工程建设,或利用市场行为进行项目管理(代建、全过程咨询)成为发展趋势。

(3)政府部门的常设项目法人机构,可能同时承担多项工程建设任务,项目法人可根据管理需要在每个工程项目设立一个现场管理机构,有利于明确管理责任。但同时应注意现场管理机构是"项目法人"的现场管理机构,项目法人同时应明确项目法人单位和现场管理机构的责任划分及项目法人对现场管理机构的监督管理职责。

1.1.5 项目法人管理相关文件依据

(1)《水利工程建设项目管理规定(试行)》(水建〔1995〕128 号,2014 年、2016 年修正)。

(2)《水利工程建设程序管理暂行规定》(水建〔1998〕16 号,2014 年、2016 年、2017 年、2019 年修正)。

(3)《水利工程建设项目法人管理指导意见》(水建设〔2020〕258 号)。

(4)《山东省水利工程建设项目法人管理办法》(鲁水规字〔2021〕14 号)。

1.2 项目代建管理

1.2.1 项目代建管理的概念

水利工程建设项目代建,是指政府投资的水利工程建设项目通过招标等方式,选择具有水利工程建设管理经验、技术和能力的专业化项目建设管理单位(简称代建单位),负责项目的建设实施,竣工验收后移交运行管理单位的一种项目管理模式。山东省水利厅于2014年8月7日印发了《山东省公益性水利工程代建制试行办法》（鲁水建字〔2014〕12号），对代建实施、项目管理单位和代建单位的职责、代建单位资格条件、代建项目资金管理和奖惩等做了规定。

1.2.2　代建单位资格条件

（1）具有独立的事业或企业法人资格。

（2）具有与从事水利工程建设管理相适应的组织机构、管理能力、专业技术与管理人员。

（3）具有与代建项目规模相适应的水利工程设计、监理、咨询、施工总承包一项或多项资质及相应的业绩；或者承担过国家级或省级大型水利工程项目法人职责，建设管理经验丰富的单位。

1.2.3　代建单位职责

实行代建制的项目，代建单位承担的职责范围不是一成不变的，项目法人可根据工程建设实际情况和管理需要确定代建单位所承担的管理职责，并在代建合同中约定。根据《水利工程建设项目代建实施规程》（DB37/T 4242—2020），代建单位可承担的工作包括：

（1）根据批准的初步设计及概算，组织编制招标设计和施工图设计。

（2）组织开展项目招标，择优选择设计、咨询、监理、施工、检测和主要设备、材料供应等专业单位。

（3）组织洽谈和签订项目建设实施过程中相关建设合同，并对合同进行全过程管理。

（4）组织项目实施，对工程质量、安全生产、建设进度和资金等工作进行管理，对工程的质量、安全、进度承担直接管理责任。

（5）组织审批一般设计变更，协助委托人编报项目重大设计变更、概算调整等文件。

（6）组织编制项目建设实施计划和资金使用计划，向委托人报告工程进度、质量、安全及资金使用情况等。

（7）组织进行分部工程验收、单位工程验收、合同工程完工验收；组织阶段验收和水土保持、环境保护、消防、档案等专项验收准备工作；协助委托人组织竣工验收准备工作。

（8）组织监理、施工、设备及材料供应等单位进行工程完工结算，协助委托人编制竣工财务决算和办理资产移交。

（9）配合做好工程稽查、审计和评估等工作。

（10）依据代建合同约定，应由代建单位承担的其他工作。

1.2.4　工作指导

（1）自2015年以来，山东省持续开展了水利工程建设项目代建管理，将部分项目管理工作逐步推向市场专业化服务。2014年制定了《山东省公益性水利工程代建制试行办法》（鲁水建字〔2014〕12号），2020年发布了地方标准《水利工程建设项目代建实施规程》（DB37/T 4242—2020），以上制度和标准的实施，在激活项目管理模式、规范代建管理行为、实现项目管理专业化等方面发挥了积极的作用，在一定程度上解决了项目法人管理不专业和人员数量不足的问题。但随着代建管理市场化程度的深入，因为代建费的收取标准缺少必要的政策规定，又出现了代建费逐步降低的情况，一定程度上造成代建管理发展后劲不足的情况，制约了代建单位开展专业服务活动的良性发展。因此，建议项目主管部门或项目法人可在项目初步设计概算中单独计列代建费，招标时设定投标控制价时不以“压价”为目标，与代建所承担的工作内容相适应，保障代建项目管理的健康发展和服务水平的提高。

（2）实行代建管理的项目，有关部门对建设项目的审批程序不变。代建项目应严格执行水利工程建设程序，落实项目法人责任制、招标投标制、建设监理制和合同管理制，遵守工程建设质量、安全、进度和资金管理有关规定。

（3）代建单位确定后，项目法人应与代建单位依法签订代建合同。代建合同内容应包括项目建设规模、内容、标准、质量、工期、投资和代建费用等控制指标，明确双方的责任、权利、义务、奖惩等法律关系及违约责任的认定与处理方式。代建合同应按项目管理要求报有关部门备案。

（4）代建单位不得将所承担的项目代建工作转包或分包。代建单位可根据代建合同约定，对项目的勘察、设计、监理、施工和设备、材料采购等依法组织招标，不得以代建为理由规避招标。代建单位（包括与其有隶属关系或股权关系的单位）不得承担代建项目的施工及设备、材料供应等工作。

1.2.5 代建管理文件依据

（1）《水利工程建设项目代建制管理指导意见》（水建管〔2015〕91号）。

（2）《山东省公益性水利工程代建制试行办法》（鲁水建字〔2014〕12号）。

（3）《水利工程建设项目代建实施规程》（DB37/T 4242—2020）。

1.3 全过程工程咨询

1.3.1 全过程工程咨询的概念

近年来，我国工程咨询服务市场化快速发展，形成了投资咨询、招标代理、勘察、设计、监理、造价、项目管理等专业化的咨询服务业态，部分专业咨询服务建立了执业准入制度，促进了我国工程咨询服务专业化水平提升。随着我国固定资产投资项目建设水平的逐步提高，为更好地实现投资建设意图，投资者或建设单位在固定资产投资项目决策、工程建设、项目运营过程中，对综合性、跨阶段、一体化的咨询服务需求日益增强。全过程工程咨询即工程咨询单位综合运用多学科知识，采用多种服务方式组合，提供招标代理、勘察、设计、监理、造价、项目管理等全过程咨询服务，满足建设单位一体化服务需求，增强工程建设过程的协同性。

当前国家及水利行业关于全过程咨询管理的规章制度还不完善，2019年3月15日国家发展和改革委员会、住房和城乡建设部联合印发《关于推进全过程工程咨询服务发展的指导意见》（发改投资规〔2019〕515号），2021年中国工程咨询协会发布了《水利水电工程全过程工程咨询服务导则》（T/CNAEC 8001—2021），对全过程咨询服务发展、服务内容和服务模式等提出了指导性意见。

1.3.2　全过程工程项目咨询组织模式

《关于推进全过程工程咨询服务发展的指导意见》（发改投资规〔2019〕515 号）中提出探索工程建设全过程咨询服务实施方式，工程建设全过程咨询服务应当由一家具有综合能力的咨询单位实施，也可由多家具有招标代理、勘察、设计、监理、造价、项目管理等不同能力的咨询单位联合实施。由多家咨询单位联合实施的，应当明确牵头单位及各单位的权利、义务和责任。

全过程工程咨询单位提供勘察、设计、监理或造价咨询服务时，应当具有与工程规模及委托内容相适应的资质条件。

1.3.3　水利工程建设全过程工程咨询的实施

（1）水利工程建设全过程工程咨询服务可采用直接委托或招标方式确定咨询单位，达到必须依法进行招标规模的全过程工程咨询服务应采用招标方式委托的要求。

（2）项目法人应与咨询单位签订咨询服务合同，合同中应明确全过程工程咨询业务的内容、范围、成果形式、双方的权利义务等。咨询单位应按照咨询服务合同的约定实施全过程和全方位的工程咨询服务工作。

（3）咨询单位承担全过程工程咨询服务时，应在资质证书许可范围内开展相关咨询业务。在保证整个工程项目完整性的前提下，按照合同约定或经项目法人同意，可将部分咨询业务择优委托给具有相应等级资质及能力的单位，并对全过程工程咨询业务负总责，但项目管理业务不应另外委托。

（4）咨询单位在施工现场设立项目咨询服务机构，配备项目负责人、相应的专业技术人员和管理人员，建立健全咨询管理制度，制定咨询服务规划、项目控制流程、资源配置计划、成果审签规定等，对项目实施有效管理。

（5）水利水电工程全过程工程咨询按项目阶段可分为投资决策综合性咨询、工程建设全过程咨询和运营维护咨询。

①投资决策综合性咨询包括流域（或区域）规划、项目建议书、可行性研究报告编制等。咨询单位应编制符合水利水电工程投资决策基本程序要求的申报材料，并协助委托方按规定完成投资决策阶段各项审批、核准或备案事项。

②工程建设全过程咨询包括工程勘察设计咨询、工程招标采购咨询、工程监理与施工项目管理服务等。咨询单位根据合同约定，可承担工程建设阶段的下列咨询服务：

a. 在工程勘察设计阶段，可提供工程勘察设计技术咨询，也可协助项目法人实施勘察设计管理，并将工程勘察设计技术咨询业务委托其他具有相应资质和能力的咨询单位。

b. 在工程招标采购阶段，可提供工程监理、施工及材料设备采购等招标代理服务，也可在项目法人授权下，直接进行材料设备采购管理。

c. 在工程施工阶段，可提供项目管理服务或工程监理服务，也可提供工程监理与项目管理一体化服务。

③运营维护咨询可包括组织机构设置、管理制度建立、运营维护标准、运营维护方案、人员培训、突发事件应急预案等运行管理咨询及其信息化管理平台建设咨询。

1.3.4　工作指导

(1)同一工程的全过程工程咨询单位,无论是牵头单位还是参与单位,均不得与工程总承包单位、施工单位、材料和设备供应商、第三方评价咨询单位具有利益关系。

(2)根据《关于推进全过程工程咨询服务发展的指导意见》(发改投资规〔2019〕515号),建设单位选择具有相应工程勘察、设计、监理或造价咨询资质的单位开展全过程咨询服务的,除法律法规另有规定外,可不再另行委托勘察、设计、监理或造价咨询单位。

(3)工程建设全过程咨询项目负责人应当取得工程建设类注册执业资格且具有工程类、工程经济类高级职称,并具有类似工程经验。对于工程建设全过程咨询服务中承担工程勘察、设计、监理或造价咨询业务的负责人,应具有法律法规规定的相应执业资格。

1.3.5　全过程工程咨询文件依据

(1)《关于推进全过程工程咨询服务发展的指导意见》(发改投资规〔2019〕515号)。

(2)《水利水电工程全过程工程咨询服务导则》(T/CNAEC 8001—2021)。

第 2 章　水利工程建设程序与前期工作

2.1　水利工程建设程序

根据《水利工程建设程序管理暂行规定》(水建〔1998〕16 号,2014 年、2016 年、2017 年、2019 年修正)规定,水利工程建设程序一般分为:项目建议书、可行性研究报告、施工准备、初步设计、建设实施、生产准备、竣工验收、项目后评价等阶段。

该程序适用于由国家投资、中央和地方合资、企事业单位独资或合资及其他投资方式兴建的防洪、除涝、灌溉、发电、供水、围垦等大中型(包括新建、续建、改建、加固、修复)工程建设项目。小型水利工程建设项目可以参照执行。

2.1.1　项目建议书

项目建议书是根据国民经济和社会发展的长远规划、流域综合规划、区域综合规划、专业规划,按照国家产业政策和国家有关投资建设方针编制,对拟进行建设项目的建设条件进行调查和必要的勘测,论证项目建设的必要性,初步分析项目建设的可行性和合理性。项目建议书主要用于项目审批单位做出初步决策,为下一步可行性研究报告编制打下基础。

2.1.2　可行性研究报告

可行性研究报告以批准的项目建议书为依据(直接开展可行性研究的项目,其可行性研究报告应以批准的江河流域(河段)规划、区域综合规划或专业规划、专项规划为依据),遵照有关技术标准,对工程建设条件进行调查和勘测,在可靠资料基础上,对项目进行方案比较,在技术上是否可行和经济上是否合理进行科学的分析和论证,评价项目建设的可行性。

经过批准的可行性研究报告,是项目决策和进行初步设计的依据。

2.1.3　施工准备

项目可行性研究报告已经批准,环境影响评价文件等已批准,年度水利投资计划下达后,项目法人即可开展施工准备工作,其主要内容包括:施工现场的征地、拆迁;完成施工用水、电、通信、路和场地平整等工程;建设必需的生产、生活临时建筑工程;实施经批准的应急工程、试验工程等专项工程;组织招标设计、咨询、设备和物资采购等服务;组织相关监理招标和工程招标等工作。

2.1.4 初步设计

初步设计是根据批准的可行性研究报告和必要而准确的设计资料，对设计对象进行通盘研究，阐明拟建工程在技术上的可行性和经济上的合理性，规定项目的各项基本技术参数，编制项目总概算。

2.1.5 建设实施

建设实施阶段是指主体工程的建设实施，项目法人按照批准的建设文件，组织工程建设，保证项目建设目标的实现。

建设实施阶段的管理工作主要包括：开工管理、工程建设进度管理、质量管理、安全管理、合同管理、环境保护与水土保持管理、工程资金管理及验收管理等。

2.1.6 生产准备

生产准备是项目投产前所要进行的一项重要工作，是建设阶段转入生产经营阶段的必要条件。项目法人应按照建管结合和项目法人责任制的要求，适时做好有关生产准备工作。生产准备阶段主要包括五个方面的工作：生产组织准备、招收和培训人员、生产技术准备、生产物资准备、正常的生活福利设施准备等。

2.1.7 竣工验收

竣工验收是工程完成建设目标的标志，是全面考核基本建设成果、检验设计和工程质量的重要步骤。竣工验收合格的项目由项目法人移交运行管理单位，即从基本建设转入生产或使用。

2.1.8 项目后评价

建设项目竣工投产后，一般经过 1~2 年生产运营，进行一次系统的项目后评价，主要内容包括影响评价、经济效益评价和过程评价。

水利工程建设程序见图 2-1。

2.2 水利工程建设前期工作

2.2.1 前期工作内容

根据《政府投资条例》（国务院令第 712 号）、《山东省政府投资管理办法》（鲁政字〔2020〕232 号）规定，政府采取直接投资方式、资本金注入方式投资的项目，项目单位应当编制项目建议书、可行性研究报告、初步设计，按照政府投资管理权限和规定的程序，报投资主管部门或者其他有关部门审批。

列入国家和省相关规划的项目，符合国家规定的简化报批范围的，可以不再审批项目建议书，直接审批可行性研究报告，可行性研究报告应包含项目建设必要性内容。

图 2-1　水利工程建设程序

对于建设内容单一、投资规模较小、建设标准明确、技术方案简单的建设项目，符合国家规定的简化报批范围的，直接审批可行性研究报告(代项目建议书)。其中，不涉及新增建设用地且不改变土地用途、总投资500万元以下的，不再审批项目建议书、可行性研究报告、初步设计，只审核概算并下达投资计划。

水利工程一般将项目建议书、可行性研究报告和初步设计报告(或扩大初步设计)称为前期工作。水利工程建设前期工作内容见表2-1。

表2-1 水利工程建设前期工作内容

序号	工作内容	组织单位	审批部门	编制依据
1	项目建议书	项目主管部门	发展和改革部门	《水利水电工程项目建议书编制规程》(SL/T 617—2021)
2	可行性研究报告	项目主管部门或项目法人	发展和改革部门(或其他审批部门)	《水利水电工程可行性研究报告编制规程》(SL/T 618—2021)
3	初步设计报告	项目法人	发展和改革部门、水行政主管部门(或其他审批部门)	《水利水电工程初步设计报告编制规程》(SL/T 619—2021)

2.2.1.1 项目建议书

1. 项目建议书主要内容

项目建议书内容应按照《水利水电工程项目建议书编制规程》(SL/T 617—2021)进行编制。项目建议书应以批准的江河流域(河段)、区域综合规划或专业规划为依据，按照有关技术标准，论证建设工程项目的必要性，提出工程任务，对工程的建设方案和规模进行分析论证，评价项目建设的合理性。重点论证项目建设的必要性、建设规模和效益、投资和资金筹措方案。

2. 项目建议书的审批

除国家和省政府另有规定外，政府投资项目建议书一般按照“谁出资、谁审批”的原则，由安排政府投资资金的同级发展和改革部门审批。

在本省行政区域内使用政府预算资金项目，除涉及国家秘密的项目外，项目单位应当通过山东省投资项目在线审批监管平台(简称在线平台)，获取作为唯一身份标识的项目代码。发展和改革部门及其他有关部门使用项目代码办理政府投资项目审批手续。

2.2.1.2 可行性研究报告

1. 可行性研究报告的主要内容

可行性研究报告的内容应根据《水利水电工程可行性研究报告编制规程》(SL/T 618—2021)进行编制。可行性研究报告应以批准的项目建议书为依据[直接开展可行性研究的项目，应以批准的江河流域(河段)、区域综合规划或专业规划为依据]按照有关技术标准,对工程项目的建设条件进行调查和勘测,在可靠资料的基础上,进行方案比较,从技术、经济、社会、环境和节水节能等方面进行全面认证,评价工程建设的可行性。重点论证工程建设的必要性、工程规模、技术方案、征地移民、环境、投资和经济评价,对重大关键技术问题应进行专题论证。

2. 可行性研究报告的审批

1)审批权限

除国家和省政府另有规定外,政府投资项目可行性研究报告一般按照“谁出资、谁审批”的原则,由安排政府投资资金的同级发展和改革部门审批。

此外,符合简化审批条件的项目按有关简化审批要求进行报批。

2)重新报批情形

根据《政府投资条例》(国务院令第 712 号发布)规定,在初步设计提出的投资概算超过经批准的可行性研究报告提出的投资估算的 10%的,项目管理单位应当向投资主管部门或其他有关部门报告,投资主管部门或其他有关部门可以要求项目单位重新报送可行性研究报告。

2.2.1.3　初步设计报告

1. 初步设计报告的主要内容

初步设计报告的内容应按照《水利水电工程初步设计报告编制规程》(SL/T 619—2021)进行编制。初步设计报告应以批准的可行性研究报告为依据,按照有关技术标准进行调查、勘测、试验、研究,在取得可靠的基本资料基础上,进行方案技术设计。初步设计报告应有分析、论证和必要的方案比较,并有明确的结论和意见。

2. 初步设计报告的审批

初步设计及投资概算由项目法人组织审查后,按国家现行规定权限向水行政主管部门和投资主管部门申报审批。

2.2.2　工作指导

(1)项目建议书、可行性研究报告和初步设计报告一般由水行政主管部门或项目法人(筹备机构)组织编制,委托具有相应资质的工程设计单位承担。

(2)项目建议书被批准后,由政府向社会公布,若有投资建设意向,应及时组建项目法人筹备机构,开展下一阶段工作。项目可行性研究报告批准后,应当正式成立项目法人,并按项目法人责任制实行项目管理。

(3)发展和改革部门或者其他有关部门在审批可行性研究报告、初步设计或投资概算时,一般应当由中介服务机构、具有相关职能的单位或专家进行评估评审。评估评审意见应作为项目审批的重要参考。

中介服务机构或单位与编制项目可行性研究报告的中介服务机构或单位为同一单位,存在控股、管理关系或者负责人为同一人的,该中介服务机构或单位不得承担该项目的评估评审工作。

(4)对符合条件的项目,发展和改革部门或者其他有关部门应当对项目建议书、可行性研究报告、初步设计报告予以批准并向项目单位出具批复文件,批复文件有效期一般为

2 年。

(5)在项目建议书或可行性研究报告阶段,已成立项目法人的,可由项目法人依法组织对前期勘测、设计、咨询等服务进行招标;未成立项目法人的,由项目主管部门或项目法人筹备机构开展招标活动,成立项目法人后,可采取变更合同主体的方式,由项目法人履行合同管理职责。

(6)经投资主管部门或者其他有关部门核定的投资概算是控制政府投资项目总投资的依据。

2.2.3 前期工作文件依据

(1)《政府投资条例》(国务院令第 712 号发布)。

(2)《水利工程建设项目管理规定(试行)》(水建〔1995〕128 号,2014 年、2016 年修正)。

(3)《水利工程建设程序管理暂行规定》(水建〔1998〕16 号,2014 年、2016 年、2017 年、2019 年修正)。

(4)《大中型病险水库水闸除险加固项目建设管理办法》(发改农经〔2014〕1895 号)。

(5)《小型病险水库除险加固项目管理办法》(水运管〔2021〕313 号)。

(6)《中型灌区续建配套与节水改造项目建设管理办法(试行)》(办农水〔2021〕340 号)。

(7)《水库大坝安全鉴定办法》(水建管〔2003〕271 号)。

(8)《坝高小于 15 米的小(2)型水库大坝安全鉴定办法(试行)》(水运管〔2021〕6 号)。

(9)《山东省政府投资管理办法》(鲁政字〔2020〕232 号)。

(10)《水利水电工程项目建议书编制规程》(SL/T 617—2021)。

(11)《水利水电工程可行性研究报告编制规程》(SL/T 618—2021)。

(12)《水利水电工程初步设计报告编制规程》(SL/T 619—2021)。

2.3 建设项目专项审批

2.3.1 建设项目涉及专项审批种类

在水利工程建设前期阶段和实施阶段,项目主管部门(或项目法人)需办理的专项审批事项一般包括:用地预审与规划选址意见、节能审查、招标核准、社会稳定风险评估、大中型水利水电工程建设征地与移民安置规划大纲和移民安置规划审核、文物保护许可、压覆重要矿产资源查询和审批、地质灾害危险性评估、地震安全性评价、河道管理范围内建设项目工程建设方案审查、洪水影响评价报告审批、涉路工程建设许可、取水许可申请、水土保持方案审批、环境影响评价审批、占(征)用林地审核、消防设计审查(备案)和用地手续办理等(见表 2-2)。

表 2-2　建设项目涉及专项审批内容

序号	工作内容	主管部门(机构)	完成时间	是否属于行政许可
1	用地预审与选址意见	自然资源主管部门或有关行政审核部门	可行性研究阶段	是
2	节能审查(或节能承诺)	发展和改革部门	可行性研究阶段	是
3	招标核准	发展和改革部门	可行性研究阶段	是
4	社会稳定风险评估(或风险等级确认意见)	县级及以上人民政府或其指定的部门、单位	可行性研究阶段	
5	移民安置规划大纲与移民安置规划审核	省人民政府移民管理机构	可行性研究阶段	是
6	地震安全性评价	地震主管部门	可行性研究阶段	
7	文物考古调查、勘探审批	文物主管部门	可行性研究阶段	
8	压覆重要矿产资源查询、审批	自然资源主管部门	工程开工前	是
9	地质灾害危险性评估	自然资源主管部门	办理用地手续前	
10	河道管理范围内建设项目工程建设方案审查	水行政主管部门	工程开工前	是
11	涉路工程建设许可	交通部门	工程开工前	
12	取水许可申请	水行政主管部门	工程开工前	是
13	环境影响评价审批	生态环境主管部门	工程开工前	是
14	水土保持方案审批	水行政主管部门或审批服务部门	工程开工前	是
15	占(征)用林地审核	自然资源主管部门	工程开工前	是
16	消防设计审查	建设主管部门	工程开工前	
17	洪水影响评价报告审批	水行政主管部门	工程开工前	
	其他专项	根据相关规定办理		

注:项目审批受理条件、申报材料、审批流程可通过查询“山东省人民政府政务服务官网”了解相关要求。

2.3.1.1　用地预审与选址意见书

1. 工作内容

1)用地预审

涉及土地利用的建设项目,依据《建设项目用地预审管理办法》(国土资源部令第7号,2004年修订,2008年、2016年修正),在建设项目审批、核准、备案阶段,项目法人应当向建设项目批准机关的同级国土资源主管部门提出建设项目用地预审申请。国土资源主管部门依据土地利用总体规划、土地使用标准和国家土地供应政策,对建设项目的有关事项进行预审,出具建设项目用地预审意见。

2)选址意见书

依据《中华人民共和国城乡规划法》(主席令第74号发布,2015年、2019年修正),按照国家规定需要有关部门批准或者核准的建设项目,以划拨方式提供国有土地使用权的,建设单位在报送有关部门批准或者核准前,应当申请核发选址意见书。

2. 办理依据

(1)《中华人民共和国土地管理法》(主席令第41号发布,1988年修正、1998年修订、2004年、2019修正)。

(2)《中华人民共和国城乡规划法》(主席令第74号发布,2015年、2019年修正)。

(3)《中华人民共和国土地管理法实施条例》(国务院令第256号发布,2011年、2014年、2021年修订)。

(4)《建设项目用地预审管理办法》(国土资源部令第7号发布,2004年修订,2008年、2016年修正)。

(5)《建设用地审查报批管理办法》(国土资源部令第3号发布,2010年、2016年修正)。

(6)《山东省实施<中华人民共和国土地管理法>办法》(山东省人民代表大会及其常务委员会1999年8月通过,2004年修正,2012年、2015年修改)。

(7)《山东省城乡规划条例》(鲁政发〔2012〕29号,2018年修正)

2.3.1.2　节能审查

1. 工作内容

根据《国家发展改革委关于印发〈不单独进行节能审查的行业目录〉的通知》(发改环资规〔2017〕1975号)、《山东省固定资产投资项目节能审查实施办法》(鲁发改环资〔2018〕93号)等文件,水利行业属不单独进行节能审查的行业,建设单位可不编制单独的节能报告,需在项目可行性研究报告或项目申请报告中对能源消费情况、能源利用情况、节能措施情况和能效水平进行分析,并应结合能源消费情况出具《不单独进行节能审查的固定资产投资项目能耗说明和节能承诺》。

2. 办理依据

(1)《中华人民共和国节约能源法》(主席令第77号,2007年修订,2016年、2018年修正）。

（2）《国务院关于加强节能工作的决定》（国发〔2006〕28 号）。

（3）《固定资产投资项目节能审查办法》（国家发展和改革委员会令第 2 号发布）。

（4）《国家发展改革委关于印发〈不单独进行节能审查的行业目录〉的通知》（发改环资规〔2017〕1975 号）。

（5）《山东省固定资产投资项目节能审查实施办法》（鲁发改环资〔2018〕93 号）。

2.3.1.3　招标核准

1. 工作内容

根据《山东省实施<中华人民共和国招标投标法>办法》（鲁政发〔2005〕80 号），按照国家和省规定需要履行审批、核准或者备案手续的招标项目，应当先行获得发展改革部门批准或者取得相关证明后才能进行招标。项目审批部门在审批依法必须进行招标项目的可行性研究报告或者进行项目核准、备案时，应当依据国家有关规定核准项目的招标范围、招标组织形式和招标方式等招标内容。招标人对核准的招标内容做出变更的，应当重新办理核准手续。

2. 办理依据

（1）《中华人民共和国招标投标法》（主席令第 21 号发布，2017 年修正）。

（2）《中华人民共和国招标投标法实施条例》（国务院令第 613 号发布，2017 年、2018 年、2019 年修订）。

（3）《水利工程建设项目招标投标管理规定》（水利部令第 14 号发布）。

（4）《山东省实施<中华人民共和国招标投标法>办法》（鲁政发〔2005〕80 号）。

2.3.1.4　社会稳定风险分析和评估

1. 工作内容

重大水利建设项目可行性研究阶段应当对社会稳定风险进行调查分析。社会稳定风险分析应当作为项目可行性研究报告的重要内容并设独立篇章。由项目所在地人民政府或其他有关部门指定的评估主体对项目单位作出的社会稳定风险分析开展评估论证，提出社会稳定风险评估报告。

项目单位在向发展改革部门报送项目可行性研究报告、项目申请报告的申报文件中，应当包含对该项目社会稳定风险评估报告的意见，并附社会稳定风险评估报告。

2. 办理依据

（1）《重大行政决策程序暂行条例》（国务院令第 713 号发布）。

（2）《国家发展改革委重大固定资产投资项目社会稳定风险评估暂行办法》（发改投资〔2012〕2492 号）。

（3）《国家发展改革委办公厅关于印发重大固定资产投资项目社会稳定风险分析篇章和评估报告编制大纲（试行）的通知》（发改办投资〔2013〕428 号）。

（4）《重大水利建设项目社会稳定风险评估暂行办法》（水规计〔2012〕474 号）。

2.3.1.5　移民安置规划大纲与移民安置规划

1. 移民安置规划大纲审批

1）工作内容

大中型水利水电工程应在工程项目建议书批准后，由项目法人或者项目主管部门按照国家有关政策和规范要求，会同工程占地和淹没区所在地的地方人民政府对工程占地和淹没区实物调查，根据调查结果及移民区、移民安置区的经济社会情况和资源环境承载能力编制移民安置规划大纲。

由国务院及国务院投资主管部门审批（核准）的大中型水利水电工程项目及工程建设跨省区的项目，移民安置规划大纲由流域机构或者项目主管部门报送国务院水行政主管部门，由国务院水行政主管部门与项目所在省、自治区、直辖市人民政府联合审批。

其余大中型水利水电工程，项目法人或者项目主管部门应当将移民安置规划大纲报项目所在省、自治区、直辖市人民政府审批。

移民安置规划大纲完成后，项目法人或者项目主管部门应当征求移民区和移民安置区县级以上（含县级）地方人民政府的意见，并将书面意见随移民安置规划大纲一并上报审批（审核）部门。

经批准的移民安置规划大纲是编制移民安置规划的基本依据，应当严格执行，不得随意调整或者修改；由于国家政策、工程选择、规模等建设方案等发生较大变化确需调整或修改的，应当报原审批机关批准。

2）办理依据

（1）《大中型水利水电工程建设征地补偿和移民安置条例》（国务院令第 679 号发布）。

（2）《大中型水利水电工程移民安置前期工作管理暂行办法》（水规计〔2019〕425 号，2019 年修订）。

2. 移民安置规划审核

1）工作内容

大中型水利水电工程应根据批准的移民安置规划大纲，在工程可行性研究报告阶段编制移民安置规划。

由国务院及国务院投资主管部门审批（核准）的大中型水利水电工程项目及工程建设跨省区的项目，移民安置规划由流域机构或省、自治区、直辖市人民政府水行政主管部门随工程可行性研究报告或者项目申请报告一并报送国务院水行政主管部门，国务院水行政主管部门组织对移民安置规划进行审核。

其余大中型水利水电工程，项目法人或者项目主管部门应当将移民安置规划报项目所在省、自治区、直辖市人民政府移民管理机构审核。

移民安置规划完成后，项目法人或者项目主管部门应当征求移民区和移民安置区县级以上（含县级）地方人民政府的意见，并将书面意见随移民安置规划一并上报审批（审核）部门。

2）办理依据

（1）《大中型水利水电工程建设征地补偿和移民安置条例》（国务院令第 679 号）。

(2)《大中型水利水电工程移民安置前期工作管理暂行办法》(水规计〔2019〕425 号,2019 年修订)。

2.3.1.6　文物考古调查、勘探审批

1. 工作内容

进行大型基本建设工程,建设单位应当事先报请省、自治区、直辖市人民政府文物行政部门组织从事考古发掘的单位在工程范围内有可能埋藏文物的地方进行考古调查、勘探。

2. 办理依据

(1)《中华人民共和国文物保护法》(主席令第 76 号发布,2002 年、2007 年、2013 年、2015 年、2017 年修正)。

(2)《山东省文物保护条例》(鲁政发〔2010〕98 号,2016 年、2017 年修正)。

2.3.1.7　压覆重要矿产资源查询与审批

1. 工作内容

(1)单独选址建设项目选址前,建设单位应向县级以上国土资源行政主管部门查询拟建项目所在区域的矿产资源规划、矿产资源分布和矿业权设置情况。

(2)建设项目确需压覆已查明重要矿产资源的,项目法人可按要求自行编制或委托有关机构编制《建设项目压覆重要矿产资源评估报告》,提交省国土资源行政主管部门组织专家审查,履行审批程序,办理压覆矿产资源储量登记手续。

2. 办理依据

(1)《中华人民共和国矿产资源法》(主席令第 36 号发布,1996 年、2009 年修正)。

(2)《中华人民共和国矿产资源法实施细则》(国务院令第 152 号发布)。

(3)《国土资源部关于进一步做好建设项目压覆重要矿产资源审批管理工作的通知》(国土资发〔2010〕137 号)。

(4)《山东省建设项目压覆重要矿产资源管理办法》(鲁国土资规〔2016〕2 号)。

2.3.1.8　地质灾害危险性评估

1. 工作内容

建设项目在地质灾害易发区内或者工程建设可能导致地质灾害发生,在项目可行性研究阶段应进行地质灾害危险性评估。

2. 办理依据

(1)《地质灾害防治条例》(国务院令第 394 号发布)。

(2)《建设项目用地预审管理办法》(国土资源部令第 7 号发布,2004 年修订,2008 年、2016 年修正)。

(3)《建设用地审查报批管理办法》(国土资源部令第 3 号发布,2010 年、2016 年修正)。

2.3.1.9　地震安全性评价

1. 工作内容

依据《山东省地震安全性评价管理办法》(山东省人民政府令第 176 号发布, 2018 年、2022 年修正),以下四类建设工程,在可行性研究阶段必须进行地震安全性评价:

(1)国家重大建设工程。

(2)可能发生严重次生灾害的建设项目。

(3)位于地震动参数区划分界线两侧各 4 km 区域内的建设项目。

(4)有重大价值或者有重大影响的其他建设项目。

国家重大建设项目、跨省行政区域的建设项目的地震安全性评价报告,应当经省地震主管部门初审,提出初审意见,报国家地震主管部门评审;其他地震安全性评价报告,由省地震主管部门负责评审,并出具评审结论。

2. 办理依据

(1)《中华人民共和国防震减灾法》(主席令第 7 号发布,2008 年修订)。

(2)《地震安全性评价管理条例》(国务院令第 323 号发布,2017 年、2019 年修订)。

(3)《建设工程抗震设防要求管理规定》(中国地震局令第 7 号发布)。

(4)《山东省防震减灾条例》(山东省人民代表大会常务委员会公告第 36 号)。

(5)《山东省建设工程抗震设防条例》(山东省人民代表大会常务委员会公告第 213 号)。

(6)《山东省地震安全性评价管理办法》(省政府令第 176 号,2018 年、2022 年修正)。

(7)《工程场地地震安全性评价》(GB 17741—2005)。

2.3.1.10 河道管理范围内建设项目工程建设方案审查

1. 工作内容

依据《中华人民共和国河道管理条例》(国务院令第 3 号发布,2011 年、2017 年、2018 年修订),修建开发水利、防治水害、整治河道的各类工程和跨河、穿河、穿堤、临河的桥梁、码头、道路、渡口、管道、缆线等建筑物及设施,建设单位必须按照河道管理权限,将工程建设方案报送河道主管机关审查同意。未经河道主管机关审查同意的,建设单位不得开工建设。

2. 办理依据

(1)《中华人民共和国防洪法》(主席令第 88 号发布,2009 年、2015 年、2016 年修正)。

(2)《中华人民共和国水法》(主席令第 61 号发布,2002 年修订,2009 年、2016 年修订)。

(3)《中华人民共和国河道管理条例》(国务院令第 3 号发布,2011 年、2017 年、2018 年修订)。

(4)《山东省水资源条例》(山东省人民代表大会常务委员会公告第 215 号)。

(5)《山东省胶东调水条例》(山东省人民代表大会常务委员会公告第 99 号,2022 年修正)。

(6)《山东省南水北调条例》(山东省人民代表大会常务委员会公告第 84 号)。

2.3.1.11 涉路工程建设许可

1. 工作内容

依据《山东省涉路工程建设技术评价办法》(鲁交公〔2017〕6 号),进行以下涉路工程建设项目,项目法人应在初步设计阶段委托具有公路专业设计资质及公路专业工程咨询业务能力的单位开展技术评价，并向公路路政管理部门提出许可申请：

（1）因修建铁路、机场、供电、水利、通信等建设工程需要占用、挖掘公路、公路用地或者使公路改线。

（2）跨越、穿越公路修建桥梁、渡槽或者架设、埋设管道、电缆等设施。

（3）在公路用地范围内架设、埋设管线、电缆等设施。

（4）利用公路桥梁、公路隧道、涵洞铺设电缆等设施。

（5）在公路上增设或者改造平面交叉道口。

2. 办理依据

（1）《中华人民共和国公路法》（主席令第86号发布，1999年、2004年、2009年、2016年、2017年修正）。

（2）《山东省公路路政条例》（山东省人民代表大会常务委员会公告第22号，2020年修正）。

（3）《公路安全保护条例》（国务院令第593号发布）。

（4）《山东省涉路工程建设技术评价办法》（鲁交公〔2017〕6号）。

2.3.1.12　取水许可

1. 工作内容

依据《取水许可管理办法》（水利部令第34号发布，2015年、2017年修正）建设项目利用闸、坝、渠道、人工河道、虹吸管、水泵、水井及水电站等取水工程或者设施，直接从江河、湖泊或者地下取用水资源，应按照《建设项目水资源论证管理办法》（水利部、国家计委令第15号）要求，自行或者委托有关单位编制建设项目水资源论证报告书（水资源论证表），提交水行政主管部门申请取水许可。

2. 办理依据

（1）《中华人民共和国水法》（主席令第61号发布，2002年修订，2009年、2016年修正）。

（2）《取水许可和水资源费征收管理条例》（国务院令第460号发布，2017年修订）。

（3）《建设项目水资源论证管理办法》（水利部、国家计委令第15号发布，2015年、2017年修订）。

（4）《取水许可管理办法》（水利部令第34号发布，2015年、2017年修正）。

（5）《山东省水资源条例》（山东省人民代表大会常务委员会公告第215号）。

2.3.1.13　水土保持方案审批

1. 工作内容

根据《生产建设项目水土保持方案管理办法》（水利部令第53号发布）规定，生产建设单位应当在生产建设项目开工建设前完成水土保持方案编报并取得批准手续。水土保持方案由生产建设单位自行或者委托具备相应技术条件和能力的单位编制。

1）水土保持方案分类

征占地面积在5 hm^2（含）以上或者挖填土石方总量在5万 m^3（含）以上的建设项目应当编制水土保持方案报告书。

征占地面积在0.5 hm^2 以上、5 hm^2 以下或者挖填土石方总量在1 000 m^3 以上、5万

m^3 以下的项目编制水土保持方案报告表。

征占地面积不足0.5 hm^2 且挖填土石方总量不足1 000 m^3 的项目，不需要编制水土保持方案，但应当按照水土保持有关技术标准做好水土流失防治工作。

2）水土保持方案审批

根据《山东省生产建设项目水土保持方案编报审批管理办法》（鲁水规字〔2020〕4号），水土保持方案实行分级审批制度。

除省政府下放有关设区的市、功能区实施的外，以下生产建设项目水土保持方案审批由省水利厅负责：

（1）省级立项的项目。

（2）中央立项，水利部下放由省水利厅审批的项目。

（3）跨设区的市的项目。

设区的市、县（市、区）审批机关负责本级人民政府有关部门审批、核准或者备案项目的水土保持方案审批。跨县（市、区）的项目水土保持方案由设区的市审批机关审批。

3）水土保持承诺制管理

依据《水利部办公厅关于做好生产建设项目水土保持承诺制管理的通知》（办水保〔2020〕160号），以下建设项目实施水土保持承诺制管理，项目法人通过媒体和网站自主公开水土保持方案（表），向水行政主管部门提交水土保持行政许可承诺书和水土保持方案（表）进行形式审查，不再组织技术评审：

（1）编制水土方案报告表的生产建设项目。

（2）已实施水土保持区域评估范围内的生产建设项目。

（3）法律法规规定实行承诺制管理的其他生产建设项目。

（4）国务院和省级人民政府批准设立的各类开发区，包括经济技术开发区、高新技术产业开发区、海关特殊监管区域等国家级开发区和经济开发区、工业园区、高新技术产业园区等省级开发区内的建设项目（弃渣场设置在开发区外的除外）。

2. 办理依据

（1）《中华人民共和国水土保持法》（主席令第49号发布，2009年修正，2010年修订）。

（2）《生产建设项目水土保持方案管理办法》（水利部令第53号发布）。

（3）《水利部办公厅关于加强水利建设项目水土保持工作的通知》（办水保〔2021〕143号）。

（4）《水利部办公厅关于做好生产建设项目水土保持承诺制管理的通知》（办水保〔2020〕160号）。

（5）《山东省水土保持条例》（山东省人民代表大会常务委员会公告第47号，2017年修正）。

（6）《山东省生产建设项目水土保持方案编报审批管理办法》（鲁水规字〔2020〕4号）。

（7）《山东省水利厅关于规范生产建设项目水土保持承诺制审批工作的通知》（鲁水规字〔2022〕8号）。

(8)《山东省水土保持补偿费征收使用管理办法》(鲁财税〔2020〕17 号)。

2.3.1.14　环境影响评价审批

1. 工作内容

依据《建设项目环境保护管理条例》(国务院令第 253 号发布,2017 年修订),建设对环境有影响的项目,应当依法进行环境影响评价,编制环境影响报告书(环境影响报告表),项目法人在开工建设前将环境影响报告书(环境影响报告表)报环境保护行政主管部门审批。

(1)可能造成重大环境影响的,应当编制环境影响报告书,对产生的环境影响进行全面评价。

(2)可能造成轻度环境影响的,应当编制环境影响报告表,对产生的环境影响进行分析或者专项评价。

(3)对环境影响很小、不需要进行环境影响评价的,应当填报环境影响登记表。

建设项目的环境影响评价文件未经审查或者审查后未予批准的,建设单位不得开工建设。依法应当填报环境影响登记表的建设项目,建设单位应当按照国务院环境保护行政主管部门的规定将环境影响登记表报建设项目所在地县级环境保护行政主管部门备案。

建设项目的环境影响评价文件自批准之日起超过五年,方决定该项目开工建设的,其环境影响评价文件应当报原审批部门重新审核。

2. 办理依据

(1)《中华人民共和国环境保护法》(主席令第 22 号发布,2014 年修订)。

(2)《中华人民共和国环境影响评价法》(主席令第 77 号发布,2016 年、2018 年修正)。

(3)《建设项目环境保护管理条例》(国务院令第 253 号发布,2017 年修订)。

(4)《生态环境部审批环境影响评价文件的建设项目目录》(2019 年版)。

(5)《建设项目环境影响评价分类管理名录》(2021 年版)。

(6)《山东省环境保护条例》(山东省人民代表大会常务委员会公告第 41 号,2018 年修正)。

(7)《山东省实施〈中华人民共和国环境影响评价法〉办法》(山东省人民代表大会常务委员会公告第 47 号,2015 年、2018 年修正)。

2.3.1.15　占(征)用林地审批

1. 工作内容

依据《建设项目使用林地审核审批管理办法》(国家林业局令第 35 号发布,2016 年修订),需要占用或者征收、征用林地的建设项目,应向林地所在地的县级人民政府林业主管部门提出用地申请。

2. 办理依据

(1)《中华人民共和国森林法》(主席令第 3 号发布,2009 年修正,2019 年修订)。

(2)《中华人民共和国森林法实施条例》(国务院令第 278 号发布,2011 年、2016 年、2018 年修订)。

(3)《建设项目使用林地审核审批管理办法》(国家林业局令第35号发布,2016年修订)。

(4)《关于委托实施建设项目使用林地、草原及在森林和野生动物类型国家级自然保护区建设行政许可》(国家林业和草原局公告2021年第2号)。

(5)《山东省森林资源条例》(山东省人民代表大会常务委员会公告第83号)。

(6)《山东省自然资源厅关于进一步规范临时使用林地审批权限有关问题的通知》(鲁自然资字〔2021〕34号)。

(7)《山东省自然资源厅关于规范建设项目占用林地审批的通知》(鲁自然资字〔2021〕125号)。

(8)《山东省自然资源厅关于明确建设项目占用林地审批有关事项的补充通知》(鲁自然资字〔2021〕190号)。

2.3.1.16 消防设计审查(备案)

1. 工作内容

依据《建设工程消防设计审查验收管理暂行规定》(住建部令第51号发布),住房和城乡建设主管部门对特殊建设工程实行消防设计审查制度,其他工程实行备案抽查制度。

(1)对特殊建设工程的消防设计审查。在《建设工程消防设计审查验收管理暂行规定》(住建部令第51号)第十四条列出了需进行消防设计审查的12类工程,一般情况下水利工程需进行消防设计审查的项目可能包括(不限于):

隧道工程,大型发电、变配电工程;单体建筑面积大于4万m^2或者建筑高度超过50 m的公共建筑。

属于特殊建设工程的项目法人应向消防设计审查验收主管部门申请消防设计审查,未经消防设计审查或者审查不合格的不得施工。

(2)其他建设工程(指特殊工程以外的其他按照国家工程建设消防技术标准需要进行消防设计的建设工程)实行备案抽查制度。

提示:根据《建设工程消防设计审查验收管理暂行规定》(住建部令第51号)有关规定,特殊建设工程以外的其他工程,建设单位申请施工许可或者申请批准开工报告时,应当提供满足施工需要的消防设计图纸及技术资料。未提供满足施工需要的消防设计图纸及技术资料的,有关部门不得发放施工许可证或者批准开工报告。

因水利工程建设没有施工许可,实行开工后报主管部门备案制度,项目法人可在工程相关消防设计完成后组织开展设计咨询或第三方审查,以保证消防设计文件符合国家工程建设消防技术标准,并主动向住房和城乡建设主管部门申请备案,避免后期工程完工后消防验收备案不合格。

2. 办理依据

(1)《中华人民共和国消防法》(主席令第4号发布,2008年修订,2019年、2021年修正)

(2)《建设工程消防设计审查验收管理暂行规定》(住房和城乡建设部令第51号发布)。

2.3.1.17　洪水影响评价报告审批

1. 工作内容

在洪泛区、蓄滞洪区内建设非防洪建设项目，项目法人应在可行性研究阶段，组织编制洪水影响评价报告，就洪水对建设项目可能产生的影响和建设项目对防洪可能产生的影响做出评价，提出防御措施，向水行政主管部门提交洪水影响评价报告审批。

2. 办理依据

(1)《中华人民共和国防洪法》(主席令第 88 号发布，2009 年、2015 年、2016 年修正)。

(2)《山东省实施〈中华人民共和国防洪法〉办法》(山东省人民代表大会常务委员会公告第 216 号，2010 年、2015 年、2017 年修订)。

2.3.2　工作指导

(1)项目法人应根据项目规模和内容，在建设前期根据相关部门权责清单及时办理各专项审批手续。为加快办理时效，可采取委托行业内第三方服务机构办理的方式。

(2)涉及水土保持方案、环境影响评价、涉河建设项目防洪影响评价与专项补救设施设计、涉路工程建设许可、文物保护等专项，应及早启动办理手续，应与设计单位进行衔接，力争在可行性研究报告、初步设计阶段同期完成，将涉及专项有关费用列入初步设计概算，避免概算漏项。

(3)大中型水利水电工程建设征地与移民安置规划大纲、移民安置规划、社会稳定风险评估、地质灾害危险性评估、地震安全性评价、使用林地审核、压覆矿产资源审批等专项，是办理用地手续的要件，如忽视相关专项手续，会对土地手续的办理造成很大影响，因此项目法人应熟悉相关部门对专项手续的要求，按规定办理，使工程建设合规合法。

(4)项目建设过程中，会涉及供水、供电、燃气、石油、通信及其他类专项设施，特别是长距离调水工程，专项设施类型多、数量多，在施工前期应尽快进行调查摸底，并及时与产权单位对接，分类办理各相关手续，不影响工程正常施工。

(5)本书在编写过程中针对大中型水库建设，总结了水利基本建设项目前期工作办理流程图(见图 2-2)，供在工作中参考使用。同时由于各行业管理政策时效性不同，具体办理应以现行政策为准。

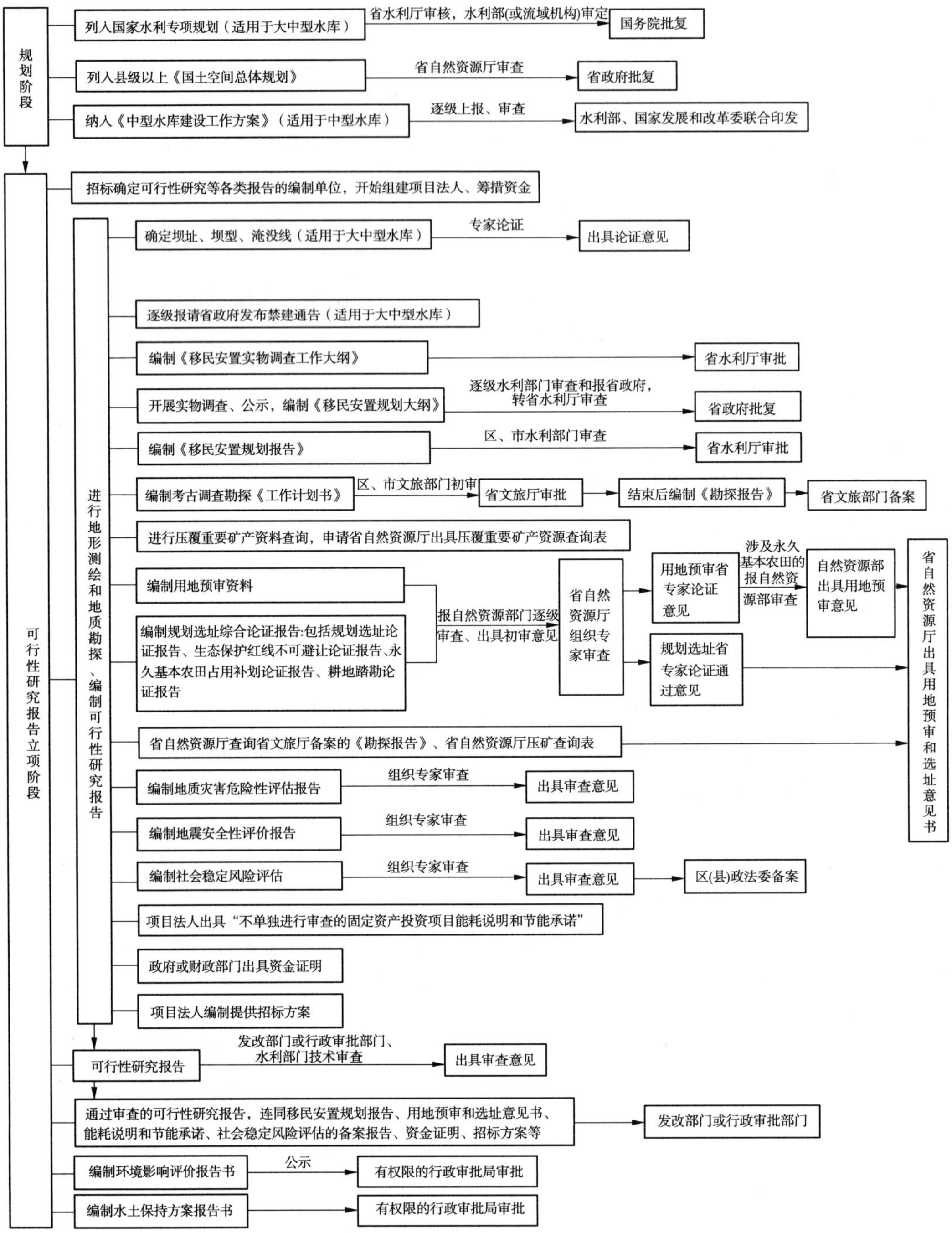

图 2-2　水利基本建设项目前期工作办理流程图(参考)

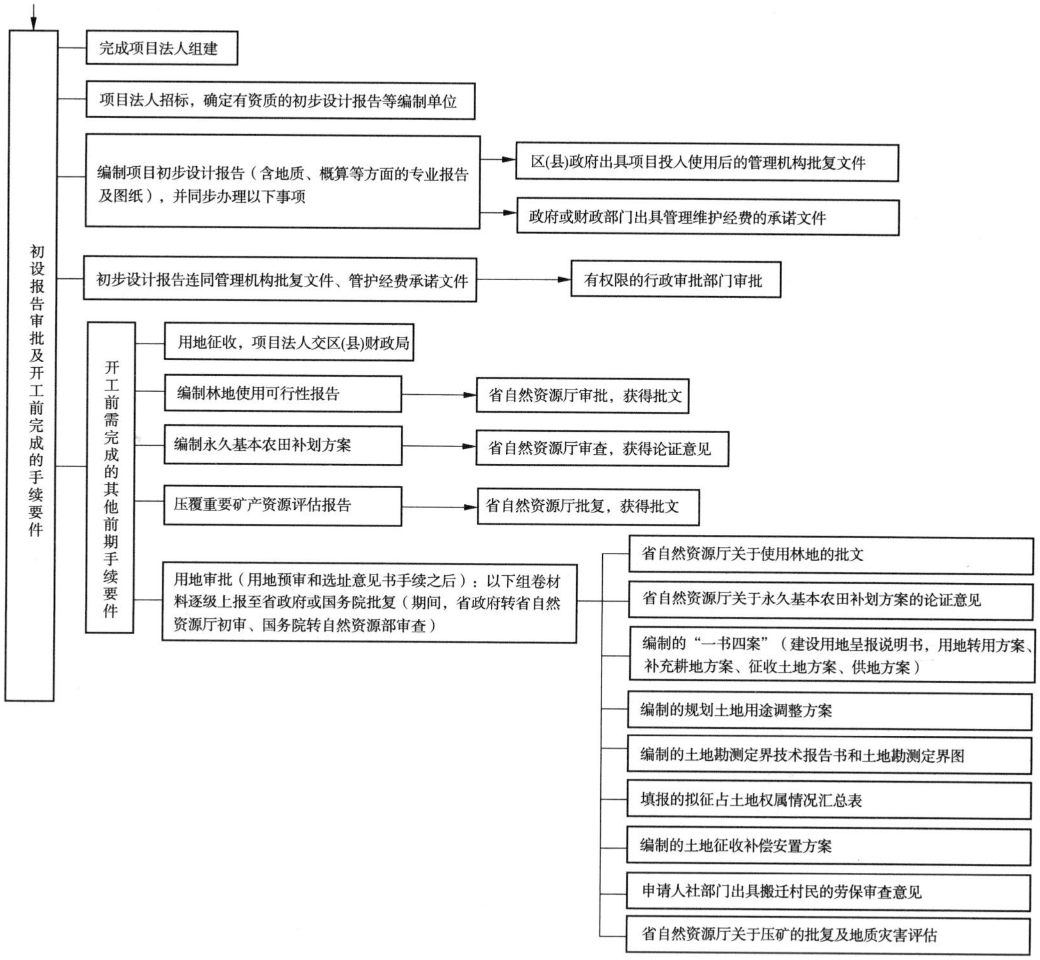
初设报告审批及开工前完成的手续要件
完成项目法人组建
项目法人招标，确定有资质的初步设计报告等编制单位
编制项目初步设计报告（含地质、概算等方面的专业报告及图纸），并同步办理以下事项
区(县)政府出具项目投入使用后的管理机构批复文件
政府或财政部门出具管理维护经费的承诺文件
初步设计报告连同管理机构批复文件、管护经费承诺文件
有权限的行政审批部门审批
开工前需完成的其他前期手续要件
用地征收，项目法人交区(县)财政局
编制林地使用可行性报告
省自然资源厅审批，获得批文
编制永久基本农田补划方案
省自然资源厅审查，获得论证意见
压覆重要矿产资源评估报告
省自然资源厅批复，获得批文
用地审批（用地预审和选址意见书手续之后）：以下组卷材料逐级上报至省政府或国务院批复（期间，省政府转省自然资源厅初审、国务院转自然资源部审查）
省自然资源厅关于使用林地的批文
省自然资源厅关于永久基本农田补划方案的论证意见
编制的“一书四案”（建设用地呈报说明书，用地转用方案、补充耕地方案、征收土地方案、供地方案）
编制的规划土地用途调整方案
编制的土地勘测定界技术报告书和土地勘测定界图
填报的拟征占土地权属情况汇总表
编制的土地征收补偿安置方案
申请人社部门出具搬迁村民的劳保审查意见
省自然资源厅关于压矿的批复及地质灾害评估

续图 2-2

第 3 章　施工准备工作

施工准备阶段是指项目已获得立项批复，即将开展初步设计和建设实施的一个准备阶段，是做好建设实施的基础性工作。本章主要介绍施工准备工作内容和施工准备阶段的工程征迁、招标和合同签订等重点工作管理要求。

3.1　施工准备

3.1.1　工作内容

3.1.1.1　施工准备开工条件

根据《水利部关于调整水利工程建设项目施工准备开工条件的通知》(水建管〔2017〕177 号)规定，水利工程建设项目施工准备开工条件为：项目可行性研究报告已经批准，环境影响评价文件等已经批准，年度投资计划下达或建设资金已经落实，项目法人即可开展施工准备，开工建设。

3.1.1.2　施工准备工作内容

(1)施工现场的征地、拆迁。

项目法人根据工程实际征迁内容，可将农村部分征地移民(包括永久占地和临时用地补偿、临时用地复垦、地面附着物清理、农副业补偿、农村移民等)、企事业单位迁(复)建、专项设施迁(复)建等工作内容，以批复的初步设计概算为基础，并合理分配实施管理费与预备费，与地方人民政府签订征迁移民包干协议，委托地方人民政府实施征地移民工作。

项目法人应按自然资源主管部门要求办理征地手续，地方人民政府做好相关协调、配合工作。

(2)完成施工用水、用电、通信、通路和场地平整等工程。

项目法人可根据工程实际，结合永久供电线路和施工用电的需要，具备条件情况下，先期建设供电工程，接至施工区域作为施工单位临时用电电源；同时应组织协调相关参建单位完成用水、进场道路及施工场地内交通道路及场地平整等工作，以便项目具备必要的开工条件。

(3)必需的临时生产、生活建筑工程。

项目法人应根据工程内容和建设地点，在现场管理驻地修建必要的办公和生活设施；同时督导相关参建单位完成各现场管理机构办公、生活场所的部署。施工单位临时设施完成后项目法人应结合招标文件工程量清单对临时设施组织验收。

(4)实施经批准的应急工程、试验工程等专项工程。

(5)组织招标设计、咨询、设备和物资采购等服务。

(6)组织相关监理招标,组织主体工程招标准备工作。

3.1.2　施工准备工作文件依据

(1)《水利工程建设程序管理暂行规定》(水建〔1998〕16 号,2014 年、2016 年、2017 年、2019 年修正)。

(2)《水利部关于调整水利工程建设项目施工准备开工条件的通知》(水建管〔2017〕177 号)。

(3)《山东省水利工程建设管理办法》(鲁水规字〔2021〕6 号)。

3.2　征地补偿与移民安置

3.2.1　征地移民管理体制

根据《大中型水利水电工程建设征地补偿和移民安置条例》(国务院令第 679 号)相关规定,移民安置工作实行政府领导、分级负责、县为基础、项目法人参与的管理体制。县级以上地方人民政府负责本行政区域内大中型水利水电工程移民安置工作的组织和领导。

示例:参考某水库工程建设移民安置工作实施,对县级人民政府和项目法人双方的职责进行了如下划分。

1. 县级人民政府职责

工程涉及县级人民政府是工程建设征地补偿和移民安置工作的责任主体及实施主体,负责组织实施征地补偿、搬迁动员、移民安置、社会稳定及集中安置点的规划、设计、报批、建设等工作;按照与市人民政府签订的工程建设征地补偿和移民安置工作责任状、与项目法人签订的移民安置任务和费用“双包干”协议,做好征地补偿和移民安置等费用的使用、监督管理等工作。主要包括:

(1)负责制定本行政区域范围内工程建设征地补偿和移民安置实施细则,组织实施本行政区域内的征地及补偿、移民安置实施、协议签订、资金申报和结算、进度控制及验收等工作,做好集中安置房建设成本控制,负责辖区内专项设施的迁(复)建工程,配合相关部门、单位进行专项设施的迁(复)建工作。

(2)编制提报移民安置项目年度实施计划和资金使用年度计划、实施进度和资金使用统计报表。

(3)组织配合项目法人、设计单位共同做好前期工作,确认实物指标,制订实施方案,落实推进措施。

(4)按审定的建设征地实物指标及补偿投资数额,组织分解到权属人。

(5)组织勘察设计单位在移民安置总体规划设计基础上开展移民集中安置点详细规划及勘察设计,并充分征求群众对安置房的意愿,合理确定安置房建设标准、户型、公共配套设施及集体性资产收入项目。

(6)负责移民资金使用管理,严格管好用好移民资金,配合有关部门对移民资金使用进行稽查和审计。

(7)负责组织、管理移民生产技能培训。

(8)负责征地补偿和移民安置相关法律、法规、政策、补偿标准等宣传。

(9)负责工程建设进程中有关协调和保障工作,受理、办理移民投诉、控告、检举、信访等工作,及时妥善处理出现的问题和突发事件,保证社会稳定。

(10)接受移民监督评估,配合做好相关工作。

(11)负责征地补偿和移民安置项目自验,编制移民安置验收报告,配合做好初验、终验工作。

(12)做好移民资料的收集及档案管理。

(13)负责水库工程建设及征地移民安置的遗留问题处理。

(14)配合完成用地手续办理等其他工作。

2. 项目法人职责

(1)根据批复的工程初步设计和移民安置规划大纲等,与工程涉及县(市、区)政府签订移民安置任务和费用"双包干"协议。

(2)委托有资质的设计单位开展工程初步设计、施工图设计、相关专项设计等前期工作,委托有资质的单位开展移民安置监督评估工作。

(3)负责项目相关审批手续,办理工程占地的用地手续。

(4)负责工程移民资金的筹措、拨付及监督管理;负责工程的组织实施和建设管理。

(5)根据工程建设要求和移民安置规划,向与其签订移民安置协议的移民实施主体提出移民安置年度计划建议,并按照移民安置施工进度支付征地补偿和移民安置资金。

(6)会同地方人民政府编制移民安置验收工作计划,参与移民安置验收工作。

(7)配合国家、省、市有关部门对移民安置资金使用情况的检查、审计等。

(8)参与处理征地补偿和移民安置实施过程中出现的问题。

(9)做好移民档案收集、整理和归档工作。

(10)完成上级安排的其他工作。

3.2.2 工程建设征地

根据《大中型水利水电工程建设征地补偿和移民安置条例》(国务院令第679号)规定,依法批准的流域规划中确定的大中型水利水电工程建设项目的用地,应当纳入项目所在地的国土空间规划。大中型水利水电工程建设项目核准或者可行性研究报告批准后,项目用地应当列入土地利用年度计划。属于国家重点扶持的水利、能源基础设施的大中型水利水电工程建设项目,其用地可以划拨方式取得。

3.2.2.1 农用地转用

依照《中华人民共和国土地管理法》(主席令第41号发布,1988年修正,1998年修订,2004年、2019年修正),建设占用土地,涉及农用地转为建设用地的,应当办理农用地转用审批手续。

其中,经国务院批准农用地转用的,同时办理征地审批手续,不再另行办理征地审批;经省、自治区、直辖市人民政府在征地批准权限内批准农用地转用的,同时办理征地审批手续,不再另行办理征地审批,超过征地批准权限的,应当依照规定另行办理征地审批。

《中华人民共和国土地管理法实施条例》(国务院令第 256 号发布,2011 年、2014 年、2021 年修订)规定:

(1)在国土空间规划确定的城市和村庄、集镇建设用地范围内的农用地,为实施国土空间规划而将农用地转为建设用地的,由市、县人民政府组织自然资源等部门拟订农用地转用方案,分批次报有批准权的人民政府批准。

(2)国土空间规划确定的城市和村庄、集镇建设用地范围外的农用地,涉及占用永久基本农田的,由国务院批准;不涉及占用永久基本农田的,由国务院或者国务院授权的省、自治区、直辖市人民政府批准。具体按照下列规定办理:

①建设项目批准、核准前或者备案前后,由自然资源主管部门对建设项目用地事项进行审查,提出建设项目用地预审意见。建设项目需要申请核发选址意见书的,应当合并办理建设项目用地预审与选址意见书,核发建设项目用地预审与选址意见书。

②建设单位持建设项目的批准、核准或者备案文件,向市、县人民政府提出建设用地申请。市、县人民政府组织自然资源等部门拟订农用地转用方案,报有批准权的人民政府批准;依法应当由国务院批准的,由省、自治区、直辖市人民政府审核后上报。

③农用地转用方案应当重点对是否符合国土空间规划和土地利用年度计划及补充耕地情况做出说明,涉及占用永久基本农田的,还应当对占用永久基本农田的必要性、合理性和规划可行性做出说明。

④农用地转用方案经批准后,由市、县人民政府组织实施。

农用地转用涉及征收土地的,还应当依法办理征收土地手续。

3.2.2.2　国有土地使用

1. 有偿使用

《中华人民共和国土地管理法》(主席令第 41 号发布,1988 年修正,1998 年修订,2004 年、2019 年修正)规定,建设单位使用国有土地,应当以出让等有偿使用方式取得。国有土地有偿使用的方式包括:

(1)国有土地使用权出让。

(2)国有土地租赁。

(3)国有土地使用权作价出资或者入股。

2. 划拨方式

下列建设用地,经县级以上人民政府依法批准,可以以划拨方式取得:

(1)国家机关用地和军事用地。

(2)城市基础设施用地和公益事业用地。

(3)国家重点扶持的能源、交通、水利等基础设施用地。

(4)法律、行政法规规定的其他用地。

3. 用地费用

以出让等有偿使用方式取得国有土地使用权的建设单位,按照国务院规定的标准和办法,缴纳土地使用权出让金等土地有偿使用费和其他费用后,方可使用土地。

4. 用地手续

经批准的建设项目需要使用国有建设用地的，建设单位应当持法律、行政法规规定的有关文件，向有批准权的县级以上人民政府自然资源主管部门提出建设用地申请，经自然资源主管部门审查，报本级人民政府批准。

建设单位使用国有土地的，应当按照土地使用权出让等有偿使用合同的约定或者土地使用权划拨批准文件的规定使用土地；确需改变该幅土地建设用途的，应当经有关人民政府自然资源主管部门同意，报原批准用地的人民政府批准。其中，在城市规划区内改变土地用途的，在报批前，应当先经有关城市规划行政主管部门同意。

3.2.2.3 永久征收土地

1. 土地征收工作程序

根据《山东省人民政府办公厅关于规范征收土地管理工作的意见》（鲁政办字〔2022〕13号）等相关规定，土地征收流程如表3-1所示。

2. 土地征收补偿

根据《大中型水利水电工程建设征地补偿和移民安置条例》（国务院令第679号发布）规定，征地补偿和移民安置资金包括土地补偿费、安置补助费，农村居民点迁建、城（集）镇迁建、工矿企业迁建及专项设施迁建或者复建补偿费（含有关地上附着物补偿费），移民个人财产补偿费（含地上附着物和青苗补偿费）和搬迁费，库底清理费，淹没区文物保护费和国家规定的其他费用。

（1）土地补偿费和安置补助费标准。按照山东省人民政府公布的《山东省征地区片综合地价标准》执行。

（2）农村居民点、城（集）镇迁建补偿费。农村移民集中安置的农村居民点、城（集）镇迁建应当按照经批准的移民安置规划确定的规模和标准迁建。农村移民集中安置的农村居民点的道路、供水、供电等基础设施，由乡（镇）、村统一组织建设。农村移民住房，由移民自主建造。有关地方人民政府或者村民委员会应当统一规划宅基地，但不得强行规定建房标准。

（3）工矿企业和交通、电力、电信、广播电视等专项设施及中小学的迁建或者复建应当按照其原规模、原标准或者恢复原功能的原则补偿。

（4）征地地上附着物和青苗补偿标准。由各市拟定，并经山东省自然资源厅、山东省财政厅批准发布。

（5）库底清理费。按照经批准的移民安置规划确定的范围和标准进行库底清理。

（6）淹没区文物保护费。对工程占地和淹没区内的文物，应当查清分布，确认保护价值，坚持保护为主、抢救第一的方针，实行重点保护、重点发掘。专业部门进行勘探和规划设计而确定的相应文物保护和抢救措施费用列入淹没区文物保护费中。

（7）有关税费。包括耕地占用税、耕地开垦费、森林植被恢复费和被征收土地农民社会保障资金等。

表3-1 土地征收流程

序号	工作程序	工作内容	其他
1	发布征收土地预公告	市、县人民政府认为符合法律规定、确需征收的，应在拟征收土地所在乡(镇)和村、村民小组范围内发布征收土地预公告，包括征收范围、目的，开展土地现状调查的安排、异议反馈渠道等内容，预公告时间不少于10个工作日	自预公告发布之日起，任何单位和个人不得在拟征收土地范围内抢栽抢建；违反规定抢栽抢建的，对抢栽抢建部分不予补偿
2	组织土地现状调查	市、县人民政府组织自然资源和财政、农业农村等部门和乡(镇)政府、被征地的农村集体经济组织、土地承包户、地上附着物和青苗所有权人及勘测定界单位现场勘测调查，查明土地的四至范围、权属、地类、面积，以及农村村民住宅、其他地上附着物(含建筑物，下同)和青苗等的权属、种类、数量等情况，填写《土地所有权调查确认表》《土地使用权及地上附着物和青苗调查确认表》，并由调查各方共同签字确认。 被征地的农村集体经济组织、土地承包户、地上附着物和青苗所有权人等相关权利人应按规定时间参加现场调查、清点、确认。不能直接到场的，应书面委托他人代理。对不能直接到场且未委托他人代理，经通知仍不到场的，由参加调查的各方将现场调查结果如实记录到《土地使用权及地上附着物和青苗调查确认表》中，载明情况并共同签字确认；确有必要的，可以聘请公证机构进行公证。调查结束后，将调查结果书面通知相关权利人	对土地现状调查结果有异议的，应按照征收土地预公告规定的期限和异议反馈渠道提出，有关部门应及时复核并妥善处理
3	开展征收土地社会稳定风险评估	市、县政府在组织征收土地现状调查的同时，组织开展社会稳定风险评估，重点围绕征地的合法性、合理性、补偿安置措施的可行性等，听取被征地农村集体经济组织、村民代表、土地使用权人代表和其他利害关系人的意见，对因征地可能引发的社会稳定风险状况进行综合研判，确定风险点，提出防范措施和处置预案，形成评估报告。评估结果为低风险或属于中风险但可通过防范措施及处置预案化解为低风险的，方可实施征地	

续表 3-1

序号	工作程序	工作内容	其他
4	拟定土地征收补偿安置方案并公告	市、县政府在完成土地现状调查后 15 个工作日内，组织自然资源、财政、农业农村、人力资源和社会保障等有关部门及乡（镇）政府依据土地现状调查结果和社会稳定风险评估结果，拟订征地补偿安置方案，包括拟征收土地的目的、四至范围、地类、面积、补偿标准、安置对象、安置方式、社会保障和异议反馈渠道、听证有关要求等内容。征地补偿安置方案拟定后，市、县政府应在被征地所在的乡（镇）和村、村民小组范围内公告，并将《土地所有权调查确认表》和《土地使用权及地上附着物和青苗调查确认表》一并公告，公告时间不少于 30 日	土地征收补偿安置方案应当包括下列内容： 1. 土地的位置、地类、面积； 2. 土地征收补偿安置费的标准、数额； 3. 失地人员的具体安置方式； 4. 其他补偿安置措施
5	依申请组织听证	多数被征地的农村集体经济组织成员认为拟订的征地补偿安置方案不符合法律、法规规定的，应提出书面听证申请，市、县政府应依法组织听证，形成听证笔录和听证纪要。根据听证情况，确需修改征地补偿安置方案的，应及时修改完善并予以公布。征地补偿安置方案公告期内未提交书面听证申请的，视为放弃听证	
6	办理补偿登记并签订土地征收补偿安置协议	市、县政府依据征地补偿安置方案和土地现状调查结果，拟订补偿登记表，与被征地的所有权人、使用权人等相关权利人签订征地补偿安置协议。 被征地的所有权人、使用权人等相关权利人应按征地补偿安置方案公告规定的时间和地点，持不动产权属证明等材料办理补偿登记并签订征地补偿安置协议。签订协议的比例一般应不低于使用权人总数的 95%。对个别未签订协议的，市、县政府应当明确处置措施和方案，申请征收土地时说明具体情况及保障其合法权益的措施	协议主要包括土地的位置、数量、地类、补偿标准、安置方式、费用的拨付时间和方式、土地的交接时间和方式等内容

续表 3-1

序号	工作程序	工作内容	其他
7	落实征地补偿有关费用和社会保障费用	市、县政府应组织相关部门对征地补偿有关费用和社会保障费用进行测算,并保证足额到位,专户存储,专款专用	
8	依法组织报批	市、县政府完成征地前期工作后,依法提出征收土地申请,报经有批准权的人民政府批准	
9	发布征收地的公告	市、县政府应自收到征地批准文件之日起 15 个工作日内在被征地所在的乡(镇)和村、村民小组范围内发布征收土地公告,公布征地批准文件、征收范围、土地腾退要求、资金拨付时间、行政救济方式等内容。对个别未签订征地补偿安置协议的,市、县政府依据征地补偿安置方案和土地现状调查结果,依法做出征地补偿安置决定,送达相关权利人并组织实施。 被征地的农村集体经济组织、村民或者相关权利人对征收土地批复有异议的,可依法申请行政复议;对征地补偿安置决定不服的,可自收到补偿安置决定之日起 60 日内依法申请行政复议。复议期间,除法定情形外,不影响征收土地的实施	公告主要包括下列内容: 1. 批准征收土地机关、批准文号、批准时间和土地用途; 2. 被征收土地的所有权人、位置、地类和面积; 3. 土地征收补偿安置方案
10	拨付征地补偿有关费用	市、县(市、区)自然资源主管部门自收到批准文件之日起 5 个工作日内,将征地批准文件送同级财政、人力资源社会保障、农业农村等部门。市、县政府应组织相关部门在征地批准文件下达之日起 60 日内,分别将征地补偿有关费用和社会保障费用足额拨付到被征地的农村集体经济组织账户和当地社会保障资金专户。征地补偿有关费用拨付情况应在费用拨付到位后 5 个工作日内在被征地所在的村、村民小组予以公示,公示时间不少于 20 个工作日	
11	交付土地	征地补偿有关费用足额拨付后,被征地的农村集体经济组织、村民或者相关权利人应在规定的期限内清理地上附着物和青苗,腾退交付土地。无正当理由拒不交付的,由市、县政府依法申请人民法院强制执行	

①耕地占用税。按照《中华人民共和国耕地占用税法》(主席令第 18 号发布)、《中华人民共和国耕地占用税法实施办法》(财政部 税务总局 自然资源部 农业农村部 生态环境部公告 2019 年第 81 号) 和《山东省人民代表大会常务委员会关于山东省耕地占用税适用税额的决定》(2019 年 7 月 26 日山东省第十三届人民代表大会常务委员会第十三次会议通过)等文件中耕地占用税的计税范围和标准执行。

②耕地开垦费。大中型水利水电工程建设占用耕地的,应当执行占补平衡的规定。按照“占多少,垦多少”的原则,由占用耕地的单位负责开垦与所占用耕地的数量和质量相当的耕地;没有条件开垦或者开垦的耕地不符合要求的,应当按规定缴纳耕地开垦费,专款用于开垦新的耕地。

在《山东省自然资源厅 山东省财政厅关于公布省级耕地占补平衡指标调剂指导价格的通知》(鲁自然资发〔2022〕7 号)中规定了省级耕地占补平衡统筹指导价格和省级耕地占补平衡指标调剂指导价格。《自然资源部办公厅关于以“三调”成果为基础做好建设用地审查报批地类认定的通知》(自然资办函〔2022〕411 号)第三条规定,新建水利水电工程中水库淹没区形成的水库水面,不办理农用地转用手续,涉及占用耕地的,要先行落实耕地“进出平衡”。

③森林植被恢复费。《财政部 国家林业局关于调整森林植被恢复费征收标准引导节约集约利用林地的通知》(财税〔2015〕122 号)和《山东省财政厅 山东省林业厅关于调整森林植被恢复费征收标准引导节约集约利用林地的通知》(鲁财综〔2016〕33 号)等文件中规定了森林植被恢复费的征收范围和标准。

④被征收土地农民社会保障资金。《山东省土地征收管理办法》(山东省人民政府令第 226 号发布)规定了被征收土地农民社会保障资金标准,并规定“政府出资部分从土地出让收入中予以安排;单独选址项目的政府出资部分,由用地单位承担”。

⑤新增建设用地土地有偿使用费。在工程建设中,如移民迁建用地占用了城市土地利用总体规划确定的经批准超出原建设用地面积的新增建设用地,应缴纳新增建设用地土地有偿使用费。新增建设用地土地有偿使用费标准按照《关于调整部分地区新增建设用地土地有偿使用费征收等别的通知》(财综〔2009〕24 号)文件确定。

3.2.2.4　临时征用土地

1. 临时征用土地工作程序

临时用地,是指经依法批准的建设项目施工、地质勘查等临时使用,不修建永久性建(构)筑物,使用后可恢复的土地(通过复垦可恢复原地类或者达到可供利用状态)。

根据《中华人民共和国土地管理法》(国家主席令第 41 号发布,1988 年修正,1998 年修订,2004 年、2019 年修正)、《山东省实施<中华人民共和国土地管理法>办法》(1999 年 8 月 22 日山东省第九届人民代表大会常务委员会第十次会议通过,2004 年、2012 年、2015 年修正)、《自然资源部关于规范临时用地管理的通知》(自然资规〔2021〕2 号)、《山东省临时用地管理暂行办法》(鲁自然资规〔2023〕1 号)等相关规定,临时征用土地工作流程详见表 3-2。

表 3-2　临时征用土地工作流程

序号	工作程序	工程内容
1	用地选址申请	临时用地申请人为依法登记成立的建设单位或施工单位。 申请人要将临时用地选址申请报送所在县(市、区)自然资源主管部门,拟选址范围内占用耕地、永久基本农田的,应提供占用必要性的文字说明
2	编制土地复垦方案	临时用地申请人需编制土地复垦方案。涉及耕地及永久基本农田的编制土地复垦方案报告书,不涉及耕地及永久基本农田的编制土地复垦方案报告表。土地复垦方案报告书、报告表按临时用地审批权限报相应自然资源主管部门审查论证。其中,所申请使用的临时用地位于项目建设用地报批时已批准土地复垦方案范围内的,不再重复编制土地复垦方案报告表。 临时用地申请人为土地复垦义务人。临时用地的复垦及验收应当按照《土地复垦条例》《土地复垦条例实施办法》等有关规定执行
3	临时用地申请	临时用地申请应当提交以下材料: 1. 临时用地申请书; 2. 临时使用土地合同; (申请人根据土地权属,与相关自然资源主管部门或者农村集体经济组织、村民委员会签订临时使用土地合同。 临时使用土地合同应当载明临时用地的地点、四至范围(附勘测定界图)、面积与土地现状地类,并明确临时使用土地的用途和使用期限、土地复垦标准、补偿费用金额、支付方式及违约责任等内容。) 3. 工程建设项目审批(核准、备案)文件。 4. 土地复垦方案报告书或报告表。 5. 勘测定界材料。 6. 土地权属材料。如临时使用承包土地的,提交承包经营权人同意的有关材料。 7. 土地利用现状照片及其他必要的材料。涉及占用林地、草地、湿地和自然保护地的,需提供相应审查意见或审批结果。 8. 土地复垦费用使用监管协议及土地复垦费缴存凭证
4	临时用地审批	市、县级自然资源主管部门负责临时用地的审批及全程监管,督促临时用地申请人依法使用,如期落实恢复责任。临时用地取得合法批准前不得动工建设,否则不予办理临时用地批准手续。临时用地批准后,临时用地使用人应当严格按照批准的用途、位置和面积使用土地,不得转让、出租、抵押临时用地,不得在临时用地上修建永久性建(构)筑物

2. 征用土地补偿

(1)根据《山东省临时用地管理暂行办法》(鲁自然资规〔2023〕1 号),临时用地补偿费用包括土地补偿费、地上附着物和青苗补偿费等。地上附着物和青苗补偿费可参照由各市拟定并经山东省自然资源厅、山东省财政厅批准的最新年度征地地上附着物和青苗补偿费标准。

(2)临时用地补偿费支付。

①临时使用未确定使用权的国有土地的,土地补偿费由县级自然资源部门按照临时使用土地合同约定的标准收取,全额缴入同级国库;临时使用已确定使用权的国有土地的,土地补偿费支付给国有土地使用权人;临时使用农村集体所有土地的,土地补偿费和地上附着物、青苗的补偿费支付给土地所属的村集体经济组织,由其支付给土地承包经营者,并予以公示。

②临时用地批准前,申请人应当按照土地复垦方案确定的资金数额签订土地复垦费用使用监管协议,足额缴存土地复垦费。省级以上重大项目、民生重点工程可探索采用银行履约保函形式代替预存土地复垦费。

3. 临时征用土地审批

1)临时用地选址管理

临时用地选址应当坚持“用多少、批多少,占多少、恢复多少”,科学合理选址,坚持节约原则,尽量不占或少占耕地,严格控制占用永久基本农田,尽量避让生态保护红线。

制梁场、拌合站等难以恢复原种植条件的不得以临时用地方式占用耕地和永久基本农田。

临时占用林地、草地、湿地及自然保护地的,应当提交相关行政主管部门的审查意见或审批结果。

生态保护红线内允许的有限人为活动和国家重大项目占用生态保护红线涉及临时用地的,参照临时占用永久基本农田规定办理,严格落实恢复责任。

2)明确临时用地的审批权限和使用期限

临时用地审批由市、县级自然资源主管部门负责,其中涉及占用耕地和永久基本农田的,由市自然资源主管部门审批。

临时用地使用期限一般不超过 2 年。建设周期较长的交通、水利等基础设施建设项目施工使用的临时用地,期限不超过 4 年。

因工程未完工等特殊情况确需延长使用期限的,临时用地申请人(简称申请人)应当在使用期满前 2 个月内,持申请书等有关材料到原审批部门办理延期审批手续。临时用地最多延期 1 次,延期时间不超过 2 年。

申请人应当在临时用地使用期满之日起 30 日内拆除、清场,并到原批准机关办理相应手续;占用农用地的,申请人应当在临时用地期满之日起 1 年内恢复原种植条件。

3.2.3　工作指导

3.2.3.1　签订移民安置协议

大中型水利水电工程开工前,项目法人应当根据经批准的移民安置规划,与有关市级或县级人民政府签订移民安置工作及投资包干协议。

工程用地、淹没范围和移民安置范围在同一个市级、县级行政区域内的水利工程，项目法人可直接与该市级、县级人民政府或其授权的移民机构（统称移民机构）签订移民安置工作及投资包干协议；跨市级、县级行政区域内的，项目法人可直接与共同的上一级移民机构签订移民安置工作及投资包干协议。移民安置协议签订后，项目法人应当在30个工作日内经市级水利部门将所签协议报送省水利厅。

3.2.3.2　实物调查

勘测定界单位根据工程建设征地线进行勘测定界，移民机构和设计单位等组成实物调查组对实物指标数量调查登记，并经参与各方签字认可，公示结果为实物指标认定结果。

实物调查项目包括土地、人口、房屋及附属建筑、零星树木、坟墓，城（集）镇基础设施和公益性公共设施，企（事）业单位，专项设施等。

3.2.3.3　移民安置实施方案

为规范实施移民安置工作，在项目初步设计批准后，承担征地补偿与移民安置的移民机构可委托有相应能力的专业单位，根据现行移民安置政策法规、经批准的移民安置规划大纲和移民安置规划、勘测定界成果、实物调查成果等，编制征地补偿与移民安置实施方案。经批准的移民安置实施方案作为移民安置工作实施的依据和指导性文件。

3.2.3.4　资金兑付

（1）征地补偿和移民安置资金应按照国家有关规定管理和使用，任何部门或单位不得挤占、截留或挪用。存储期间的孳息，应纳入征地补偿和移民安置资金，不得挪作他用。

（2）项目法人应当根据移民安置年度计划，按照移民安置实施进度将征地补偿和移民安置资金支付给移民实施机构。

（3）征收土地补偿费和安置补助费依据批复的工程实施方案，按程序拨付到移民机构，再拨付给农村集体经济组织。地上附着物和青苗、个人所有的零星树木、农副业设施等补偿费，兑付给相关权利人。

（4）工矿企业、交通运输、电力、电信、广播电视和其他专项设施，可采取迁建、复建、货币补偿或者其他处理方式，应根据协议将补偿资金或迁建资金兑付到专项设施权属单位或项目法人委托的专业（迁建、复建）单位，工作完成后及时组织验收，办理移交手续。

（5）土地征收补偿安置费的分配、使用方案，应由村民会议、村民代表会议或者被征收土地农村集体经济组织全体成员讨论决定。对农民集体所有的土地全部被征收或者征收后没有条件调整承包土地的，应主要用于被征收土地农民的社会保障、生产生活安置。

3.2.3.5　地面附着物清理与土地交付

补偿资金兑付后，征地涉及的单位和个人应按要求清理附着物，清理完成后，将土地交由移民实施机构或使用单位，交付过程应签订书面协议。

3.2.3.6　移民安置档案

移民机构及项目法人应当建立移民工作档案，并按照国家有关规定进行管理。工程移民档案工作与移民安置工作实行同步管理，做到同部署、同实施、同检查、同验收。移民档案形成部门（单位）是归档工作的直接责任人，具体负责将各类应归档文件材料进行全面收集、系统整理,并按规定向移民机构和项目法人归档或移交。

3.2.3.7 移民安置监督评估

大中型水利工程移民安置依法实行全过程移民安置监督评估。签订移民安置协议的地方人民政府和项目法人应共同委托移民安置监督评估单位,对移民搬迁进度、移民安置质量、移民资金的拨付和使用情况及移民生活水平的恢复情况进行全过程监督评估;被委托方应当将监督评估的情况及时向委托方报告。

3.2.3.8 先行用地政策相关规定

根据《中华人民共和国土地管理法实施条例》(国务院令第256号,2011年、2014年、2021年修订)规定,抢险救灾、疫情防控等急需使用土地的,可以先行使用土地。其中,属于临时用地的,用后应当恢复原状并交还原土地使用者使用,不再办理用地审批手续;属于永久性建设用地的,建设单位应当在不晚于应急处置工作结束6个月内申请补办建设用地审批手续。

根据《大中型水利水电工程建设征地补偿和移民安置条例》(国务院令第471号,2013年、2017年修正)规定,对于应急的防洪、治涝等工程,经有批准权的人民政府决定,可以先行使用土地,事后补办用地手续。

根据《建设用地审查报批管理办法》(国土资源部令第3号发布,2010年、2016年修正)规定,国家重点建设项目中的控制工期的单体工程和因工期紧或者受季节影响急需动工建设的其他工程,可以由省、自治区、直辖市自然资源主管部门向自然资源部申请先行用地。

经批准先行用地的,应当在规定期限内完成用地报批手续。

3.2.4 移民安置文件依据

(1)《中华人民共和国土地管理法》(主席令第41号发布,1988年修正,1998年修订,2004年、2019年修正)。

(2)《中华人民共和国土地管理法实施条例》(国务院令第256号发布,2011年、2014年、2021年修订)。

(3)《大中型水利水电工程建设征地补偿和移民安置条例》(国务院令第679号发布)。

(4)《建设用地审查报批管理办法》(国土资源部令第3号发布,2010年、2016年修正)。

(5)《大中型水利水电工程移民安置前期工作管理暂行办法》(水规计33号,2019年修正)。

(6)《大中型水利工程移民安置监督评估管理暂行规定》(水移492号,2014年修订)。

(7)《水利水电工程移民档案管理办法》(档发〔2012〕4号)。

(8)《山东省土地征收管理办法》(山东省人民政府令第226号发布)。

(9)《山东省人民政府办公厅关于规范征收土地管理工作的意见》(鲁政办字〔2022〕13号)。

(10)《山东省临时用地管理暂行办法》(鲁自然资规〔2023〕1 号)。

3.3　工程招标

3.3.1　招标范围

3.3.1.1　必须招标项目

根据《必须招标的工程项目规定》(发改委令第 16 号发布)要求,全部或者部分使用国有资金投资或国家融资的项目,使用国际组织或者外国政府贷款、援助资金的项目和其他大型基础设施、公用事业等关系社会公共利益、公众安全的项目,其勘察、设计、施工、监理及与工程建设有关的重要设备、材料等的采购达到下列标准之一的,必须招标:

(1)施工单项合同估算价在 400 万元人民币以上。

(2)重要设备、材料等货物的采购,单项合同估算价在 200 万元人民币以上。

(3)勘察、设计、监理等服务的采购,单项合同估算价在 100 万元人民币以上。

同一项目中可以合并进行的勘察、设计、施工、监理及与工程建设有关的重要设备、材料等的采购,合同估算价合计达到规定标准的,必须招标。

3.3.1.2　可以不招标项目

(1)《中华人民共和国招标投标法》(主席令 21 号发布,2017 年修正)第六十六条规定:

涉及国家安全、国家秘密、抢险救灾或者属于利用扶贫资金实行以工代赈、需要使用农民工等特殊情况,不适宜进行招标的项目,按照国家有关规定可以不进行招标。

(2)《中华人民共和国招标投标法实施条例》(国务院令第 613 号发布,2017 年、2018 年、2019 年修订)第九条规定:

除招标投标法第六十六条规定的可以不进行招标的特殊情况外,有下列情形之一的,可以不进行招标:

①需要采用不可替代的专利或者专有技术;

②采购人依法能够自行建设、生产或者提供;

③已通过招标方式选定的特许经营项目投资人依法能够自行建设、生产或者提供;

④需要向原中标人采购工程、货物或者服务,否则将影响施工或者功能配套要求;

⑤国家规定的其他特殊情形。

(3)《水利工程建设项目招标投标管理规定》(水利部令第 14 号)第十二条规定:

下列项目可不进行招标,但须经项目主管部门批准:

①涉及国家安全、国家秘密的项目;

②应急防汛、抗旱、抢险、救灾等项目;

③项目中经批准使用农民投工、投劳施工的部分(不包括该部分中勘察设计、监理和重要设备、材料采购);

④不具备招标条件的公益性水利工程建设项目的项目建议书和可行性研究报告;

⑤采用特定专利技术或特有技术的;

⑥其他特殊项目。

(4)《工程建设项目勘察设计招标投标办法》(发改委等八部委令第 2 号发布,2013 年修正)第四条规定:

按照国家规定需要履行项目审批、核准手续的依法必须进行招标的项目,有下列情形之一的,经项目审批、核准部门审批、核准,项目的勘察设计可以不进行招标:

①涉及国家安全、国家秘密、抢险救灾或者属于利用扶贫资金实行以工代赈、需要使用农民工等特殊情况,不适宜进行招标;

②主要工艺、技术采用不可替代的专利或者专有技术,或者其建筑艺术造型有特殊要求;

③采购人依法能够自行勘察、设计;

④已通过招标方式选定的特许经营项目投资人依法能够自行勘察、设计;

⑤技术复杂或专业性强,能够满足条件的勘察设计单位少于三家,不能形成有效竞争;

⑥已建成项目需要改、扩建或者技术改造,由其他单位进行设计影响项目功能配套性;

⑦国家规定的其他特殊情形。

(5)《工程建设项目施工招标投标办法》(发改委等七部委令第 30 号发布,2013 年修订)第十二条规定:

依法必须进行施工招标的工程建设项目有下列情形之一的,可以不进行施工招标。

①涉及国家安全、国家秘密、抢险救灾或者属于利用扶贫资金实行以工代赈需要使用农民工等特殊情况,不适宜进行招标;

②施工主要技术采用不可替代的专利或者专有技术;

③已通过招标方式选定的特许经营项目投资人依法能够自行建设;

④采购人依法能够自行建设;

⑤在建工程追加的附属小型工程或者主体加层工程,原中标人仍具备承包能力,并且其他人承担将影响施工或者功能配套要求;

⑥国家规定的其他情形。

3.3.2　招标工作内容

3.3.2.1　招标工作程序

水利工程建设项目招标按照资格审查方式分为资格预审和资格后审。资格预审,是指在投标前对潜在投标人进行资格审查;资格后审,是指在开标后对投标人进行资格审查。目前,山东省水利工程招标采取资格后审方式的项目占比较多。

根据《中华人民共和国招标投标法实施条例》(国务院令第 613 号发布,2017 年、2018 年、2019 年修订)和《水利工程建设项目招标投标管理规定》(水利部令第 14 号发布)等相关规定,招标工作按图 3-1 所示流程进行。

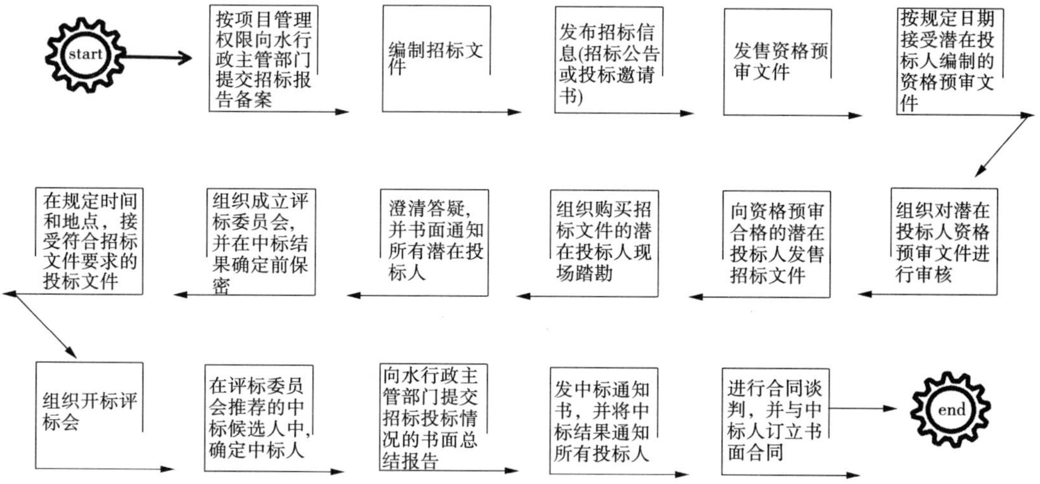

图 3-1　水利工程建设项目的招标工作流程(水利部令第 14 号)

1. 招标准备

1)确定招标组织形式

招标组织形式分为自行招标和委托招标。

自行招标即项目法人自行办理招标事宜。项目法人具备以下条件时,按有关规定和管理权限经核准可自行办理招标事宜:

(1)具有项目法人资格(或法人资格)。

(2)具有与招标项目规模和复杂程序相适应的工程技术、概预算、财务和工程管理等方面的专业技术力量。

(3)具有编制招标文件和组织评标的能力。

(4)具有从事同类工程建设项目招标的经验。

(5)设有专门的招标机构或者拥有 3 名以上专职招标业务人员。

(6)熟悉和掌握招标投标法律、法规、规章。

项目法人自行招标的,须在项目立项审批阶段核准。

委托招标即项目法人委托符合相应条件的招标代理机构办理招标事宜。

当前,山东省水利工程招标主要采取委托招标形式。

2)招标报告备案

招标前,项目法人按项目管理权限向水行政主管部门提交招标报告备案。具体内容应当包括:招标已具备的条件、招标方式、分标方案、招标计划安排、投标人资质(资格)条件、评标办法和标准、评标委员会组建方案及开标、评标工作的具体安排等。

3)编制招标文件

项目法人(或委托的招标代理机构)根据招标项目的特点编制招标文件。招标文件内容应包括招标项目的技术要求、对招标人资格的标准、投标报价要求和评标标准等所有实质性要求和条件及拟签订合同的主要条款。

需要编制招标控制价的,由项目法人负责编制或委托编制,招标控制价应在招标文件中载明。要求投标人提交投标保证金的,招标文件中应明确投标保证金的金额和缴纳方式。

2. 发布招标公告与发售招标文件

1)发布招标信息(招标公告)

省内依法必须招标的水利工程建设项目,招标人应在中国招标投标公共服务平台或者全国公共资源交易平台(山东省)、山东省公共资源交易网发布招标信息。除在发布媒介上发布外,招标人也可以同步在其他媒介上公开,并确保内容一致。招标公告不得限制潜在投标人的数量。

采用邀请招标方式的,招标人应当向3个以上有投标资格的法人或其他组织发出投标邀请书。投标人少于3个的,招标人应当依照规定重新招标。

2)发售资格预审文件(或招标文件)

招标人应当按照资格预审公告、招标公告或者投标邀请书中规定的时间、地点发售资格预审文件(或招标文件)。资格预审文件或者招标文件的发售期不得少于5日。

采用公开招标方式的项目,在发布招标信息(招标公告或投标邀请书)时可同步发售资格预审文件(或招标文件)。

实行资格预审的,提交资格预审申请文件的时间,自资格预审文件停止发售之日起不得少于5日;实行资格后审的,自招标文件开始发出之日起至投标人提交投标文件截止之日止,最短不得少于20日。

3. 资格预审

资格预审应当按照资格预审文件载明的标准和方法进行。招标人应当组建资格审查委员会对潜在投标人递交的资格预审申请文件进行审查。

资格预审结束后,招标人应当及时向资格预审申请人发出资格预审结果通知书。未通过资格预审的申请人不具有投标资格。

通过资格预审的申请人少于3个的,应当重新招标。

4. 招标(投标)过程

1)现场踏勘

招标项目是否组织现场勘察,应在招标文件中注明。如组织现场勘察的,招标人应按照招标文件中规定的时间和集合地点组织全部购买招标文件的潜在投标人进行现场勘察。招标人不得组织单个或部分潜在投标人踏勘项目现场。

2)招标文件澄清与修改

招标人可以(或接受潜在投标人对招标文件提出的有关问题)对已发出的招标文件进行必要的澄清或者修改。澄清或者修改的内容可能影响投标文件编制的,招标人应当在投标截止时间至少15日前,以有效形式通知所有获取招标文件的潜在投标人。不足15日的,招标人应当顺延提交投标文件的截止时间(对不影响投标文件编制的可以不顺延),澄清或者修改的内容为招标文件的组成部分。

潜在投标人或其他利害关系人对资格预审文件有异议的,应当在提交资格预审申请文件截止时间2日前提出;对招标文件有异议的,应当在投标截止时间10日前提出,招标人应在收到异议之日起3日内作出答复。作出答复前,应暂停招标投标活动。

3)(潜在投标人)编制投标文件并递交

投标人应按照招标文件的要求编写投标文件,并在招标文件规定的投标截止时间之前按招标文件要求送达招标人。

5. 开标、评标

1)开标前组建评标委员会(抽取评标专家)

根据《水利工程建设项目招标投标管理规定》(水利部令第 14 号发布),评标委员会由招标人的代表和有关技术、经济、合同管理等方面的专家组成,成员人数为 7 人以上单数,其中专家(不含招标人代表人数)不得少于成员总数的 2/3。

评标专家由招标人从山东省公共资源交易综合评标评审专家库中随机抽取,应在评标前 24 h(特殊项目不超过 48 h)抽取,专家抽取情况及专家名单应严格保密,建立评标回避承诺制度。

2)开标

开标应按招标文件中确定的时间、地点进行。开标由招标人主持,邀请所有投标人参加。

开标时,由主持单位检查投标文件并启封,做好开标记录,同时由投标人代表签字确认。

投标人少于 3 个的,不得开标,招标人应当重新招标。投标人对开标有异议的,应当在开标现场提出,招标人应当场作出答复,并制作记录。

3)评标

评标工作由评标委员会负责。评标委员会按照招标文件规定的评标标准和方法,客观、公正地对投标文件提出评审意见。招标文件没有规定的评标标准和方法不得作为评标的依据。

对投标文件中有含义不明确的内容、明显的文字或者计算错误,评标委员会认为需要投标人做出必要澄清、说明的,应当书面通知该投标人。投标人的澄清、说明应当采用书面形式,并不得超出投标文件的范围或者改变投标文件的实质性内容。

评标完成后,评标委员会应当向招标人提交书面评标报告和中标候选人名单。中标候选人应当不超过 3 个。

4)评标结果公示

招标人应当自收到评标报告之日起 3 日内公示评标结果,公示期不得少于 3 日。

投标人或者其他利害关系人对评标结果有异议的,应当在中标候选人公示期间提出。招标人应当自收到异议之日起 3 日内作出答复;作出答复前,应当暂停招标投标活动。

6. 中标

1)确定中标人

在评标结果公示期内未收到异议的,招标人应当确定排名第一的中标候选人为中标人。排名第一的中标候选人放弃中标、因不可抗力不能履行合同、不按照招标文件要求提交履约保证金,或者被查实存在影响中标结果的违法行为等情形,不符合中标条件的,招标人可以按照评标委员会提出的中标候选人名单排序依次确定其他中标候选人为中标人,也可以重新招标。

2)发出中标通知书

中标人确定后,招标人应向中标人发出中标通知书,并同时将中标结果通知所有未中标的投标人。中标通知书对招标人和中标人具有法律效力,中标通知书发出后,招标人改变中标结果的,或者中标人放弃中标项目的,应当依法承担法律责任。

7. 招标投标情况报告

招标人在确定中标人后,应当在15日之内按项目管理权限向水行政主管部门提交招标投标情况的书面报告。

3.3.2.2 电子招标投标

电子招标投标是指以数据电文形式,依托电子招标投标系统完成的全部或者部分招标投标交易、公共和行政监督活动。电子招标投标流程与线下招标投标活动流程相同,不同之处在于以下几个方面。

1. 电子招标投标交易平台

招标人(或其委托的代理机构)应在电子招标投标交易平台注册登记(山东省省级平台为山东省水利工程电子招标投标交易平台),在电子招标投标交易平台和国家指定的招标公告媒介同步发布,招标人应及时将数据电文形式的文件加载至电子招标投标交易平台,供潜在投标人下载或查阅。

2. 投标人注册登记和递交投标文件

投标人在招标公告载明的电子招标投标交易平台注册登记,如实递交相关信息(信息发生变化时应及时维护更新),并经电子招标投标交易平台运营机构验证后,在交易平台递交电子投标文件(加密)。

3. 电子开标

电子开标按照招标文件确定的时间,在电子招标投标交易平台上公开进行,所有投标人均应准时在线参加开标。开标时,电子招标投标交易平台自动提取所有投标文件,提示招标人和投标人按招标文件规定方式按时在线解密。解密全部完成后,向所有投标人公布投标人名称、投标价格和招标文件规定的其他内容。

因投标人原因造成投标文件未解密的,视为撤销其投标文件;因投标人之外的原因造成投标文件未解密的,视为撤回其投标文件,投标人有权要求责任方赔偿因此遭受的直接损失。部分投标文件未解密的,其他投标文件的开标可以继续进行。

4. 电子评标

电子评标应当在有效监控和保密的环境下在线进行,评标委员会成员在依法设立的招标投标交易场所,登录招标项目所使用的电子招标投标交易平台进行评标。

评标中需要投标人对投标文件澄清或者说明的,招标人和投标人应当通过电子招标投标交易平台交换数据电文。

评标委员会完成评标后,应当通过电子招标投标交易平台向招标人提交数据电文形式的评标报告。中标候选人和中标结果应当在电子招标投标交易平台进行公示和公布。

5. 电子中标

招标人确定中标人后,通过电子招标投标交易平台以数据电文形式向中标人发出中标通知书,并向未中标人发出中标结果通知书。

3.3.3 工作指导

3.3.3.1 对投标主体的要求

投标人资质要求应与招标项目相适应(资质承揽工程范围见附录A-1"工程资质主体承担业务范围"),项目法人不得利用提高资质条件、设定特指奖项等方式,提高招标门槛设置,限制或者排斥潜在的投标人。

3.3.3.2 合理划分标段

项目法人应按照法律法规和批准的设计文件进行招标,避免工程设计内容漏项。

项目法人对招标项目划分标段的,应根据工程内容、工程区域合理划分标段,并避免标段划分过细过小。同时在划分标段时还应考虑不同标段之间的工作界面,力求界面清晰,避免不同标段内容实施时界面交叉过多,责任不清。

3.3.3.3 严格审核招标文件

项目法人组织完成招标文件编制后,应加强对招标文件的审核。可采取流程式审核或会审制度,由项目法人组织招标代理机构、设计及其他相关单位人员对招标文件进行会审,对招标文件内容逐一审核,重点审核招标内容是否漏项、设计深度是否满足招标要求,各标段之间工作界面是否清晰、交叉工作是否责任明确、付款条件是否合理、涉及调差和索赔条款是否具体等,必要时可邀请相关专家参加。

3.3.3.4 鼓励开展质量创优

根据《山东省水利工程建设项目法人管理办法》(鲁水规字〔2021〕14号)规定,为了鼓励创建优质工程,项目法人可在招标文件中设定工程优质奖励资金,获得市级以上或其他工程奖项的,计取优质优价费用,作为不可竞争费用,用于工程创优。

3.3.3.5 评标标准

为进一步加强省内水利工程建设项目招标投标管理,规范水利工程建设市场招标投标行为,确保招标投标评标公平、公正、科学、合理,山东省水利厅以"鲁水建字〔2022〕1号"文印发了《山东省水利工程建设项目监理招标评标标准》《山东省水利工程建设项目施工招标评标标准》《山东省水利工程建设项目质量检测招标评标标准》,在招标过程中应按统一的评标标准进行。评标标准见附录A-2。

3.3.3.6 加强对招标代理机构的管理

采用委托招标形式的,项目法人应加强对招标代理机构的管理,确保招标投标活动依法依规进行。

3.3.3.7 投标保证金的缴纳与退还

招标人在招标文件中要求投标人递交投标保证金的,投标保证金不得超过招标项目估算价的2%,施工类、货物类保证金数额最高不得超过80万元人民币,勘察设计类保证金数额最多不超过10万元人民币。投标保证金有效期应当与投标有效期一致,以现金或者支票形式提交的投标保证金应当从投标单位的基本账户转出。

招标人应在与中标人签订合同后最迟5日内,向中标人和未中标的投标人退还投标保证金及银行同期存款利息。

中标人无正当理由拒签合同的,招标人取消其中标资格,其投标保证金不予退还。

为减轻企业现金流压力,推行以保险、保函等替代现金缴纳保证金。如采用非现金方式的,项目法人应查验提交文件的真伪及有效性,防止出现伪造或过期情况。

3.3.3.8 招标项目合同签订要求

自中标通知书发出之日起30日内,招标人和中标人应当按照招标文件和中标人的投标文件订立书面合同,合同的标的、价款、质量、履行期限等主要条款应当与招标文件和中标人的投标文件的内容一致。

3.3.3.9 政府采购

政府采购是指各级国家机关、事业单位和团体组织使用财政性资金采购依法制定的采购目录以内或采购限额标准以上的货物、工程和服务的行为。

政府采购采用公开招标、邀请招标、竞争性谈判、单一来源采购、询价采购等方式。公开招标为政府采购的主要采购方式。

政府采购工程及与工程建设有关的货物、服务,采用招标方式采购的,适用《中华人民共和国招标投标法》及其实施条例;采用其他方式采购的,适用政府采购法及其实施条例。

3.3.3.10 远程异地评标

远程异地评标是指依托公共资源电子交易系统、省公共资源远程异地评标协调系统,在省公共资源交易综合评标评审专家库抽取评标专家,组建评标委员会,利用"互联网+"信息技术实现评标专家在两个以上评标场地完成的工程建设项目评标活动。项目受理所在地公共资源交易中心评标场所为主场,所在地以外评标场为副场。

在本省行政区域内必须招标的工程建设项目,其中水利工程建设项目包括概算总投资20 000万元以上大中型水利工程建设项目工程总承包、施工、主要设备材料、勘察、设计、监理、全过程工程咨询的采购等,优先采用远程异地评标。

3.3.4 招标投标管理文件依据

(1)《中华人民共和国招标投标法》(主席令第21号发布,2017年修正)。

(2)《中华人民共和国政府采购法》(主席令第68号发布,2014年修正)。

(3)《中华人民共和国招标投标法实施条例》(国务院令第613号发布,2017年、2018年、2019年修订)。

(4)《中华人民共和国政府采购法实施条例》(国务院令第658号发布)。

(5)《水利工程建设项目招标投标管理规定》(水利部令第14号发布)。

(6)《水利工程建设监理单位资质管理办法》(水利部令第29号发布,2010年、2015年、2017年、2019年修正)。

(7)《水利部关于暂时调整实施〈水利工程建设项目招标投标管理规定〉有关条款的通知》(水建设〔2022〕346号)。

(8)《工程建设项目勘察设计招标投标办法》(发改委等八部委令第2号发布,2013年修正)。

(9)《工程建设项目货物招标投标办法》(发改委等七部委令第27号发布,2013年修改)。

(10)《工程建设项目施工招标投标办法》(发改委等七部委令第30号发布,2013年修订)。

(11)《电子招标投标办法》(发改委等八部委令第20号发布)。

(12)《必须招标的工程项目规定》(发改委令第16号发布)。

(13)《必须招标的基础设施和公用事业项目范围规定》(发改法规规〔2018〕843号)。

(14)《工程设计资质标准》(建市〔2007〕86号)。

(15)《工程勘察资质标准》(建市〔2013〕9号)。

(16)《建筑业企业资质标准》(建市〔2014〕159号)。

(17)《山东省实施〈中华人民共和国招标投标法〉办法》(鲁政发〔2005〕80号)。

(18)《山东省公共资源交易目录(2020年版)》(鲁政字〔2020〕251号)。

(19)《山东省水利工程建设项目招标投标行政监督管理办法》(鲁水规字〔2021〕11号)。

(20)《山东省水利工程建设项目施工、监理、质量检测招标评标标准》(鲁水建字〔2022〕1号)。

3.4　合同签订

3.4.1　合同种类及适用文本

水利工程项目建设往往涉及勘察设计、监理、施工、检测、咨询等多项工作内容,项目法人为了全面完成建设任务,需将项目前期策划、准备工作、建设实施直至竣工验收、移交等全过程的工作内容,按照分类、分区域或其他适宜的方式进行分解,委托给多个单位承担或承包,因此需要签订大量的合同。

3.4.1.1　合同种类

1.按合同内容和性质分类

(1)建设工程合同,包括勘察、设计和施工合同等。

(2)技术合同,指就技术使用或者授权情况达成一致意见的合同,包括技术开发、技术转让、技术咨询、技术服务合同等,如监理、检测、造价咨询、方案编制等合同。

(3)委托合同,指受托人以委托人的名义为委托人办理委托事务的合同,如招标代理、项目管理等合同。

2.按合同计价方式分类

1)总价合同

总价合同又可分为固定总价合同、可调总价合同。

(1)固定总价合同一般情况下报价较高,适用于以下条件。

①工程投标时的设计深度已达到施工图设计的深度。

②规模较小,技术不太复杂的中小型工程或承包工作内容较为简单的工程部位。

③工程合同期较短(一般为1年以内)。

(2)可调总价合同合同期较长(1年以上),常用文件证明法、票据价格调整法和公式调价法等调价方法。

2)单价合同

按合同工期的长短,可分为固定单价合同和可调单价合同。

单价合同大多用于工期长、技术复杂、实施过程中发生过各种不可预见因素较多的大型土建工程,以及为了缩短工程建设周期,初步设计完成后就进行施工招标的工程,或者工程量清单内所列工程量为估计工程量,而非准确工程量。

3)成本加酬金合同

成本加酬金合同多用于工程特别复杂,工程技术、结构方案不能预先确定,或者尽管可以确定工程技术和结构方案,但是不可能进行竞争性招标,并以总价合同或单价合同的形式确定承包商,如研究开发性质的工程项目;时间特别紧迫的项目,如抢险、救灾工程,来不及进行详细的计划和商谈。

在工程建设各个阶段,项目法人针对不同的工作内容一般需签订表 3-3 所示合同(仅供参考)。

3.4.1.2 合同适用文本

(1)水利工程勘察、设计、施工、监理、设备及材料采购,适用《标准设备采购招标文件》《标准材料采购招标文件》《标准勘察招标文件》《标准设计招标文件》《标准监理招标文件》中合同文本(当前使用的标准招标文件为 2017 年版)及《水利工程施工监理合同示范文本》(GF-2007—0211)。

(2)列入国家或地方投资计划的大中型水利水电工程,适用《水利水电工程标准文件(2009 年版)》,小型水利水电工程可参照使用。

(3)工期不超过 12 个月、技术相对简单且设计和施工不是由同一承包人承担的小型项目,适用《简明标准施工招标文件(2012 年版)》。根据招标项目具体特点和实际需要,参照《水利水电工程标准施工招标文件(2009 年版)》,对《简明标准施工招标文件(2012 年版)》做相应的补充和细化。

(4)设计施工一体化的总承包工程,适用《标准设计施工总承包招标文件(2012 年版)》。

(5)代建管理,适用山东省地方标准《水利工程建设项目代建实施规程》(DB37/T 4242—2020)中示范文本。

3.4.2 合同订立

3.4.2.1 合同文件组成

构成合同的各项文件是相互解释、互为说明的,除另有约定外,合同文件应包括以下内容:

(1)合同协议书;

(2)合同补充协议;

(3)专用合同条款;

(4)通用合同条款;

(5)中标通知书;

(6)投标函及投标函附录;

(7)技术标准和要求;

表 3-3 项目建设需签订合同种类

项目阶段	合同名称	合同内容	资质或条件	委托人	合同签订时限要求
项目建议书阶段	工程咨询设计合同	委托编制项目建议书	设计资质	政府或主管部门	项目开始阶段
	工程勘察合同	规划阶段工程地质勘察	勘察资质	政府或主管部门	项目开始阶段
可行性研究报告阶段	工程咨询设计合同	委托编制可行性研究报告	设计资质	项目法人(或筹备机构)	项目建议书批复后
	工程勘察合同	可研阶段工程地质勘察	勘察资质	项目法人(或筹备机构)	项目建议书批复后
	各专项报告(手续)委托合同	包括节能、社会稳定风险评估、林地可研、地质灾害评估、压覆重要矿产资源查询等	相应条件	项目法人(或筹备机构)	同可行性研究同期开展
施工准备阶段	征地移民包干协议	委托地方政府开展征地移民相关工作		项目法人	初步设计批复后
	移民安置监督评估合同	移民安置监督评估		项目法人	同征地移民同期开展
	招标代理合同	委托组织项目相关招标活动		项目法人	招标前
	监理合同	施工、水保、环保、设备制造监理	监理资质	项目法人	工程开工前
	采购合同	设备制造(采购)		项目法人	工程开工前
	质量检测合同	施工过程第三方检测	工程检测资质	项目法人	工程开工前
初步设计阶段	工程咨询设计合同	委托编制项目初步设计	设计资质	项目法人	可研报告批复后
	工程勘察合同	初步设计阶段工程地质勘察	勘察资质	项目法人	可研报告批复后
	水土保持方案编制合同	委托编制水土保持报告书(表)		项目法人	同初步设计同期开展
	环境影响评价报告编制合同	委托编制环境影响评价报告		项目法人	同初步设计同期开展

续表 3-3

项目阶段	合同名称	合同内容	资质或条件	委托人	合同签订时限要求
施工阶段	招标代理合同	设计、施工招标代理		项目法人	招标前
	工程设计合同	施工图设计	设计资质	项目法人	初步设计批复后
	工程勘察合同	施工图阶段地质勘察	勘察资质	项目法人	初步设计批复后
	施工合同	工程施工	工程施工资质	项目法人	工程开工前
	审计合同	审核工程造价		项目法人	工程开工前
	水保监测合同	施工过程水土流失监测		项目法人	工程开工前
	环保监测合同	施工过程环境监测	检验检测资质	项目法人	工程开工前
	水保验收合同	编制水保验收报告		项目法人	工程完工后
	环境验收合同	编制环保验收监测(调查)报告		项目法人	工程施工阶段
验收阶段	竣工验收技术鉴定	大型水利工程进行竣工技术鉴定		项目法人	主体工程完成后，及时委托，竣工验收前完成
	质量检测合同	大中型水利工程竣工验收主持单位可以委托检测单位对工程质量进行抽样检测	工程检测资质	项目法人	竣工验收前

(8)设计图纸;

(9)已标价工程量清单;

(10)招标文件及其补充、说明、解释和澄清等;

(11)投标文件及其补充、说明、解释和澄清等;

(12)经双方确认进入合同的其他文件。

根据有关规定,合同文件能互相解释、互为说明,除合同另有约定外,构成合同的文件若存在歧义或不一致,则应按上述排列顺序进行解释。

3.4.2.2　合同起草

合同文本由项目法人或委托相关单位起草,草拟合同时需重点考虑下列内容:

(1)计价依据和计价方式;

(2)约定预付款时,预付款的数额、支付方式、支付时间及抵扣方式;

(3)进度款支付的方式、数额及时间;

(4)合同价款的调整因素、方法、程序;

(5)索赔和现场签证的程序、金额确认与支付时间;

(6)发包人供应的材料、设备价款的确定和抵扣方式;

(7)合同风险的范围、幅度和承担方式,风险超出约定时合同价款的调整方法;

(8)合同工程结算的编制、审核时间,结算价款的支付方式、支付时间;

(9)质量不合格的违约责任,质量奖励办法,质量保证金的数额、预留和返还的方式、时间;

(10)安全生产费用的支付条件、支付范围;

(11)工期拖延的违约责任和工期提前的奖励办法;

(12)造价争议调解、处理的方式;

(13)其他约定事项和违约责任等。

3.4.2.3　合同签订

合同应当由法定代表人签署并加盖单位公章。如需要委托签订,应当办理法定代表人授权委托书,明确授权范围、权限和期限。

3.4.2.4　合同成立

采用书面形式订立的合同自双方当事人签字或者盖章时合同成立,双方签字或盖章的地点为合同成立的地点;采用信件、数据电文等形式订立合同的,可以合同成立之前要求签订确认书,签订确认书时合同成立,承诺生效的地点为合同成立的地点。

3.4.2.5　合同履约保证金

根据《中华人民共和国招标投标法实施条例》(国务院令第 613 号,2017 年、2018 年、2019 年修订)规定,招标文件要求中标人提交履约保证金的,中标人应当按照招标文件的要求提交。履约保证金不得超过中标合同金额的 10%。

3.4.3　工作指导

(1)为做到合同签订的规范性、条理性,避免工作遗漏,项目法人应梳理工程建设各阶段需完成的工作内容,根据工作事项,制订合同计划。合同计划应明确计划完成的合同内容和签订时间，合同内容应涵盖批复项目的全部内容，避免漏项；在签订时间上明确最晚时间，并尽早启动合同程序，避免工作被动或工作内容缺失不能后补。

(2)对合同条款的要求：

①勘察、设计、监理、施工、采购及设计施工总承包合同应采用标准文件的示范文本，合同文本中“通用合同条款”不得修改，“专用合同条款”可对“通用合同条款”进行补充、细化，但除“通用合同条款”明确做出不同约定外，“专用合同条款”补充和细化的内容不得与“通用合同条款”相抵触，否则抵触内容无效。

②当前合同通用条款“合同文件的优先顺序”中，往往不包括招标文件及投标文件。为保证投标文件内容充分响应招标文件，项目法人可在专用合同条款中将“招标文件及其补充、说明、解释和澄清等”“投标文件及其补充、说明、解释和澄清等”加入合同内容，对合同进行补充。

(3)签订施工合同注意要点：

①《水利水电工程标准施工招标资格预审文件和水利水电工程标准施工招标文件》(水建管〔2009〕629号)不是独立使用的，应与国家发改委等九部委令第56号《〈标准施工招标资格预审文件〉和〈标准施工招标文件〉暂行规定》配合使用。

②承包合同中含有设备采购内容的，应增加承包人对设备生产过程进行监造的条款，如承包人不具备监造的技术能力，可委托第三方咨询单位进行监造。

③随着水利信息化的发展，项目法人在合同内容中可约定信息化管理目标，如BIM+GIS管理平台的应用、BIM竣工模型的应用等。

④应严格审核合同约定的调差条款，对调差时适用的物价变动幅度、物价确定的依据、价格税前税后的确定、运输保管费用的影响、反调差条件等均应在合同中做出定义准确的约定，避免出现条款表述含糊、各方理解不一的情况。

⑤项目法人和承包人在承包合同结算条款中，应根据实际情况明确是否实行第三方造价咨询及咨询效益酬金要求等。

(4)签订设备采购合同注意要点：

①应充分注意供货地点和供货时间变化引起的价格调整。

②在实施过程中由于国家和地方新标准实施，对原生产标准产生的影响。

③运输过程中对交通路线的确定和道路的维修责任。

④设备到场后的验收、与使用(安装)单位交接界面。

⑤设备供应单位的质量保证条件、使用过程中质量服务、出现质量问题时违约金处理、对使用单位造成的影响处理方式。

⑥设备说明书中关于设备运行、维修、保养要求内容等。

(5)签订勘察设计合同注意要点：

①合同内容的完整性，应注意合同是否涵盖了本工程所有内容，有无漏项和重复。如：设计合同内容中是否包括发生一般设计变更和重大设计变更时设计文件编制；设计合同中是否包含水保设计、环保设计、消防设计等内容；档案整理要求中对设计总平面图的委托内容；如与多个设计单位签订合同，合同内容是否存在重复和交叉，各个设计单位之间设计成果的共享约定等。

②勘察设计合同费用约定的合理性。如:是否明确了合同项目增减对设计费用的影响;发生一般设计变更和重大设计变更时对设计费用的影响;发生设计缺陷或事故时对设计费用的影响等。

③设计服务和设计成果的约定。如:对设计现场服务人员的约定;对设计单位参与施工过程中服务内容的约定;对设计成果(可行性研究报告、初步设计、施工图设计及其他专项设计等)提供电子资料的约定等。

(6)签订监理合同注意要点:

①监理范围和工作内容的约定。如:所委托监理范围是否包括了全部工程内容;监理内容中是否包含水保监理、环保监理;如存在多个监理单位,各个监理标段中监理内容的交叉和配合约定、监理资料格式统一的协调处理等。

②监理费用的约定。如:发生工程变更后对监理费用的影响;监理服务期限变化对监理费用的影响;监理委托开展检测活动时检测费用的约定等。

(7)合同支付条款作为合同主要内容之一,应注重考虑以下内容:

①预付款的数额、支付时限及抵扣方式。

②进度款或合同款的支付方式、数额及时限。

③合同条件变更时,相关价款的调整方法、索赔方式、时限要求、金额及支付方式。

④发生合同价款纠纷的解决方法。

⑤约定承担风险的范围和幅度及超出约定范围和幅度的调整办法。

⑥合同各类保证金的数额、缴纳方式、返还时限。

⑦安全措施和意外伤害保险费用的使用、审核、支付。

⑧工期提前或延后的奖惩办法。

⑨与履行合同、支付价款相关的担保事项等。

(8)合同约定承包人缴纳的各项保证金采用银行保函形式的,项目法人应复核保函文件的真实性及时效性,保函应在合同约定的期限内一直生效;如银行出具的是固定期限的保函,担保期限在未完工前届满,项目法人应要求承包人在保函到期前进行续期,以确保保函有效期满足担保期限。

(9)为保证合同内容的严谨性,确定中标人(采用招标方式确定的)后,项目法人应对照招标文件、投标文件和合同文本进行合同签订前审核。在合同起草过程中应注意投标文件中的承诺内容及关键技术方案,以及各标段之间的工作界面联系(如土建工程施工与设备供应、设备安装的工作界面,设备材料采购中对于交通条件的保障、装卸责任的落实等)。尤其在当前水利工程建设项目中,信息化工程内容逐步增多,项目法人很难对这一部分有深入的了解和掌握,可在合同起草过程中或完成草稿后,邀请设计及相关专家对信息自动化工作内容进行专业性咨询会审。

(10)在建设过程中,应注意将科研费用的使用纳入建设过程。“科学研究试验费”是为了解决工程建设中的技术问题,进行必要的科学研究试验而发生的费用。项目法人可根据工程内容和特点,与设计、咨询等单位深入研究工程中的关键技术和施工难点,及早确定科研方向和研究课题,将科研工作在建设的早期(或同期)进行,将科研成果应用到工程建设中。

(11)注重保险费用的使用。工程中的保险费是为使工程在遭受水灾、火灾等自然灾害和意外事故造成损失后能得到经济补偿而对工程投保的费用,项目法人应对工程建设期间可能面临的灾害和意外事故进行科学研判,用足用好保险费用。

(12)项目法人合同管理部门应建立合同管理台账,台账内容包含合同名称、合同内容、合同金额、签订时间、合同约定履约日期及合同对方单位信息及联系方式等。合同台账应做到系统建档、动态管理。系统建档即要求台账登记内容规范、全面,动态管理即指合同具有变化性,不是一成不变的,新签订的合同及已履约完毕的合同均需随时登记信息,与项目管理同步。

3.4.4 合同签订文件依据

(1)《中华人民共和国民法典》(主席令第45号发布)。

(2)《〈标准施工招标资格预审文件〉和〈标准施工招标文件〉暂行规定》(发展改革委第九部委令第56号发布,2013年修正)。

(3)《关于印发水利水电工程标准施工招标资格预审文件和水利水电工程标准施工招标文件的通知》(水建管〔2009〕629号)。

(4)《关于印发<标准设备采购招标文件>等五个标准招标文件的通知》(发改法规〔2017〕1606号)。

(5)《关于印发简明标准施工招标文件和标准设计施工总承包招标文件的通知》(发改法规〔2011〕3018号)。

(6)《国务院办公厅关于清理规范工程建设领域保证金的通知》(国办发〔2016〕49号)。

(7)住房和城乡建设部、财政部《关于印发建设工程质量保证金管理办法的通知》(建质〔2017〕138号)。

(8)人力资源社会保障部、住房和城乡建设部、交通运输部、水利部、银保监会、铁路局、民航局《关于印发〈工程建设领域农民工工资保证金规定〉的通知》(人社部发〔2021〕65号)。

(9)山东省住房和城乡建设厅、山东省发展和改革委员会、山东省财政厅、山东省人力资源和社会保障厅、山东省交通运输厅、山东省水利厅、中国人民银行济南分行、中国银行银保监山东分局、中国银行银保监青岛分局《关于印发〈山东省工程建设领域工程款支付担保实施办法(试行)〉的通知》(鲁建建管字〔2022〕5号)。

第4章　建设实施

水利工程项目建设实施是项目建设实物形成的重要阶段,指从工程开工到建设完成的全过程。项目法人在建设实施阶段,应充分发挥项目法人在管理方面的主导作用、核心作用,组织项目的勘察、设计、施工、监理、检测及其他相关单位,积极履行合同内容,严格质量、安全、进度、合同、投资管理,实现项目建设目标。本章主要介绍项目法人在建设实施阶段工程开工、进度管理、质量管理、安全生产管理、合同管理、设计变更、工程档案管理、环境保护与水土保持管理、工程资金管理、农民工工资管理、创优管理及建设项目信用管理等工作。

4.1　工程开工

4.1.1　开工条件

根据《水利工程建设项目管理规定(试行)》(水建〔1995〕128号,2014年、2016年修正)第十三条主体工程开工,必须具备以下条件:

(1)项目法人或者建设单位已经设立。

(2)初步设计已经批准,施工详图设计满足主体工程施工需要。

(3)建设资金已经落实。

(4)主体工程施工单位和监理单位已经确定,并分别订立了合同。

(5)质量安全监督单位已经确定,并办理了质量安全监督手续。

(6)主要设备和材料已经落实来源。

(7)施工准备和征地移民等工作满足主体工程开工需要。

水利工程具备开工条件后,主体工程方可开工建设。项目法人或者建设单位应当自工程开工之日起15个工作日内,将开工情况的书面报告报项目主管单位和上一级主管单位备案。

4.1.2　开工初期相关工作

在开工初期(前),各项工作开展比较紧张,项目法人应根据水利建设管理要求,及时完成有关手续办理、备案等工作。一般情况下,在开工初期项目法人应组织各参建单位完成施工图设计审查、工程质量与安全监督、工程项目划分、设计交底等相关工作。工作要求见表4-1。

表 4-1　项目法人在开工初期相关工作

序号	工作内容	组织单位	参与单位	管理要求
1	办理质量与安全监督手续	项目法人	工程建设各参建单位	工程开工前向质量与安全监督机构申请办理
2	制订验收工作计划	项目法人	设计、监理、施工单位	开工之日起 60 个工作日内报法人验收监督管理机关和竣工验收主持单位备案
3	制定安全生产管理制度	项目法人		工程开工前报主管部门备案
4	编制保证安全生产措施方案	项目法人	设计、监理、施工单位	开工之日起 15 日内报水行政主管部门和安全监督机构备案
5	施工图设计审查	项目法人	勘察设计单位	工程开工前完成
6	图纸会审与勘察、设计交底	项目法人	工程建设各参建单位	工程开工前完成
7	测量基准点移交	项目法人	设计、监理、施工单位	工程开工前完成
8	签订质量终身责任承诺书	项目法人	工程建设各参建单位	办理质量监督手续前完成
9	开工第一次会议	项目法人	工程建设各参建单位	开工初期召开

4.1.2.1　办理质量与安全监督手续

工程开工前，项目法人向相应的水利工程质量与安全监督机构申请质量与安全监督，并由项目法人和质量与安全监督机构签订《工程质量与安全监督书》。办理监督手续时项目法人须同时向监督机构提交以下资料：

(1)工程项目建设审批文件。

(2)项目法人批复成立文件及现场管理机构设立文件。

(3)参建单位中标通知书、合同及其单位资质证书和复印件，现场管理机构成立文件及相关人员从业资格证书。

(4)水利工程参建单位项目负责人质量终身责任承诺书及授权书。

(5)危险性较大的单项工程清单和安全管理措施。

(6)其他质量与安全监督所需文件资料。

4.1.2.2　制订验收工作计划并备案

项目法人应当在工程开工之日起60个工作日内，制订法人验收工作计划，报法人验收监督管理机关和竣工验收主持单位备案。法人验收工作计划内容一般包括：

(1)工程概况。包括工程位置和任务、工程主要建设内容、工程参建单位等。

(2)工程项目划分情况。指质量监督机构确认的项目划分内容。

(3)工程建设总进度计划和阶段进度计划。按批复工期及招标投标合同约定的工期进度，说明分部工程、单位工程及专项工程的开工、完工时间计划。

(4)法人验收工作计划。包括分部工程验收，单位工程验收，合同工程验收的时间计划、验收组织方式及阶段验收准备(或组织)工作时间计划、专项验收准备(或组织)工作时间计划、竣工验收准备工作时间计划等。

4.1.2.3　制定安全生产管理制度并备案

工程开工前，项目法人组织制定各项安全生产管理制度，并报项目主管部门备案。根据《水利水电工程施工安全管理导则》(SL 721—2015)相关规定，项目法人应建立但不限于下列安全生产管理制度：

(1)安全目标管理制度。

(2)安全生产责任制度。

(3)安全生产费用管理制度。

(4)安全技术措施审查制度。

(5)安全设施“三同时”管理制度。

(6)安全生产教育培训制度。

(7)生产安全事故隐患排查治理制度。

(8)重大危险源和危险物品管理制度。

(9)安全防护设施、生产设施及设备、危险性较大的单项工程、重大事故隐患治理验收制度。

(10)安全例会制度。

(11)消防、社会治安管理制度。

(12)安全生产档案管理制度。

(13)应急管理制度。

(14)事故管理制度等。

4.1.2.4　编制保证安全生产措施方案并备案

项目法人应组织设计、监理、施工等参建单位，编制保证安全生产的措施方案，并自工程开工之日起15个工作日内，报有管辖权的水行政主管部门及安全生产监督机构备案。安全生产措施方案应包括下列内容：

(1)项目概况。

(2)编制依据和安全生产目标。

(3)安全生产管理机构及相关负责人。

(4)安全生产的有关规章制度制定情况。

(5)安全生产管理人员及特种作业人员持证上岗情况。

(6)重大危险源监测管理和安全事故隐患排查治理方案。

(7)生产安全事故应急救援预案。

(8)工程度汛方案。

(9)其他有关事项等。

项目法人应在工程开工前,组织各参建单位就落实保证安全生产的措施方案进行全面系统的布置,明确各参建单位的安全生产责任,并签订安全生产责任书。

4.1.2.5 组织施工图设计审查

设计单位完成施工图设计后,项目法人可委托具有相应资质的设计、咨询单位或组织相关专业的专家对施工图设计文件进行审查,并出具审查意见。采取专家审查方式的,应尽量选取熟悉本项目的专家,可选择参加过本项目可行性研究、初步设计评审的专家。

施工图审查应重点包括下列内容:

(1)是否符合经批准的初步设计,初步设计审查意见是否已经落实。

(2)是否符合工程建设强制性标准和设计规范等要求。

(3)建筑物的主要结构设计是否符合规范要求,专业设计是否存在错、漏、碰、缺的问题;结构抗震处理措施是否合理。

(4)建筑物的地基处理、防渗、消能防冲等设计是否符合规范要求。

(5)建筑物混凝土的抗压、抗渗、抗冻性能指标及其他耐久性指标是否符合规范要求,是否注明建设工程合理使用年限。

(6)机械、电气、自动化等设备的性能指标及其安装设计,金属结构制作及其安装设计是否安全、可靠、经济合理。

(7)围堰、导流等重要临时设施的设计是否安全、可靠、经济合理。

(8)施工图设计说明是否设置安全专篇,是否注明涉及施工安全的重点部位和环节。

(9)施工方案对周边建筑物及相关设施的影响等。

施工图审查完成后,审查单位(专家)应形成施工图审查意见,审查意见一般包括:工程概况、审查依据、审查过程及主要内容、审查结论及建议等。

设计单位根据审查意见对设计文件进行修改完善后,出具正式施工图设计文件。

4.1.2.6 组织图纸会审

图纸会审由项目法人或监理单位主持,项目法人、勘察设计、监理、施工、检测等参建单位参加。会审时一般应关注下列内容:

(1)施工图纸是否存在描述模糊或存在“错、缺、碰、漏”的情况。

(2)选用材料与设备与当地市场和现场环境是否符合。

(3)设计图纸中是否存在可能影响进度、质量、安全的环节。

(4)对设计的合理化建议等。

项目法人应对各参建单位提出的意见和问题进行汇总,形成会审清单,并提交设计单位。设计单位可在设计交底时一并答复或单独答复形成会审意见。

4.1.2.7 组织勘察、设计交底

在工程开工前,项目法人应组织勘察、设计、监理、施工、采购、检测等单位召开设计交底会议,由设计单位向施工单位和监理单位等参建单位说明工程勘察、设计意图,解释建

设工程勘察、设计文件。设计交底一般包括下列内容：

(1)施工现场的自然条件、工程地质及水文地质条件等。

(2)设计主导思想、建设要求与构思，使用的规范。

(3)设计抗震设防烈度的确定。

(4)基础设计、主体结构设计、设备设计(设备选型)等。

(5)对基础、结构施工的要求。

(6)对使用新材料、新技术、新工艺的要求。

(7)对施工安全技术的要求。

(8)施工中应特别注意的事项等。

4.1.2.8　组织测量基准点移交

根据《水利水电工程标准施工招标文件》(2009年版)中通用条款要求，项目法人应当在合同签订后14 d内，向施工单位提供测量基准点、基准线和水准点等相关资料。施工单位在收到上述资料后的28 d内，将测量基准点复核情况和施测的施工控制网提交监理人审批。监理人应在收到报批件后的14 d内批复承包人。

4.1.2.9　质量终身责任管理

根据《水利部关于印发〈水利工程责任单位责任人质量终身责任追究管理办法(试行)〉的通知》(水监督〔2021〕335号)相关规定，工程各参建单位和相关人员承担质量责任如下。

1. 单位责任

建设单位(项目法人)对水利工程质量负首要责任，对工程质量承担全面责任。

勘察、设计、施工单位对水利工程质量负主体责任，分别对工程建设的勘察、设计和施工质量承担直接责任。

监理单位依据有关规定和合同，对水利工程质量负相应责任。

水利工程实行总承包的，总承包单位应当对全部工程质量负责；水利工程勘察、设计、施工、设备采购的一项或者多项实行总承包的，总承包单位应当对其承包的工程或者采购的设备的质量负责。

依法分包的，分包单位应当依据有关规定和合同对所分包工程的质量负责。

2. 法定代表人责任

建设单位(项目法人)法定代表人对水利工程质量负总责，勘察、设计、施工、监理等单位法定代表人按各自职责对所承建项目的水利工程质量负领导责任。

3. 项目负责人责任

建设单位(项目法人)项目负责人对水利工程质量承担全面责任。

勘察、设计单位项目负责人应当保证勘察、设计文件符合法律法规和工程建设强制性标准的要求，对因勘察、设计导致的工程质量事故或质量问题应当承担责任。

施工单位项目经理应当按照经核查并签发的施工图、施工技术要求等设计文件和施工技术标准组织施工，不得转包、违法分包，不得使用不合格的建筑材料、建筑构配件和设备等，对因施工导致的工程质量事故或质量问题承担责任。

监理单位总监理工程师应当按照法律法规、有关技术标准、设计文件和监理合同进行监理,及时制止各种违法违规施工行为,对施工质量承担监理责任。

4. 工程质量终身责任承诺

项目负责人应当在办理工程质量监督手续前签署工程质量终身责任承诺书,连同项目负责人证明材料,由项目法人报工程质量监督机构备案。项目负责人如有更换,应按规定重新备案。

4.1.2.10 开工第一次会议

工程开工前,项目法人组织主持召开第一次会议,设计、施工、监理、检测等参建单位参加,由项目法人介绍工程项目基本情况及管理目标,各单位进行工作交底。开工第一次会议可邀请质量安全监督机构列席,一般可按下列程序进行:

(1)参建单位分别介绍各自驻现场的组织机构、人员及其分工。

(2)项目法人通报工程开工准备情况。

(3)施工单位介绍施工准备情况。

(4)监理单位介绍监理规划的主要内容,进行监理工作交底。

(5)项目法人宣布工程项目管理目标和建设管理相关制度,确定在施工过程中召开工程例会的周期、参建单位参加会议的主要人员、地点及主要议题等。

(6)建立通信联络方式。

(7)需研究确定的其他事项。

4.1.3 工作指导

4.1.3.1 开工日期的确定

具备开工条件后,由项目法人确定工程开工时间。具体开工日期一般以监理签发的开工通知中开工日期为准。

4.1.3.2 开工后检查

工程开工后,项目法人应组织对开工准备情况和各参建单位进行一次全面检查,检查内容一般包括:

(1)检查参建单位管理人员和作业人员按照合同的到位情况,检查参建单位制度建立情况。

(2)对勘察、设计单位,重点检查设计成果是否满足工程开工需要,现场服务是否到位和设计交底等情况。

(3)对监理单位重点检查监理规划和监理实施细则建立情况,检查对图纸的核查及签发等情况。

(4)对施工单位重点检查通水、通电、通路等开工条件准备情况,检查施工设备、进场原材料和构配件到场情况,检查强制性标准落实情况及前期原材料的检测和试验等情况。

(5)对质量检测单位重点检查工地现场实验室、人员资格、检测标准和检测方案等情况。

4.1.3.3 专项审批要求

根据政策相关规定,工程开工前应取得水土保持、环境保护、使用林地及用地手续的审批。特别是用地手续办理政策性强、程序复杂,项目法人应在通过用地预审后即开展相关工作,在开工前完成供地手续,避免违法用地。

4.1.4　开工阶段管理文件依据

(1)《水利工程建设程序管理暂行规定》(水建〔1998〕16 号,2014 年、2016 年、2017 年、2019 年修正)。

(2)《水利工程建设项目管理规定(试行)》(水建〔1995〕128 号,2014 年、2016 年修正)。

(3)《水利工程质量管理规定》(水利部令第 52 号发布)。

(4)《水利工程质量监督管理规定》(水建〔1997〕339 号)。

(5)《水利部关于调整水利工程建设项目施工准备开工条件的通知》(水建管〔2017〕177 号)。

(6)《水利工程责任单位责任人质量终身责任追究管理办法(试行)》(水监督〔2021〕335 号)。

(7)《山东省水利工程建设管理办法》(鲁水规字〔2021〕6 号)。

(8)《山东省水利工程建设项目法人管理办法》(鲁水规字〔2021〕14 号)。

(9)《山东省水利工程责任单位责任人质量终身责任追究管理办法(试行)》(鲁水监督函字〔2022〕73 号)。

(10)《水利水电建设工程验收规程》(SL 223—2008)。

(11)《水利水电工程施工安全管理导则》(SL 721—2015)。

4.2　进度管理

4.2.1　项目法人进度管理职责

项目确定以后,进度管理则成为项目主管部门和项目法人重要的目标任务之一。项目法人进度管理职责一般包括:

(1)全面负责进度计划的制订、执行和控制的监督管理工作。

(2)组织编制、审核上报年度建设计划,配合有关部门落实年度工程建设资金,按时完成年度建设任务。

(3)参与做好征地拆迁、移民安置工作,组织办理工程建设开工相关许可、审批手续,配合地方政府做好工程建设外部条件落实。

(4)按合同约定,向参建单位提供必备的资金、施工场地、设计图纸和设备材料供应等,对符合开工条件的及时组织建设实施。

(5)组织参建单位做好进度保障工作,协调解决建设实施中影响进度的难点堵点问题。

(6)根据建设进度组织开展工程验收工作。

4.2.2 进度管理工作内容

4.2.2.1 进度计划编制

1. 项目总进度计划

项目法人依据批准的设计文件和批复工期，制订项目建设总进度计划，计划应含从施工准备至竣工的全过程，包括前期工作、工程设计、招标投标、建设实施、工程验收等各项工作的进度安排，并针对不同的工作内容确定科学的时间节点和工作措施。对控制施工进程的重要里程碑项目，如导流工程、截流施工、主体工程开工、工程度汛、下闸蓄水、工程通水等应具备的条件，要在进度计划文件中予以明确。项目总进度计划一般包括下列内容：

(1)项目概况。包括项目名称、建设内容及规模、建设总工期、项目总投资及资金来源等。

(2)前期工作进度计划。包括项目咨询、工程设计、专项手续报批、移民安置等进度要求。

(3)项目招标投标进度计划。包括招标工作内容、开展时间、合同签订等进度要求。

(4)项目施工(采购)进度计划。包括项目开工、主体工程和关键节点工程、单项工程的开工日期、完工日期计划。

(5)验收和移交工作计划等。

2. 年度(阶段)进度计划

跨年度实施的工程建设项目，应依据项目总进度计划，制订年度(或阶段，下同)进度实施计划。年度实施进度计划主要内容包括：

(1)年度进度要求。

(2)年度进度计划安排。包括工程设计、招标投标、年度建设任务和投资计划。

(3)年度施工建设计划。包括主要施工内容、节点工程时间要求和相应的人力资源、设备、材料及资金流的需求计划。

(4)年度验收工作计划。

(5)进度计划保障措施等。

4.2.2.2 进度管理措施

1. 管理措施

(1)落实进度管理责任，明确设计、监理、施工和材料设备供应等单位的进度管理目标和管理责任。包括设计单位应及时出具设计文件、监理单位落实进度控制、施工单位优化施工方案和资源配置、检测单位按要求开展过程质量检测等。

(2)建立统计台账，对工程项目建设信息及时收集、整理、汇总和分析。

(3)确定高效的信息传递流程，提高进度信息处理的效率和透明度，协调各参建单位工作的一致性。

(4)定期召开建设管理协调会议，通报工程进度，及时梳理影响进度的因素，研究解决措施。

(5)对具备条件的单元(工序)工程、重要隐蔽单元工程和关键部位单元工程及时组织验收。

2. 技术措施

(1)项目法人应在设计文件和合同文件中科学确定工期,不得任意压缩合理工期。

(2)项目法人应检查施工单位的进度计划和监理进度控制实施细则。监理单位审查施工进度计划时,应重点审查施工关键线路的节点时间,以及人力、设备、资金流等资源保证条件。

(3)项目法人组织检查材料、设备生产厂家的生产能力和供应能力,应满足施工进度计划需要。

(4)重点关注受洪水威胁或影响防汛的工程和关键项目的施工进度计划,采取有效的技术和安全措施,保障安全度汛。

(5)单项工程施工进度计划应与施工总进度计划相统一,各项目施工程序应前后兼顾、合理衔接、减少干扰、均衡施工。

(6)项目法人应检查协调各施工标段之间的施工流程安排,为各分项工程交叉施工创造条件。

3. 经济措施

(1)项目法人应根据工程进度计划,制订资金筹集方案,包括可能的资金供应总量(包括加快工程进度所需的资金)、资金来源和资金供应时间。

(2)项目法人与参建单位及时办理工程预付款与进度款,不因资金问题制约工程进度。

(3)制定进度奖惩制度,对提前完工的施工单位进行经济奖励,对造成工期延误的施工单位予以经济处罚。

4.2.3　工作指导

4.2.3.1　进度提前及处理方式

1. 施工单位提前完工

施工单位在合同约定的时间完工或提前完工,如在承包合同中约定工期奖励的,项目法人应按合同约定计算工期奖励并支付。

2. 项目法人要求提前完工

项目法人要求施工单位提前完工的,应由监理单位下达进度变更指示,施工单位根据变更指示要求,确定加快进度的措施方案并计算由此增加的费用,报监理单位审核后报项目法人,并经双方协商一致,项目法人和施工单位签订提前完工补充协议。补充协议一般包括下列内容:

(1)提前的时间和调整后的进度计划。

(2)施工单位调整进度后的施工措施方案。

(3)项目法人为提前完工提供的建设条件。

(4)项目法人为提前完工支付的补充协议金额。

4.2.3.2　进度延误及处理方式

1. 施工单位原因造成的工期延误

由于施工单位没有按照合同约定的进度完成施工内容，施工单位应通过优化施工方案和调整资源配置，采取赶工措施，把损失的工期在后续施工中弥补过来；对已造成合同工期延误的，项目法人应按施工合同约定追究施工单位的违约责任，并处工期违约金。

2. 因不可抗力造成的工期延误

不可抗力是不能预见、不能避免且不能克服的客观情况，主要包括自然灾害（如台风、地震、洪水、冰雹）、政府行为（如征收、征用）、社会异常事件（如罢工、骚乱、疫情等）。因不可抗力导致的费用和工期延误由双方按以下方法分别承担：

（1）工程本身的损害、因工程损害导致第三方人员伤亡和财产损失，以及运至施工场地用于施工的材料和待安装的设备损害，由发包人承担。

（2）发包人、承包人的人员伤亡由其所在单位负责，并承担相应费用。

（3）承包人机械设备损坏及停工损失，由承包人承担。

（4）停工期间，承包人应发包人、监理人的要求留在施工场地的必要管理人员及保卫人员的费用由发包人承担。

（5）工程所需清理、修复费用，由发包人承担；延误的工期相应顺延。因合同一方延迟履行合同后发生不可抗力的，不能免除延迟履行的相应责任。

3. 因项目法人原因造成的工期延误

项目法人造成工期延误的原因可能包括以下情况（不限于）：

（1）增加合同工作内容。

（2）改变合同中任何一项工作的质量要求或其他特性。

（3）项目法人提供的材料、设备延迟供应或改变交货地点的。

（4）因项目法人原因导致的暂停施工。

（5）延迟提供设计图纸。

（6）未按合同约定支付工程款等。

因项目法人原因造成工期延误，施工单位可向项目法人提出索赔，要求项目法人延长工期并支付由此产生的费用。

4.2.3.3　加强进度管理

进度管理是项目管理中最复杂的工作之一，项目法人可从以下几方面加强管理。

1. 建设前期

建设前期应制订科学合理的进度计划，进度计划编制完成后，应召集相关部门进行会审讨论，避免进度计划浮于纸面，力求与实际相吻合，进度计划应牢牢抓住关键线路一条线，并考虑全面，避免其他工作影响关键线路。

建设前期进度工作重点：前期应以工程设计为重点，加快可行性研究报告和初步设计的编制进度和申报批复，还应重视专项审批办理，不能因专项审批延后影响整体项目进展。

2. 建设实施过程

一是建设过程中要抓关键线路上的项目，督促施工单位在关键工序上增加资源投入，避免在次要线路上投入过多；二是不断对进度进行纠偏，项目法人通过现场检查、报表核查、召开进度分析协调会议等多种方式，不断收集、整理和统计项目实施进度信息，通过实际进度与计划进度比较，及时纠正进度偏差，调整进度计划，保证关键线路进度与项目总进度计划相吻合。

建设期进度工作重点：对满足开工条件的项目，要求监理单位及时签发开工通知，施工单位按时进场，做好设备、人员调配、施工方案制订、工艺试验等，按时间要求开工建设；施工过程中明确关键线路，加强对关键节点工程的进度控制；汛前重要部位应满足安全度汛需要，附属工程与总体工程进度相适应。

3. 建设后期

建设后期是收尾阶段，很多项目会出现越到后期越难推动的情况，项目法人应对工程内容进行全面梳理，以工程验收为主线，找准影响验收的环节，对难点堵点工作形成台账，逐一落实具体措施，完成一项，销号一项。

同时加强对参建单位的管理，每个标段完成合同内容后，工程交接及资料交接时，应对工程内容和工程档案资料再组织进行一次全面的检查，满足条件后进行交接，避免交接后出现问题处理不及时。

建设后期进度工作重点：对符合验收条件的项目及时组织验收和移交。

4.2.4　进度管理文件依据

(1)《水利工程建设项目管理规定（试行）》（水建〔1995〕128 号，2014 年、2016 年修正）。

(2)《水利工程建设程序管理暂行规定》（水建〔1998〕16 号，2014 年、2016 年、2017 年、2019 年修正）。

(3)《水利工程建设项目法人管理指导意见》（水建设〔2020〕258 号）。

(4)《水电水利工程项目建设管理规范》（DL/T 5432—2021）。

4.3　质量管理

4.3.1　项目法人质量管理职责

根据《水利工程质量管理规定》（水利部令第 52 号发布）和《水利工程责任单位责任人质量终身责任追究管理办法（试行）》（水监督〔2021〕335 号）等相关规定，项目法人（或建设单位）对水利工程质量承担首要责任，勘察、设计、施工、监理单位对水利工程质量承担主体责任。项目法人质量管理职责主要包括：

(1) 根据工程规模和技术复杂程度明确质量管理机构，建立健全质量管理制度，落实质量责任，实施全过程质量管理。

(2) 按照有关规定，将工程依法发包给具有相应资质等级的单位。项目法人与参建单位签订的合同文件中，应当包括工程质量条款，明确工程质量要求，并约定合同各方的质量责任。

项目法人应依法向有关勘察、设计、施工、监理等单位提供与工程有关的原始资料。

(3)项目法人应当按有关规定向水利工程质量监督机构办理工程质量监督及开工备案手续,并书面明确各参建单位项目负责人和技术负责人。在建设过程中,应主动接受质量监督机构对工程质量的监督检查。

(4)项目法人应当根据批准的设计文件,组织编制工程建设执行技术标准清单,明确工程建设质量标准。

(5)项目法人应组织开展施工图设计文件审查,并组织或委托监理单位组织有关参建单位进行勘察、设计交底。

在建设过程中加强设计变更管理,按照规定履行设计变更程序。

(6)严格依据有关法律、法规、规章、技术标准、批准的设计文件和合同开展验收工作。

(7)对参建单位的质量行为和工程实体质量进行检查,对发现的严重问题组织责任单位进行整改落实,对发生严重违规行为和质量事故的,应及时报告具有管理权的水行政主管部门或者流域机构。

(8)按照档案管理的有关规定,及时收集、整理并督促指导其他参建单位收集、整理工程建设中各环节的文件资料,建立健全项目档案,并在工程竣工验收后,办理移交手续。

4.3.2　质量管理工作内容

质量管理是工程建设管理的核心内容,是工程建设的基础,项目法人在建设时期应开展的质量管理主要工作内容见表4-2。

表4-2　质量管理主要工作内容

序号	工作内容	组织单位	参与单位	管理要求
1	质量管理体系建设	项目法人	工程建设各参建单位	项目法人监督管理
2	质量目标管理	项目法人	工程建设各参建单位	项目法人制定
3	质量教育培训	项目法人	工程建设各参建单位	项目法人监督管理
4	项目划分与评定标准	项目法人	工程建设各参建单位	报质量监督机构确认或核备
5	施工质量评定	项目法人、监理单位	设计、施工单位	报质量监督机构核备
6	质量检测	项目法人	检测单位	《检测方案》报质量监督机构备案
7	质量检查	项目法人	工程建设各参建单位	项目法人监督管理
8	质量缺陷管理	项目法人、监理单位	设计、施工单位	报质量监督机构备案
9	质量事故处理	项目法人或主管部门	工程建设各参建单位	报上级主管部门

4.3.2.1 质量管理体系建设

1. 成立质量管理领导小组

项目法人应组织参建单位成立质量管理领导小组,项目法人主要负责人任组长,分管负责人任副组长,设计、监理、施工、采购、检测等参建单位项目负责人为成员。质量管理领导小组职责主要包括:

(1)贯彻落实国家有关工程质量管理的法律、法规、规章、制度和标准,制定质量管理总体目标和质量目标管理计划。

(2)组织制定项目质量管理制度并落实。

(3)督促各参建单位建立健全工程质量管理体系,完善管理机制和质量责任制。

(4)组织召开质量管理领导小组会议,研究解决项目质量管理中的重大问题,针对重大问题制定预防的措施和对策,确保项目工程质量目标的实现等。

2. 设置质量管理机构

项目法人根据工程特点成立专门的质量管理机构,配备质量管理人员。质量管理机构职责主要包括:

(1)贯彻落实国家有关工程质量的法律、法规、规章、制度、技术规范、标准及强制性标准。

(2)组织制定质量管理制度、质量管理目标、质量管理计划。

(3)办理质量监督手续,配合质量监督机构对工程开展的质量监督活动。

(4)组织进行工程项目划分,对工程项目施工质量评定结论进行认定。

(5)对施工、监理、勘察、设计单位质量体系建立和运行情况进行检查,对参建单位的强制性条文执行情况进行检查。

(6)组织与参建单位签订工程质量管理责任书。

(7)检查参建单位的质量管理行为,对监理规划和施工方案中重大质量内容组织审查。

(8)监督施工单位、监理单位对工程质量开展的自检、复核活动,对主要原材料、中间产品和实体质量组织第三方质量检测单位进行必要的抽检。

(9)组织开展工程质量检查,对发现质量问题的督促责任单位整改落实。

(10)接受上级部门的质量检查,对检查出的问题组织落实整改。

(11)组织或协助质量事故调查处理工作。

(12)组织或参与工程验收,做好验收准备工作。

(13)组织开展工程项目质量创优活动等。

3. 制定质量管理制度

项目法人应根据工程建设内容和项目管理需要,制定相关质量管理制度,规范质量管理行为。项目法人一般应制定下列质量管理制度:

(1)工程质量领导责任制及责任追究制度。

(2)质量奖惩制度。

(3)设计变更审批制度。

(4)工程质量检测制度。

(5)施工图审查、设计交底及图纸会审制度。

(6)工程质量检查制度。

(7)重要隐蔽单元工程及关键部位单元工程质量签证制度。

(8)工程质量缺陷管理制度。

(9)质量事故报告制度等。

4.3.2.2　质量目标管理

1. 目标制定

项目法人可根据合同内容和工程特点明确质量管理目标,并经单位主要负责人审批后,以文件的形式发布。质量管理目标设立可包括下列内容:

(1)工程项目质量管理目标(合格率/优良率)。

(2)单位工程质量管理目标(合格率/优良率)。

(3)安全生产教育培训目标(合格率/优良率)。

(4)质量事故控制目标等。

2. 目标实施

项目法人应根据制定的工程质量目标和各参建单位各自承担的工作内容,将质量目标分解到各参建单位,同时确定质量奖惩措施,与各参建单位签订质量管理责任书。

3. 目标考核

项目法人根据质量管理责任书和质量奖惩措施,定期对参建单位质量目标完成情况进行考核,并依据考核结果对参建单位进行奖惩。

4.3.2.3　质量管理教育培训

1. 教育培训内容

项目法人组织建立质量管理教育培训制度,明确教育培训的对象与内容、培训组织、培训结果考核等要求。

项目法人应根据工程内容和建设阶段,组织对管理人员有针对性地开展质量教育培训,必要时可邀请相关领域的专家进行培训。培训内容可包括:

(1)国家、行业有关水利工程建设质量管理的法律、法规、规章、规范性文件,及建设程序、验收、变更等相关管理要求。

(2)适用的质量技术标准,包括质量评定、验收规程、监理规范等。

(3)质量缺陷与质量事故有关规定。

(4)工程中专项技术的应用。

(5)与工程项目类似的典型案例。

(6)其他需要培训的内容等。

工程其他参建单位应根据各自承担的工作内容,制订相应的培训计划,通过培训活动,加强质量管理责任意识,充实质量管理业务知识。

2. 质量教育培训管理

为提高质量管理教育培训实效,项目法人应定期对各参建单位质量教育培训开展情况进行监督检查,主要包括下列内容:

(1)质量管理教育培训制度、计划的制订及落实情况。

(2)施工单位开展的技术交底情况、质量目标和质量管理制度的宣贯情况、制定的专业工种作业指导书和设备的操作规程情况。

(3)教育培训档案建立情况。

(4)其他需要检查的内容等。

4.3.2.4　工程项目划分与质量评定标准

1. 工程项目划分

水利水电工程项目划分应按单位工程、分部工程和单元(工序)工程三级进行划分。在主体工程开工前,项目法人组织监理、设计、施工等单位进行工程项目划分,并确定主要单位工程、主要分部工程、重要隐蔽单元工程和关键部位单元工程,由项目法人将项目划分表及说明书面报质量监督机构确认。

工程中永久性房屋(管理设施用房)、专用公路、专用铁路等工程项目,可按相关行业标准划分和确定项目名称。

在工程实施过程中,需对单位工程、主要分部工程、关键部位单元工程、重要隐蔽单元工程的项目划分进行调整时,项目法人应及时将调整的项目划分,报工程质量监督机构确认。

2. 工程质量评定标准

1)质量检验与评定标准

水利工程单元工程评定标准应按照水利水电单元工程施工质量验收评定标准(SL 631～SL 637—2012、SL 638～SL 639—2013)中相关要求进行质量检验与评定。

工程中永久性房屋、专用公路、专用铁路等项目的施工质量检验与评定标准可按相应行业标准执行。

2)未涉及的项目质量评定标准

工程项目中如遇《单元工程评定标准》中未涉及的项目质量评定标准时,其质量评定标准及评定表格,由项目法人组织监理、设计及施工单位按设计要求、质量说明书及水利或其他行业的有关规定进行编制,并报质量监督机构批准。

3)临时工程的质量评定标准

对大型工程重要的临时工程(如围堰、导游隧洞、导流明渠等直接影响主体工程质量、进度与投资的工程),项目法人应组织监理、设计及施工等单位根据工程特点,参照水利水电工程单元工程施工质量验收评定标准(SL 631～SL 637—2012、SL 638～SL 639—2013)和其他相关标准,确定临时工程质量检验及评定标准,并报工程质量监督机构核备。

3. 外观质量评定标准

根据《水利水电工程施工质量检验与评定规程》(SL 176—2007)要求,对规程附录 A 中未列出的外观质量项目,由项目法人组织监理、设计、施工等单位,根据工程情况和相关技术标准,研究确定其质量标准及标准分,报工程质量监督机构核备。

对枢纽工程中的水工建筑物,项目法人应在开工初期组织监理、设计、施工等单位,根据工程特点(工程等级及使用情况)和相关技术标准,提出各外观项目的质量标准,报质量监督机构确认。

4.3.2.5 施工质量评定

1. 单元(工序)工程质量评定

1)评定程序

单元(工序)工程质量在施工单位自评合格后,报监理单位复核,由监理工程师核定质量等级并签证认可。

2)特殊情况评定要求

当单元(工序)工程施工质量达不到合格标准时,应及时进行处理。处理后的质量等级按下列规定重新确定:

(1)全部返工重做的,可重新评定质量等级。

(2)经加固补强并经设计和监理单位鉴定能达到设计要求时,其质量评为合格。

(3)处理后的工程部分质量指标仍达不到设计要求时,经设计复核,项目法人及监理单位确认能满足安全和使用功能要求的,可不再进行处理;或经加固补强后,改变了外形尺寸或造成工程永久性缺陷的,经项目法人、监理及设计单位确认能基本满足设计要求的,其质量可定为合格,但应按规定进行质量缺陷备案。

2. 重要隐蔽单元工程及关键部位单元工程质量评定

重要隐蔽单元工程及关键部位单元工程质量经施工单位自评合格、监理单位抽检后,由项目法人(或委托监理)、监理、设计、施工、工程运行管理(施工阶段已经有时)等单位组成联合小组,共同检查核定其质量等级并填写签证表,报工程质量监督机构核备。

3. 分部工程质量评定

1)质量评定程序

分部工程施工质量,在施工单位自评质量等级后,由监理单位复核,项目法人认定。

2)分部工程施工质量合格标准

(1)所含单元工程的质量全部合格。质量事故及质量缺陷已按要求处理,并经检验合格。

(2)原材料、中间产品及混凝土(砂浆)试件质量全部合格,金属结构及启闭机制造质量合格,机电产品质量合格。

3)分部工程施工质量优良标准

(1)所含单元工程质量全部合格,其中70%以上达到优良等级,重要隐蔽单元工程和关键部位单元工程质量优良率达90%以上,且未发生过质量事故。

(2)中间产品质量全部合格,混凝土(砂浆)试件质量达到优良等级(当试件组数小于30时,试件质量合格)。原材料质量、金属结构及启闭机制造质量合格,机电产品质量合格。

4)分部工程质量核备

分部工程验收的质量结论由项目法人报工程质量监督机构核备。

4. 单位工程质量评定

1)质量评定程序

单位工程质量,在施工单位自评质量等级后,由监理单位复核,项目法人认定。

2)单位工程施工质量合格标准

(1)所含分部工程质量全部合格。

(2)质量事故已按要求进行处理。

(3)工程外观质量得分率达到 70%以上。

(4)单位工程施工质量检验与评定资料基本齐全。

(5)工程施工期及试运行期,单位工程观测资料分析结果符合国家和行业技术标准及合同约定的标准要求。

3)单位工程施工质量优良标准

(1)所含分部工程质量全部合格,其中 70%以上达到优良等级,主要分部工程质量全部优良,且施工中未发生过较大质量事故。

(2)质量事故已按要求进行处理。

(3)外观质量得分率达到 85%以上。

(4)单位工程施工质量检验与评定资料齐全。

(5)工程施工期及试运行期,单位工程观测资料分析结果符合国家和行业技术标准及合同约定的标准要求。

4)单位工程质量核备

单位工程验收的质量结论由项目法人报工程质量监督机构核备。

5. 工程项目质量评定

1)工程项目质量评定程序

工程项目质量在单位工程质量评定合格后,由监理单位进行统计并评定工程项目质量等级,项目法人认定。

2)工程项目施工质量合格标准

(1)单位工程质量全部合格。

(2)工程施工期及试运行期,各单位工程观测资料分析结果均符合国家和行业技术标准及合同约定的标准要求。

3)工程项目施工质量优良标准

(1)单位工程质量全部合格,其中 70%以上单位工程质量达到优良等级,且主要单位工程质量全部优良。

(2)工程施工期及试运行期,各单位工程观测资料分析结果均符合国家和行业技术标准及合同约定的标准要求。

4)工程项目质量核备

工程项目施工质量结论由项目法人报工程质量监督机构核备。

5)外观质量评定

单位工程完工后,项目法人组织监理、设计、施工及工程运行管理(如有)等单位组成工程外观质量评定组,现场进行工程外观质量检验评定,并将评定结论报工程质量监督机构核备。

参加工程外观质量评定的人员应具有工程师以上技术职称或相应执业资格。评定组人数应不少于 5 人,大型工程不宜少于 7 人。

4.3.2.6　质量检测

根据《山东省水利工程建设管理办法》(鲁水规字〔2021〕6号)规定,大中型水利工程全面推行第三方质量检测制度。

1. 检测单位的选择

水利工程质量第三方检测单位由项目法人择优选择。检测单位不得与参与工程建设的项目法人、监理、施工、材料及设备供应(制造)等单位隶属同一经营实体。

2. 检测方案编制及备案

实行第三方质量检测的水利工程项目,项目法人可组织质量检测、监理、设计等单位依据相关规定编制检测方案,设计、监理单位可对工程有关设计指标及检测要求提出相关建议。检测方案编制完成后由项目法人报质量监督机构备案。

3. 检测内容

质量检测单位应按照《水利工程质量检测管理规定》(水利部令第36号,2017年、2019年修正)开展检测活动。检测项目应包括重要隐蔽工程、建筑物几何尺寸、外观质量和实体质量、原材料及中间产品、金属结构、机电设备质量复核、挡水(或挡土)建筑物试运行期间的变形观测及设计单位提出的其他指标。检测项目(参数)、点(频)次按照《水利工程质量检测技术规程》(SL 734—2016)和《山东省水利工程质量检测要点》(鲁水建字〔2013〕71号)有关规定执行。

检测单位应当及时向项目法人提交检测报告,并参与工程验收。

4.3.2.7　质量检查

1. 检查依据

项目法人是工程建设质量管理的首要责任人,在建设过程中应根据质量管理有关规定和技术标准,组织开展工程质量检查活动。2019年水利部印发了《水利工程建设质量与安全生产监督检查办法(试行)》(水监督〔2019〕139号),2020年水利部办公厅以"办监督〔2020〕124号",修订了《监督检查办法问题清单》,项目法人可参考以上文件对工程质量开展清单式检查,以保证质量检查活动的全面性和规范性。

2. 检查内容

项目法人应根据工程建设内容和特点,科学制订质量检查计划。检查计划包括质量检查人员组织、检查频次、检查内容和检查部位、检查整改责任要求、质量奖惩等。主要检查内容应包括:

(1)对设计单位重点检查施工图设计审查及审查意见落实情况、设计变更程序、参加工程验收情况等。

(2)对监理单位重点检查监理质量管理制度、各专项监理实施细则、对施工单位进场原材料和设备的检验验收、见证取样、平行检测和跟踪检测、对工程质量核定、工程质量缺陷管理和参加工程验收情况等。

(3)对施工单位重点检查施工质量管理制度、质量管理人员、作业指导书、技术交底、施工质量"三检"、原材料和设备进场检测和验收、工艺试验、测量控制点复核、施工方案审批、工程施工质量和外观质量评定、质量缺陷处理和工程验收情况等,对实体质量应进行必要的抽检。

其中应加强对关键环节的监督检查，重点检查现场质量是否符合设计和强制性标准要求，是否按技术标准和施工图施工。

在水工金属结构、启闭机及机电、自动化产品进场后，应组织相关方重点检查产品是否有出厂合格证、设备安装说明书、有关技术文件和出厂检测情况，检查在运输和存放过程中是否发生变形、受潮、损坏等情况。

（4）对检测单位主要检查检测人员的资格、检测方案中检测内容的全面性与合理性、方案中检测内容的落实情况、检测成果的提交等情况。

3. 检查台账与闭环管理

项目法人对检查出的问题应建立质量检查台账，落实责任单位与责任人，督促责任单位整改到位对问题进行闭环。

4.3.2.8　质量缺陷管理

1. 质量缺陷分类

根据质量缺陷对质量、结构安全、运行和外观的影响程度，将质量缺陷划分为三类：

（1）一般质量缺陷。未达到规程规范和合同技术要求，但对质量、结构安全、运行无影响，仅对外观质量有较小影响的检验项。

（2）较重质量缺陷。未达到规程规范和合同技术要求，对质量、结构安全、运行、外观质量有一定影响，处理后不影响正常使用和寿命的检验项。

（3）严重质量缺陷。未达到规程规范和合同技术要求，对质量、结构安全、运行、外观质量有影响，需进行加固、补强、补充等特殊处理，处理后不影响正常使用和寿命的检验项。

2. 质量缺陷备案范围

（1）因特殊原因使得工程个别部位或局部发生达不到技术标准和设计要求（但不影响使用），且未能及时进行处理的工程质量缺陷问题（质量评定仍为合格），应以工程质量缺陷备案形式进行记录备案。

（2）工程质量因不合格进行重新处理后，部分质量指标仍达不到设计要求时，经设计复核，项目法人及监理单位确认能满足安全和使用功能要求，可不再进行处理；或经加固补强后，改变了外形尺寸或造成工程永久性缺陷的，经项目法人、监理及设计单位确认能基本满足设计要求，其质量可定为合格，但应按规定进行质量缺陷备案。

3. 质量缺陷管理

（1）填写质量缺陷备案表。质量缺陷备案表由监理单位组织填写，内容应真实、准确、完整。各工程参建单位代表应在质量缺陷备案表上签字，若有不同意见应明确记载。

质量缺陷备案表应及时报工程质量监督机构备案，质量缺陷备案资料按竣工验收的标准制备。

（2）工程竣工验收时，项目法人应向竣工验收委员会汇报并提交历次质量缺陷备案资料。

4.3.2.9 质量事故处理

1. 水利工程质量事故分类

水利工程质量事故按直接经济损失的大小,检查、处理事故对工期的影响时间长短和对工程正常使用的影响,分为一般质量事故、较大质量事故、重大质量事故、特大质量事故(见表 4-3)。

表 4-3 水利工程质量事故分类

损失情况		事故类别			
		特大质量事故	重大质量事故	较大质量事故	一般质量事故
事故处理所需的物质、器材和设备、人工等直接损失费用/万元	大体积混凝土,金结制作和机电安装工程	>3 000	>500,≤3 000	>100,≤500	>20,≤100
	土石方工程,混凝土薄壁工程	>1 000	>100,≤1 000	>30,≤100	>10,≤30
事故处理所需合理工期/月		>6	>3,≤6	>1,≤3	≤1
事故处理后对工程功能和寿命影响		影响工程正常使用,需限制条件运行	不影响正常使用,但对工程寿命有较大影响	不影响正常使用,但对工程寿命有一定影响	不影响正常使用和工程寿命

注:1. 直接经济损失费用为必需条件,其余两项主要适用于大中型工程。
2. 小于一般质量事故的质量问题称为质量缺陷。

2. 质量事故报告、调查及处理

发生质量事故后,项目法人必须将事故的简要情况向项目主管部门报告。项目主管部门接事故报告后,按照管理权限向上级水行政主管部门报告。质量事故处理程序见表 4-4。

表 4-4 质量事故处理程序

事故类别	特大质量事故	重大质量事故	较大质量事故	一般质量事故
事故报告	逐级向水利部和有关部门报告	逐级向省级水行政主管部门或流域机构报告并抄报水利部	逐级向省级水行政主管部门或流域机构报告	向项目主管部门报告

续表 4-4

事故类别	特大质量事故	重大质量事故	较大质量事故	一般质量事故
事故报告的内容	1. 工程名称、建设规模、建设地点、工期，项目法人、主管部门及负责人电话； 2. 事故发生的时间、地点、工程部位及相应的参建单位名称； 3. 事故发生的简要经过、伤亡人数和直接经济损失的初步估计； 4. 事故发生原因初步分析； 5. 事故发生后采用的措施及事故控制情况； 6. 事故报告单位、负责人及联系方式			
事故调查	由水利部组织调查	由省级以上水行政主管部门组织调查组进行调查，调查结果报水利部核备	项目主管部门组织调查组进行调查，调查结果报上级主管部门批准并报省级水行政主管部门核备	由项目法人组织设计、施工、监理等单位进行调查，调查结果报项目主管部门核备
事故调查的任务	1. 查明事故发生的原因、过程、财产损失情况和对后续工程的影响； 2. 组织专家进行技术鉴定； 3. 查明事故的责任单位和主要责任者应负的责任； 4. 提出工程处理和采取措施的建议； 5. 提出对责任单位和责任者的处理建议； 6. 提交事故调查报告			
事故处理	由项目法人负责组织有关单位提出处理方案，征得事故调查组意见后，报省级水行政主管部门或流域机构审定后实施，并报水利部备案	由项目法人负责组织有关单位提出处理方案，征得事故调查组意见后，报省级水行政主管部门或流域机构审定后实施	由项目法人负责组织有关单位制订处理方案，经上级主管部门审定后实施，报省级水行政主管部门或流域机构备案	由项目法人负责组织有关单位制订处理方案并实施，报上级主管部门备案
事故处理的原则	发生质量事故，必须坚持“事故原因不查清楚不放过、主要事故责任者和职工未受到教育不放过、补救和防范措施不落实不放过”的原则，认真调查事故原因，研究处理措施，查明事故责任，做好事故处理工作			
事故处罚	由于项目法人责任酿成质量事故，令其立即整改；造成较大以上质量事故的，进行通报批评、调整项目法人；对有关责任人处以行政处分；构成犯罪的，移送司法机关依法处理			

4.3.3　工作指导

（1）根据水利部《水利工程责任单位责任人质量终身责任追究管理办法（试行）》（水监督〔2021〕335号）和《山东省水利工程责任单位责任人质量终身责任追究管理办法（试行）》（鲁水监督函字〔2022〕73号）规定，水利工程质量终身责任管理实行书面承诺和竣工后永久性标识等制度。

项目负责人应当在办理工程质量监督手续前签署工程质量终身责任承诺书；水利工程竣工验收合格后，建设单位（项目法人）应当在水利工程明显部位设置永久性标识，载明主要建筑物的建设、勘察、设计、施工、监理等单位名称和项目负责人姓名。

（2）在建设过程中，项目法人可应用现代化管理手段，如打卡签到系统、视频监控系统、项目信息系统等，加强对各参建单位项目负责人在岗时间的管理，对工程重点部位进行全过程监控，将BIM技术应用于建设管理，加强过程质量管控和参建单位及人员的质量责任意识。

（3）根据《水利工程质量监督管理规定》（水建〔1997〕339号），水利工程质量监督机构对水利工程质量实行强制性监督管理。经整理，项目法人在质量监督中主要事项包括（不限于）：

①在工程开工前到相应的水利工程质量监督机构办理监督手续，签订《水利工程质量监督书》。

②报质量监督机构进行项目划分（包括项目划分调整）确认。

③现有评定表中未涉及项目的质量评定标准须报质量监督机构批准。

④报质量监督机构核备工程质量评定标准，包括临时工程质量评定标准、未涉及外观评定项目质量标准、枢纽建筑物工程外观评定标准等。

⑤报质量监督机构核备工程质量评定结论，包括重要隐蔽（关键部位）单元工程质量、分部工程质量、单位工程质量（含外观质量）、工程项目质量等。

⑥报质量监督机构进行质量缺陷备案。

⑦接受质量监督机构对验收工作的监督，在主要分部工程、单位工程验收前，通知质量监督机构列席验收工作会议。

⑧接受和配合质量监督机构开展的各项检查活动，包括对参建单位质量管理体系的建立和落实情况的检查，对工程建设强制性标准的执行情况的检查、对各项质量管理活动的检查及工程项目现场质量抽查等。

（4）工程质量是工程的生命，质量管理是建设管理的核心。项目法人应重点从以下方面加强管理：

①充分落实各参建单位的质量责任，建立项目法人管理、监理单位控制、施工单位保证的质量管理体系。施工单位是形成工程实体的责任单位，对工程质量负主体负责；监理单位是工程实体形成过程的质量控制单位，按照有关规定和合同约定，对工程质量负相应责任；项目法人对工程质量负首要责任，应对设计、施工、监理、检测等单位的质量行为进行管理，监督落实各单位的质量责任。

②开展质量业务培训，熟悉项目法人在质量管理过程中应遵行的管理程序和管理责

任,做好质量评定和备案工作,组织进行施工图设计审查、组织设计交底和图纸会审,对工程质量进行必要的抽检,关键环节质量管理不放松。

③关注施工中新技术、新工艺、新材料、新设备的应用,采用实际案例考察、专家咨询等方式,加强对四新技术的应用监督管理。

④完善工程质量档案,结合电子档案管理要求,对质量管理成果性文件形成 PDF 格式文件进行保存,并做好档案登记管理。

4.3.4 质量管理文件依据

(1)《建设工程质量管理条例》(国务院令第 279 号发布,2017 年、2019 年修订)。

(2)《水利工程建设项目管理规定(试行)》(水建〔1995〕128 号,2014 年、2016 年修正)。

(3)《水利工程质量监督管理规定》(水建〔1997〕339 号)。

(4)《水利工程质量事故处理暂行规定》(水利部令第 9 号发布)。

(5)《水利工程质量检测管理规定》(水利部令第 36 号发布,2017 年、2019 年修正)。

(6)《水利工程质量管理规定》(水利部令第 52 号发布)。

(7)《水利工程责任单位责任人质量终身责任追究管理办法(试行)》(水监督〔2021〕335 号)。

(8)《水利工程建设质量与安全生产监督检查办法(试行)》(水监督〔2019〕139 号)。

(9)《监督检查办法问题清单(2020 年版)》(办监督〔2020〕124 号)。

(10)《山东省水利工程建设管理办法》(鲁水规字〔2021〕6 号)。

(11)《山东省水利工程建设项目法人管理办法》(鲁水规字〔2021〕14 号)。

(12)《山东省水利工程责任单位责任人质量终身责任追究管理办法(试行)》(鲁水监督函字〔2022〕73 号)。

(13)《水利水电工程施工质量检验与评定规程》(SL 176—2007)。

(14)《水利水电建设工程验收规程》(SL 223—2008)。

(15)《水利工程质量检测技术规程》(SL 734—2016)。

4.4 安全生产管理

4.4.1 项目法人安全生产管理职责

安全生产关系到人民群众的生命和财产安全,应以人为本,坚持人民至上、生命至上,把保护人民生命安全摆在首位。根据《水利工程建设安全生产管理规定》(水利部令第 26 号,2014 年、2017 年、2019 年修正)相关规定,项目法人和其他参建单位必须遵守安全生产法律、法规的规定,保证建设工程安全生产,依法承担建设工程安全生产责任。项目法人安全生产管理职责主要包括:

(1)建立健全安全生产管理体系和安全管理制度,明确安全生产目标,落实安全生产责任制。

(2)组织招标投标活动中,对施工投标单位的主要负责人、项目负责人及专职安全生产管理人员是否经水行政主管部门安全生产考核合格进行审查。有关人员未经考核合格的,不得认定投标单位的投标资格。

(3)组织编制工程概算时,确定建设工程安全作业环境及安全施工措施所需费用,并在工程承包合同中明确安全作业环境及安全施工措施所需费用。

(4)向施工单位提供施工现场及施工可能影响的毗邻区域内供水、排水、供电、供气、供热、通信、广播电视等地下管线资料,气象和水文观测资料,拟建工程可能影响的相邻建筑物和构筑物、地下工程的有关资料,并保证有关资料的真实、准确、完整,满足有关技术规范的要求。对可能影响施工报价的资料,应当在招标时提供。

(5)组织编制保证安全生产的措施方案,并自工程开工之日起 15 个工作日内报有管辖权的水行政主管部门、流域管理机构或者其委托的水利工程建设安全生产监督机构(简称安全生产监督机构)备案。建设过程中安全生产的情况发生变化时,及时对保证安全生产的措施方案进行调整,并报原备案机关。在工程开工前,就落实保证安全生产的措施进行全面系统的布置,明确各参建单位的安全生产责任。

(6)将水利工程中的拆除工程和爆破工程发包给具有相应水利水电工程施工资质等级的施工单位,在拆除工程或者爆破工程施工 15 日前,将拆除爆破相关资料报送水行政主管部门、流域管理机构或者其委托的安全生产监督机构备案。

(7)组织开展危险源辨识与风险等级评价,落实分级管控责任。

(8)组织开展事故隐患排查,对发现的事故隐患落实治理责任人、整改期限和措施,重大事故隐患及治理方案按规定及时报有关部门。

(9)组织编制、审核、上报在建工程度汛方案,落实安全度汛措施,对在建工程安全度汛负责。

(10)组织制订生产安全事故综合应急预案、专项应急预案、现场处置方案,并组织演练。

(11)监督检查参建单位安全生产责任落实情况,组织召开安全生产例会。

(12)建立安全生产档案,对参建单位安全生产档案工作进行监督、指导。

4.4.2 安全生产管理工作内容

安全生产是工程建设管理工作的重中之重,项目法人在建设时期需开展的安全生产管理主要工作内容见表 4-5。

表 4-5 安全生产管理主要工作内容

序号	工作内容	组织单位	参与单位	管理要求
1	安全生产管理体系建设	项目法人	工程建设各参建单位	项目法人监督管理
2	安全生产目标管理	项目法人	工程建设各参建单位	项目法人制定
3	安全生产费用管理	项目法人	工程建设各参建单位	项目法人监督管理

续表 4-5

序号	工作内容	组织单位	参与单位	管理要求
4	安全生产教育培训	各参建单位		项目法人监督管理
5	安全度汛和专项施工方案	项目法人、施工单位	设计、监理单位	《度汛方案和超标准洪水应急预案》报水行政主管部门备案
6	风险分级管控	项目法人	设计、施工、监理单位	重大危险源报主管部门备案
7	事故隐患排查	项目法人	施工、监理单位	重大事故隐患及整改报主管部门
8	应急管理	项目法人	工程建设各参建单位	应急救援预案和专项预案报主管部门和安全生产监督机构
9	安全生产标准化	项目法人	工程建设各参建单位	项目法人及参建单位自主开展
10	安全生产档案管理	项目法人	工程建设各参建单位	项目法人监督管理

4.4.2.1　安全生产管理体系建设

1. 成立安全生产领导小组

由项目法人牵头组建安全生产领导小组，项目法人主要负责人任组长，分管安全的负责人及设计、监理、施工等单位现场机构的主要负责人为成员。安全生产领导小组主要职责包括：

(1)贯彻落实国家有关安全生产的法律、法规、规章制度和标准，制定项目安全生产总体目标及年度目标、安全生产目标管理计划。

(2)组织制定项目安全生产管理制度，并落实。

(3)组织编制保证安全生产措施方案和蓄水安全鉴定等工作。

(4)协调解决项目安全生产工作中的重大问题等。

安全生产领导小组每季度至少应召开一次全体会议，分析安全生产形势，研究解决安全生产工作的重大问题。会议应形成纪要，由项目法人印发各参建单位，并监督执行。

2. 设置安全生产管理机构

项目法人应设置专门的安全生产管理机构，并配备专职的安全生产管理人员。安全生产管理机构主要职责包括：

(1)组织制定安全生产管理制度、安全生产目标、保证安全生产的措施方案，建立健全安全生产责任制。

(2)组织审查重大安全技术措施。

(3)审查施工单位安全生产许可证及有关人员的执业资格。

(4)监督检查施工单位安全生产费用使用情况。

(5)组织开展安全检查,组织召开安全例会,组织年度安全考核、评比,提出安全奖惩的建议。

(6)负责日常安全管理工作,做好施工重大危险源、重大生产安全事故隐患及事故统计、报告工作,建立安全生产档案。

(7)负责办理安全监督手续。

(8)协助生产安全事故调查处理工作。

(9)监督检查监理单位的安全监理工作。

(10)负责安全生产领导小组的日常工作等。

项目法人安全生产管理机构应每月组织召开一次由各参建单位参加的安全生产例会,并形成会议纪要,印发相关单位。会议纪要应明确存在问题、整改要求、责任单位和完成时间等。

3. 制定安全生产管理制度,落实安全生产责任制

1)安全生产管理制度

(1)安全生产制度的建立。工程开工前,项目法人应及时组织各参建单位识别适用的安全生产法律、法规、规章、制度和标准,并于工程开工前将《适用的安全生产法律、法规、规章、制度和标准清单》书面通知各参建单位,各参建单位应将法律、法规、规章、制度和标准的相关要求,转化为内部管理制度贯彻执行。

项目法人应制定的安全生产管理制度见本章“4.1.2 开工初期相关工作”中的内容。

(2)安全生产管理制度的检查落实。项目法人应在工程开工初期组织检查各参建单位的安全生产管理制度建立健全情况,形成检查意见并通知各参建单位。各参建单位应根据检查意见对相关管理制度进行修订和补充完善,并报项目法人备案。

项目法人对各参建单位安全生产法律、法规、规章、制度、标准、操作规程和安全生产管理制度的执行情况,每年至少应组织一次监督检查并提出书面检查意见,印发相关单位。

2)安全生产责任制

各参建单位应建立健全以主要负责人为核心的安全生产责任制,明确各级负责人和各岗位的责任人员、责任范围和考核标准。

(1)项目法人主要负责人应履行下列安全管理职责:

①贯彻落实法律、法规、规章制度和标准,组织制定项目安全生产管理制度、安全生产目标管理计划、保证安全生产的措施方案和生产安全事故应急预案。

②组织健全项目安全生产责任制,并组织检查、落实。

③主持召开安全生产领导小组会议,协调解决安全生产重大问题。

④负责落实安全生产费用,监督施工单位按规定使用。

⑤组织开展项目安全检查,及时消除事故隐患。

⑥组织年度安全考核、评比、奖惩。

⑦组织开展职工安全教育培训。

⑧组织或配合生产安全事故调查处理。

⑨及时、如实报告安全生产事故等。

(2)项目法人专职安全生产管理人员应履行下列安全管理职责：

①贯彻执行安全生产法律、法规、规章制度和标准，参与编制项目安全生产管理制度、安全生产目标管理计划、保证安全生产的措施方案和安全生产事故应急预案。

②协助项目法人主要负责人与各参建单位签订安全生产目标责任书。

③组织本单位人员安全教育培训，监督检查其他参建单位安全教育培训情况。

④参与审查重大安全技术措施。

⑤审查施工单位安全生产许可证，监督检查特种作业人员的安全培训、考核、持证情况。

⑥参与进场设施设备，危险性较大的单项工程的验收。

⑦复核安全生产费用使用计划，监督落实安全生产措施。

⑧参与工程重点部位、关键环节的安全技术交底。

⑨组织或参与生产安全事故隐患排查治理和应急救援演练，监督落实安全生产措施。

⑩报告生产安全事故，并协助调查、处理。

⑪整理项目安全生产管理资料等。

(3)项目法人其他管理人员应根据岗位工作内容履行下列安全管理职责：

①贯彻落实安全生产法律、法规、规章制度和标准，遵守单位安全生产管理制度。

②各级人员参加安全产生教育培训，熟悉本岗位的安全生产风险和应急处置措施，发现直接危及人身安全的紧急情况时，有权停止作业或者在采取可能的应急措施后撤离作业场所。

③正确使用和保管好相关劳动保护用品，了解消防器材的使用方法，协同做好消防器材的保养和维护，确保本岗位区域内相关机械设备、用电、环境等保持安全状况。

④掌握应急逃生知识，提高互救自救能力；发生工伤事故或生产安全事故，协助做好抢救伤员、保护现场和相关调查工作。

⑤积极参加各项安全生产活动，牢固树立“安全第一，预防为主”思想和自我保护意识。

⑥在工作过程中发现安全隐患要及时处理，不能处理的要及时上报。

⑦对单位安全生产工作中存在的问题提出整改建议、批评、检举、控告，有权拒绝违章指挥和冒险作业。

4.4.2.2　安全生产目标管理

1. 目标制订

项目法人应根据工程项目安全生产实际，组织制定项目安全生产总体目标和年度目标。安全生产目标应经单位主要负责人审批，并以文件的形式发布。安全生产目标应主要包括下列内容：

(1)生产安全事故控制目标。

(2)安全生产投入目标。

(3)安全生产教育培训目标。

(4)生产安全事故隐患排查治理目标。

(5)重大危险源监控目标。

(6)应急管理目标。

(7)文明施工管理目标。

(8)人员、机械、设备、交通、火灾、环境和职业健康等方面的安全管理控制指标等。

项目法人应组织对安全生产总目标进行分解,根据各参建单位承担的工程内容确定各单位安全生产目标。目标分解应与项目法人制定的总体目标相对应,并不低于总体目标,目标应尽可能量化,既便于理解,又利于考核。

2. 目标实施

项目法人根据项目安全生产目标制订相应的管理计划,并报项目主管部门备案。安全生产目标管理计划的内容包括:安全生产目标值、保证措施、完成时间、责任单位与责任人等。

各参建单位根据项目安全生产目标制订本单位的安全生产目标管理计划,报项目法人同意后,项目法人与参建单位签订安全生产目标责任书。

项目法人应依据目标管理计划,监督检查各参建单位落实安全生产目标的保证措施,保证目标的实现。

3. 目标考核

项目法人根据安全生产目标责任书内容,制定相应的考核办法,每半年组织对各参建单位的安全生产目标完成情况进行一次考核,根据考核结果进行奖惩。

4.4.2.3 安全生产费用管理

1. 安全生产费用计取标准与使用范围

根据《企业安全生产费用提取和使用管理办法》(财资〔2022〕136 号)规定,水利水电工程施工企业以建筑安装工程造价的 2.5%提取企业安全生产费用。安全生产费用应按照下列范围使用:

(1)完善、改造和维护安全防护设施设备支出(不含“三同时”要求初期投入的安全设施),包括施工现场临时用电系统、洞口或临边防护、高处作业或交叉作业防护、临时安全防护、支护及防治边坡滑坡、工程有害气体监测和通风、保障安全的机械设备、防火、防爆、防触电、防尘、防毒、防雷、防台风、防地质灾害等设施设备支出。

(2)应急救援技术装备、设施配置及维护保养支出,事故逃生和紧急避难设施设备的配置和应急救援队伍建设,应急预案制订、修订与应急演练支出。

(3)开展施工现场重大危险源检测、评估、监控支出,安全风险分级管控和事故隐患排查整改支出,工程项目安全生产信息化建设、运维和网络安全支出。

(4)安全生产检查、评估评价(不含新建、改建、扩建项目安全评价)、咨询和标准化建设支出。

(5)配备和更新现场作业人员安全防护用品支出。

(6)安全生产宣传、教育、培训和从业人员发现并报告事故隐患的奖励支出。

(7)安全生产适用的新技术、新标准、新工艺、新装备的推广应用支出。

(8)安全设施及特种设备检测检验、检定校准支出。

(9)安全生产责任保险支出。

(10)与安全生产直接相关的其他支出。

2. 安全生产费用的使用与监督

1)安全生产费用使用计划

施工单位在开工前应根据承包合同中关于安全生产费用的规定,编制安全生产费用使用计划,经监理单位审核,报项目法人同意后执行。

2)安全生产费用支付

项目法人应当在合同中单独约定并于工程开工日一个月内向承包单位支付至少50%的企业安全生产费用。

总包单位应当与分包单位(如有)在合同中单独约定并于分包工程开工日一个月内将至少 50%的企业安全生产费用直接支付分包单位并监督使用,分包单位不再重复提取。

工程竣工决算后结余的企业安全生产费用,应当退回项目法人。

3)项目法人对安全生产费用的监督管理

项目法人应当在招标文件中设置安全生产费用项目清单,单独报价,不得删减。对安全生产有特殊要求,需增加安全生产费用的,也应在招标文件中说明,并列入安全生产费用项目清单。项目法人与施工单位在签订承包合同时,应明确安全生产所需费用、支付计划、使用要求、调整方式等。

在建设过程中项目法人应根据批准的安全生产费用使用计划,至少每半年组织相关参建单位(可邀请专家参加)对安全生产费用使用落实情况进行一次检查,并将检查意见通知施工单位,对存在的问题督促施工单位及时整改。

4.4.2.4　安全生产教育培训

1. 安全生产开工"第一课"

依据《关于印发〈强化生产经营单位安全生产主体责任扎实开展开工"第一课"活动〉的通知》(鲁安办发〔2021〕16 号)规定,项目法人主要负责人(董事长、总经理、个人经营的投资人及对生产经营单位进行实际控制的其他人员)在每年春节后第一个上班日,应主持召开开工(包括复产复工)"第一课",并亲自授课。在主要负责人授课的基础上,可针对本单位(本项目)安全生产工作实际,安排其他人员或邀请安全监管人员、专家等讲授法律法规、案例警示和专业技术方面的内容,但不能替代单位主要负责人的动员教育。

2. 教育培训开展

项目法人应组织建立安全生产教育培训制度,明确安全生产教育培训的对象与内容、组织与管理、检查与考核等要求。

项目法人每年至少应对管理人员进行一次安全生产教育培训,保证从业人员具备必要的安全生产知识,熟悉安全生产有关法律、法规、规章、制度和标准,其教育培训情况记入个人工作档案。安全生产教育培训考核不合格的人员,不得上岗。

1)主要负责人安全生产教育培训内容

(1)国家安全生产方针政策和有关安全生产的法律、法规、规章。

(2)安全生产管理基本知识、安全生产技术。

(3)重大危险源管理、重大生产安全事故防范、应急管理及事故管理有关规定。

(4)职业危害及其预防措施。

(5)国内外先进的安全生产管理经验。

(6)典型事故和应急救援案例分析。

(7)其他需要培训的内容等。

2)安全生产管理人员安全生产教育培训内容

(1)国家安全生产方针、政策和有关安全生产的法律、法规、规章及标准。

(2)安全生产管理、安全生产技术、职业卫生等知识。

(3)伤亡事故统计、报告及职业危害防范、调查处理方法。

(4)危险源管理、专项方案及应急预案编制、应急管理及事故管理知识。

(5)国内外先进的安全生产管理经验。

(6)典型事故和应急救援案例分析。

(7)其他需要培训的内容等。

3)其他管理人员安全生产教育培训内容

(1)国家安全生产方针、政策和有关安全生产的法律、法规、规章及标准。

(2)一般性安全技术知识,包括不安全因素及其规律、预防事故的基本知识、个人防护用品的佩戴使用、消防设施的使用、事故报告程序。

(3)专业性的安全技术知识,包括防火、防爆、防毒。

(4)发生生产安全事故时的应急处理措施,以及相关的安全防护知识。

(5)从业人员在生产过程中的相关权利和义务。

(6)特殊作业岗位的安全生产知识和操作要求。

(7)其他需要培训的内容等。

4)教育培训学时要求

主要负责人和安全生产管理人员初次安全生产教育培训时间不少于 32 学时,每年接受再培训时间不少于 12 学时;新上岗从业人员教育培训时间不少于 24 学时,以后每年接受教育培训时间不少于 8 学时。

5)项目法人对其他参建单位安全生产教育培训的管理

项目法人应定期组织对各参建单位安全生产教育培训情况进行监督检查,主要包括下列内容:

(1)安全生产教育培训制度、计划的制定及落实情况。

(2)施工单位主要负责人和安全生产管理人员、特种作业人员持证上岗情况,三级安全生产教育、年度教育、岗前教育落实情况;其他参建单位主要负责人和安全生产管理人员的安全生产教育培训情况。

(3)安全生产教育培训档案建立情况。

(4)其他需要检查的内容等。

4.4.2.5 安全度汛与专项施工方案

1. 安全度汛

1)建立安全度汛组织机构

在建水利工程项目法人承担安全度汛工作的首要责任。有防汛任务的水利工程建设项目法人应在汛前成立安全度汛工作领导小组,作为防汛指挥机构,项目法人主要负责人任组长,设计、监理、施工等参建单位主要负责人为成员。

各施工单位在安全度汛工作领导小组的领导下,成立本级防汛工作小组,并落实组建防汛抢险队伍和准备防汛物资。

2)制订度汛方案和超标准洪水应急预案

在工程建设每年度汛前,项目法人应根据工程情况和工程度汛需要,组织设计、施工、监理等参建单位制订度汛方案和超标准洪水应急预案。度汛方案编制应遵循批准的设计文件,紧密结合工程实施方案,确保其针对性、实用性和可操作性。对遇超标准洪水可能对区域防洪安全或人民群众生命财产安全产生较大影响的在建工程,应当单独编制超标准洪水应急预案,其他工程可在工程度汛方案中设立超标准洪水应急预案专章。度汛方案和超标准洪水应急预案应于每年主汛期前1个月编制完成,由项目法人组织召开专家咨询会进行论证后,印发各参建单位执行,并报项目主管部门和水行政主管部门备案。单独编制超标准洪水应急预案的,将超标准洪水应急预案报送地方防汛指挥部门备案。

度汛方案和超标准洪水应急预案应依据《水利部关于进一步做好在建水利工程安全度汛工作的通知》(水建设〔2022〕99号)中相关规定进行编制,度汛方案应包括编制依据及适用范围、工程概述及度汛要求、度汛组织机构及职责、度汛保障、风险识别与应急处理、相应的附图及附表等内容(见附录B-1)。

超标准洪水应急预案应包括总则、工程简介、超标准洪水影响分析、应急响应、应急保障、必要的附件等(见附录B-2)。

3)度汛实施

项目法人应根据度汛方案与各参建单位签订安全度汛目标责任书,明确各参建单位的度汛责任,督促各单位落实各项度汛措施。

项目法人要与属地防汛指挥机构、水行政主管部门和相关部门建立畅通的联系渠道,制定汛期值班和检查制度,建立接收和发布气象信息的工作机制,保证汛情、工情、险情信息渠道畅通。

项目法人在汛前和汛中应组织有关参建单位,对生活、办公、施工区域内进行细致的检查,检查防汛责任、队伍、预案、物资等落实情况,重点排查施工现场及施工营地安全等度汛隐患,对发现的问题立即督促责任单位进行整改。

在保证质量和安全的前提下,项目法人应组织相关参建单位采取有效措施,加快工程建设进度,以涉及度汛安全的工程为重点,确保穿(破)堤(坝)施工工程、施工围堰、导流设施、深基坑、水下工程等重点部位形象面貌在汛前满足安全度汛要求,对特殊原因不能满足要求的,应制订应急处置方案。

2. 专项施工方案

1)编制专项施工方案的范围

根据《水利水电工程施工安全管理导则》(SL 721—2015)相关要求,施工单位对达到一定规模的危险性较大的单项工程应编制专项施工方案;对于超过一定规模的危险性较大的单项工程,施工单位还应组织专家对专项施工方案进行审查论证。

项目法人在办理安全监督手续时,应向监督机构提供危险性较大的单项工程清单。

2）专项施工方案审批

无须专家论证的专项施工方案，施工单位报监理单位，由项目总监理工程师审核签字，并报项目法人备案。

超过一定规模的危险性较大的单项工程施工方案由施工单位组织召开审查论证会，项目法人单位负责人或技术负责人应参加会议（但不作为专家身份）。施工单位根据审查论证意见修改完善施工方案，经施工单位技术负责人、总监理工程师、项目法人单位负责人审核签字后，方可组织实施。

3）专项施工方案实施

专项施工方案审核批准后，施工单位应严格按方案组织施工。项目法人应督促监理单位和施工单位指定专人对专项施工方案的实施情况进行旁站监督，危险性较大的单项工程完成后，监理单位或施工单位应组织有关人员进行验收。

在实施过程中，发现施工单位未按专项施工方案实施的，监理单位应责令整改；施工单位拒不整改的，监理单位应及时向项目法人报告；项目法人接到报告后，应立即责令施工单位停工整改；施工单位仍不整改的，项目法人及时向有关主管部门和安全生产监督机构报告。

4.4.2.6 风险分级管控

1. 危险源辨识与分类

水利水电工程施工危险源（简称危险源）是指在水利水电工程施工过程中有潜在能量和物质释放危险的、可造成人员伤亡、健康损害、财产损失、环境破坏，在一定的触发因素作用下可转化为事故的部位、区域、场所、空间、岗位、设备及其位置。

水利水电工程施工危险源分为施工作业类、机械设备类、设施场所类、作业环境类和其他类五个类别，各类危险源的辨识与评价对象见表 4-6。

表 4-6 水利水电工程施工危险源的辨识与评价对象

危险源类别	辨识和评价内容
施工作业类	明挖施工，洞挖施工，石方爆破，填筑工程，灌浆工程，斜井竖井开挖，地质缺陷处理，砂石料生产，混凝土生产，混凝土浇筑，脚手架工程，模板工程及支撑体系，钢筋制作安装，金属结构制作、安装及机电设备安装，建筑物拆除，配套电网工程，降排水，水上（下）作业，有限空间作业，高空作业，管道安装，其他单项工程等
机械设备类	运输车辆，特种设备，起重吊装及安装拆卸等
设施场所类	存弃渣场，基坑，爆破器材库，油库油罐区，材料设备仓库，供水系统，通风系统，供电系统，修理厂、钢筋厂及模具加工厂等金属结构制作加工场所，预制构件场所，施工道路，桥梁，隧洞，围堰等
作业环境类	不良地质地段、潜在滑坡区、超标准洪水、粉尘，有毒、有害气体及有毒化学品泄漏环境等
其他类	野外施工、消防安全、营地选址等

根据《水利水电工程施工危险源辨识与风险评价导则(试行)》(办监督函〔2018〕1693号),危险源分为重大危险源和一般危险源两个级别,危险源辨识应先采用直接判定法,不能用直接判定法辨识的,可采用其他方法(安全检查表法、预先危险性分析法及因果分析法等)进行判定。当工程区域内出现符合《水利水电工程施工重大危险源清单》(见附录B-3)中的任何一条要素的,可直接判定为重大危险源。

危险源辨识应由经验丰富、熟悉工程安全技术的专业人员,采用科学、有效及适用的方法,辨识出本工程的危险源,对其进行分类和分级,汇总制定危险源清单,确定危险源名称、类别、级别、可能导致事故类型及责任人等内容。必要时可进行集体讨论或专家技术论证。

2. 危险源风险等级

危险源的风险等级分为四级,由高到低依次为重大风险、较大风险、一般风险和低风险。

危险源的风险等级评价可采取直接评定法、安全检查表法、作业条件危险性评价法(LEC)等方法。其中,重大危险源的风险等级直接评定为重大风险等级;一般危险源应进行风险评价确定风险等级,可结合工程实际选取适当的评价方法进行。

此外,在《建筑施工企业安全生产风险分级管控体系实施指南》(DB37/T 3134—2018)中要求,对有下列情况之一的,基于事故发生后果的严重性,无论评价级别为何种等级,可直接判定为重大风险:

(1)违反法律、法规及国家标准、行业标准中强制性条款的均为重大风险。

(2)发生过死亡、重伤、重大财产损失事故,且现在发生事故的条件依然存在的均为重大风险。

(3)超过一定规模的危险性较大的分部分项工程均为重大风险。

(4)具有中毒、爆炸、火灾、坍塌等危险的场所,作业人员在10人及以上的为重大风险。

(5)经风险评价确定为最高等级风险的。

3. 危险源分级管控

项目法人应针对危险源不同的风险等级,明确各区域的管控责任单位和责任人。危险源分级管控责任见表4-7。

表4-7　危险源分级管控责任

危险源的风险等级	发生风险事件概率	危害程度	危险程度	管控职责
重大风险	大概率	危害大	极其危险	由项目法人组织监理单位、施工单位共同管控,主管部门重点监督检查
	中等概率	危害大		
较大风险	中等概率	危害中等	高度危险	由监理单位组织施工单位共同管控,项目法人监督
	小概率	危害中等		
一般风险	中等概率	危险小	中度危险	由施工单位管控,监理单位监督
低风险	小概率	危害小	轻度危险	由施工单位自行管控

4. 项目法人危险源管理

1) 开工前开展风险等级评价

开工前,项目法人组织参建单位研究制定危险源辨识与风险管理制度,明确监理、施工、设计等单位的职责、辨识范围、流程、方法等;施工单位应按要求组织开展本标段危险源辨识及风险等级评价工作,并将成果报送监理单位和项目法人。

项目法人针对施工单位辨识的危险源和风险等级开展本工程的危险源辨识和风险等级评价,编制危险源辨识与风险评价报告。报告主要内容及要求包括:

(1) 工程简介。包括工程概况,对施工作业环境、危险物质仓储区、生活及办公区自然环境、危险特性、工作或作业持续时间等进行描述。

(2) 辨识与评价主要依据。

(3) 评价方法和标准。结合工程实际选用相关评价方法,制定评价标准。

(4) 辨识与评价。危险源及其级别、危险源风险等级。

(5) 安全管控措施。根据辨识与评价结果,对可能导致事故发生的危险、有害因素提出安全制度、技术及管理措施等。

(6) 应急预案。根据辨识与评价结果提出相关的应急预案。

危险源辨识与风险评价报告应经本单位安全生产管理部门负责人和主要负责人签字确认,必要时组织专家审查后确认。项目法人应按规定将重大危险源报项目主管部门和有关部门备案。

2) 施工期间进行动态风险管控

施工期间,项目法人应组织各单位对危险源实施动态管理,及时掌握危险源及风险状态和变化趋势,实时更新危险源及风险等级,并根据危险源及风险状态制定针对性防控措施,确保安全风险始终处于受控范围内。主要管控措施包括:

(1) 对危险源特别是重大危险源的安全状况进行定期检查、评估和监控,发现管控措施不到位的组织责任单位进行整改。

(2) 对重大危险源和风险等级为重大的一般危险源应建立专项档案,明确管理的责任部门和责任人,记录危险源的防范措施和相关检测记录。项目法人应组织并参与重大危险源防控措施验收。

(3) 组织对重大危险源的管理人员进行重大危险源管理培训;检查施工单位重大危险源管控人员对重大危险源的危险特性、安全管理规章制度、安全操作技能和应急措施的熟悉情况。

(4) 将重大危险源可能发生的事故后果和应急措施等信息以适当方式告知可能受影响的单位区域及人员。

(5) 组织在重大危险源部位设置的明显的安全警示标志和警示牌,标明危险源名称、地点、责任人员、可能的事故类型、控制措施等。

4.4.2.7　生产安全事故隐患排查治理

1. 生产安全事故隐患排查

项目法人的主要负责人对本单位的事故隐患排查工作全面负责。项目法人应组织各参建单位根据项目特点和内容、危险辨识评价结果制定事故隐患排查制度。制度主要内容包括隐患排查目的、内容、方法、频次和要求等。

项目法人应至少每月组织一次安全生产综合检查，建立事故隐患报告和举报奖励制度，鼓励、发动职工发现和排除事故隐患，鼓励社会公众举报。对发现排除和举报事故隐患的有功人员应给予物质奖励和表彰。

各参建单位应采用定期综合检查、专项检查、季节性检查、节假日检查和日常检查等方式，对本单位涉及的工程开展隐患排查。

2. 事故隐患分类

根据《安全生产事故隐患排查治理暂行规定》（安监总局第16号令发布）规定，事故隐患分一般事故隐患和重大事故隐患。对排查出的事故隐患，对照《水利部办公厅关于印发水利工程生产安全重大事故隐患清单指南（2021年版）的通知》（办监督〔2021〕364号）中判定标准清单（见附录B-4）进行判定，符合清单判定标准的为重大事故隐患。

此外，根据《建筑施工企业生产安全事故隐患排查治理体系实施指南》（DB37/T 3135—2018）要求，建筑施工中以下情况可直接判定为重大事故隐患：

（1）未取得施工许可证进行施工的，或超越企业资质等级进行施工的。

（2）《危险性较大的分部分项工程安全管理办法》（建质〔2009〕87号）中超过一定规模、危险性较大的分部分项工程，专项施工方案未按规定审核、审批并组织专家论证，不严格按照方案组织施工的。

（3）超过一定规模的基坑支护结构不符合设计要求或支护结构水平位移达到设计报警值而未采取有效控制措施。

（4）高大模板支架未经验收合格投入使用的。

（5）起重机械未安装相应的安全装置、限位装置和保护装置或不符合规范要求的。

（6）附着式脚手架防坠落装置技术性能不符合规范要求的。

（7）采用国家明令淘汰的、不符合国家现行标准的或超过规定使用年限经评估不合格的塔式起重机、施工升降机及物料提升机。

（8）设区的市级以上负有安全监管职责部门认定的。

3. 事故隐患治理

（1）一般事故隐患治理。对排查出的一般事故隐患，由责任单位立即组织整改。

事故隐患排查组织应对一般安全隐患治理情况进行复查，并在隐患整改通知单上签署明确意见。

（2）重大事故隐患治理。重大事故隐患应由施工单位主要负责人组织制订治理方案，经监理单位审核，报项目法人同意后实施。项目法人还应将重大事故隐患治理方案报项目主管部门和安全生产监督机构备案。

重大事故隐患治理方案应包括：

①重大事故隐患描述。

②治理的目标和任务。

③采取的方法和措施。

④经费和物资的落实。

⑤负责治理的机构和人员。

⑥治理的时限和要求。

⑦安全措施和应急预案等。

项目法人应对事故隐患排查治理实行闭环管理,实施隐患登记、评估、报告、监控、治理、销账的全过程记录。重大事故隐患治理完成后,项目法人应组织人员对治理情况进行验收和效果评估,并签署意见,报项目主管部门和安全生产监督机构备案。

(3)项目法人应每月5日前、每季度第一个月的15日前和次年的1月31日前,将上月、季、年隐患排查治理统计分析情况报项目主管部门和安全生产监督机构。

(4)地方人民政府或行业主管部门组织对建设项目的事故隐患排查治理情况开展监督检查,对检查过程中发现的重大事故隐患实行挂牌督办时,项目法人应迅速组织制订整改方案,实施隐患整治措施,必要时把作业人员从危险区域撤出,设置警戒标志,采取全部或者局部停工治理。整改完成后,项目法人向督办单位提出摘牌销号的书面申请,经复查确认隐患消除后,方能解除督办。

4.4.2.8 应急管理

1.成立应急处置指挥机构

项目法人应组建工程建设项目的生产安全事故应急处置指挥机构,由项目法人主要负责人负责,会同设计、监理、施工等参建单位负责人组成。应急处置指挥机构主要职责包括:

(1)制订事故应急预案,明确各参建单位的责任,落实应急救援的具体措施。

(2)组织事故应急救援和处置,组织人员和设备撤离危险区域,防止事故的扩大和蔓延,尽力减少损失。

(3)及时向地方人民政府、地方安全生产监督管理部门和有关水行政主管部门应急处置指挥机构报告事故情况。

(4)配合工程所在地人民政府应急救援指挥机构的救援工作。

(5)配合有关水行政主管部门应急处置指挥机构及其他有关主管部门发布和通报有关信息。

(6)组织事故善后工作,配合事故调查、分析和处理。

(7)落实并定期检查应急救援队伍、器材、设备情况。

(8)组织应急预案的宣传、培训和演练。

(9)完成事故救援和处理的其他相关工作等。

2.制订应急预案

项目法人组织制订本项目的生产安全事故应急救援预案和专项应急预案,并报项目主管部门和安全生产监督机构备案。

应急预案编制可依据《生产经营单位生产安全事故应急预案编制导则》(GB/T 29639—2020)要求进行。

3.应急演练

项目法人应组织应急预案的宣传和培训,制订应急预案演练计划,根据建设项目的事故风险特点,监督各参建单位开展应急演练,至少每半年组织一次生产安全事故应急预案演练。

应急预案演练结束后，项目法人应对应急预案演练效果进行评估，编写应急预案演练评估报告，分析存在的问题，提出预案修订意见，适时对应急预案进行修订。

4. 安全生产事故报告

如发生安全生产事故，事故现场有关人员应当立即向本单位负责人报告；单位负责人接到报告后，应当于1 h内报告事故发生地县（市、区）人民政府应急管理部门和负有安全生产监督管理职责的有关部门。特种设备发生事故，应同时向特种设备安全监督管理部门报告。

情况紧急或者本单位负责人无法联络时，事故现场有关人员可以直接向事故发生地县级以上人民政府应急管理部门和负有安全生产监督管理职责的有关部门报告。报告可先通过电话口头报告，随后递交正式书面报告。生产安全事故报告应包括下列内容：

（1）发生事故的工程名称、地点、建设规模和工期，事故发生的时间、地点、简要经过、事故类别、人员伤亡及直接经济损失初步估算。

（2）有关项目法人、施工单位、监理单位、主管部门名称及负责人联系电话，施工、监理等单位的资质等级。

（3）事故报告的单位、报告签发人及报告时间和联系电话等。

（4）事故发生的初步原因。

（5）事故发生后采取的应急处置措施及事故控制情况。

（6）其他需要报告的有关事项等。

5. 生产安全事故处置

1）现场应急处置

发生生产安全事故后，项目法人、监理单位和事故单位必须迅速、有效地实施先期处置；项目法人及事故单位主要负责人应立即到现场组织抢救，启动应急预案，采取有效措施，防止事故扩大。

项目事故应急救援指挥机构应执行现场应急指挥部的指令，根据工程特点、环境条件、事故类型特征，为应急救援人员提供必要的安全防护装备，配合事故现场应急救援指挥机构划定事故现场危险区域范围，设置明显警示标志、交通限制标志，并及时发布通告，防止人畜进入危险区域。

2）善后处置

在事故发生后，项目法人应配合事故的调查、分析、处理和评估，依法做好伤亡人员的善后工作，安排好受影响人员的生活，做好补偿。按照负责事故调查的人民政府的批复，对负有事故责任的人员进行处理。

项目法人应当组织参建单位核查事故损失，编制损失情况报告，上报项目主管部门并抄送有关单位。对受损的工程结构部位，组织参建单位共同研究技术整改方案，采取有效措施，修复或处理发生事故的工程项目，尽快恢复工程建设。

项目法人、事故发生单位及工程其他参建单位，应当从事故中总结经验，吸取教训，采取有效整改措施，确保后续工程安全建设。组织各参建单位对各自的应急预案的实际应急效能进行评估，对应急预案中存在的问题和不足及时进行完善和补充，提出应急救援工作总结报告。

4.4.2.9 项目法人安全生产标准化管理

1. 安全生产标准化分级

安全生产标准化是指通过建立安全生产责任制，制定安全管理制度和操作规程，排查治理隐患和监控重大危险源，建立预防机制，规范生产行为，使各生产环节符合有关安全生产法律法规和标准规范的要求，人、机、物、环处于良好的生产状态，并持续改进。根据《水利安全生产标准化评审管理暂行办法》（水安监〔2013〕189 号）规定水利安全生产标准化分为一级、二级、三级。

2. 安全生产标准化应具备的条件

（1）已经按规定要求规范开展安全生产标准化建设。

（2）设立有安全生产行政许可的，应依法取得国家规定的相应安全生产行政许可（施工单位）。

（3）水利工程项目法人所管辖的建设项目、水利水电施工企业在评审期（申请等级评审之日前 1 年）内，未发生较大及以上生产安全事故，不存在非法、违法生产经营建设行为，重大事故隐患已治理达到安全生产要求。

（4）水利工程管理单位在评审期内，未发生造成人员死亡、重伤 3 人以上或直接经济损失超过 100 万元以上的生产安全事故，不存在非法、违法生产经营建设行为，重大事故隐患已治理达到安全生产要求。

3. 水利安全生产标准化评审程序

1）单位自评

（1）水利生产经营单位依照《水利安全生产标准化评审标准》（办安监〔2018〕52 号）自主开展等级评定，对目标职责、制度化管理、教育培训、现场管理、安全风险管控及隐患排查治理、应急管理、事故管理、持续改进等八项内容进行评分，根据以下标准评定等级：

一级：评审得分 90 分以上（含），且各一级评审项目得分不低于应得分的 70%。

二级：评审得分 80 分以上（含），且各一级评审项目得分不低于应得分的 70%。

三级：评审得分 70 分以上（含），且各一级评审项目得分不低于应得分的 60%。

不达标：评审得分低于 70 分，或任何一项一级评审项目得分低于应得分的 60%。

2）安全生产标准化一级评审程序

（1）水利生产经营单位完成自评，符合水利安全生产标准化一级的申请条件，部属水利生产经营单位经上级主管单位审核同意后，向水利部提出评审申请；地方水利生产经营单位申请水利安全生产标准化一级的，需经所在地省级水行政主管部门审核同意后，向水利部提出评审申请。上述两种以外的水利生产经营单位需经上级主管单位审核同意后，向水利部提出评审申请；

（2）经审核符合条件的，由水利部认可的评审机构开展评审。

（3）水利部安全生产标准化评审委员会审定通过后，由水利部公告、颁证授牌。

3）安全生产标准化二级评审程序

（1）水利生产经营单位完成自评，符合水利安全生产标准化二级申请条件，向省水利厅提出评审申请。通过“水利安全生产标准化评审管理系统”提出网上申请，打印申请表和自评报告，提交所在地市水利局审核签章，其中厅直属单位及其下属独立法人单位由厅直属单位审核签章。

(2)地市水利局(或厅直属单位)审核后报省水利厅。

(3)省水利厅安全生产标准化评审委员会组织评审,并将审核结果(通过、补充材料或不通过)反馈申请单位。

(4)省水利厅审定通过后,公示公告。

4)安全生产标准化三级评审程序

由各市水行政主管部门开展安全生产标准化三级评审工作。

4. 项目法人的安全生产标准化等级评审

水利工程项目法人开展安全生产标准化执行的评审标准为《水利工程项目法人安全生产标准化评审标准》(办安监〔2018〕52 号),评审共设置 8 个一级项目、28 个二级项目和 141 个三级项目,一级项目包括目标责任、制度化管理、教育培训、现场管理、安全风险管控及隐患排查治理、应急管理、事故管理、持续改进等共 8 项。

其中,参加标准化评审的项目法人为施工工期 2 年以上的大中型水利工程项目法人。小型水利工程项目法人和施工工期 2 年以下的大中型水利工程项目法人不参加安全生产标准化评审,但应按照安全生产标准化评审标准开展安全生产标准化建设工作。

5. 指导参建单位开展安全生产标准化建设

项目法人在自身积极开展安全生产标准化工作的同时,应大力支持各参建单位开展安全生产标准化工作。

项目法人可在招标文件中计列安全生产标准化达标费用,作为不可竞争费用,鼓励施工承包单位开展安全生产标准化活动。组织开展安全生产标准化培训活动,邀请相关专业的专家采取授课、现场培训等活动,提高参建单位安全生产管理水平。按照安全生产标准化评审标准对施工单位管理体系和现场开展定期和不定期的检查,制定奖惩办法并贯彻落实。

4.4.2.10 安全生产档案管理

1. 建立安全生产档案管理网络

安全生产档案是项目档案的重要组成部分,项目法人对安全生产档案管理工作负总责。项目法人应成立或落实档案管理部门,配备档案管理人员,制定档案管理制度,安排落实档案工作所需费用,确保安全生产档案管理正常开展。

项目法人应根据工程实际情况建立安全生产档案管理网络,各参建单位均需明确档案管理部门,配备与工作量相匹配的安全生产档案工作人员。

各参建单位的技术人员和管理人员是归档工作的直接责任人。在项目实施过程中,安全生产档案管理人员应保持相对稳定,如遇工作岗位变动,应做好档案资料的交接工作。

2. 对参建单位安全生产档案的监督管理

项目法人在签订有关合同、协议时,在合同内容中应对安全生产档案的收集、整理、移交提出明确要求;项目实施过程中,项目法人做好自身安全生产档案的收集、整理、归档工作,同时加强对各参建单位安全生产档案管理工作的监督、检查和指导。

项目法人可根据项目文件归档范围,结合工程特点,确定形成电子档案的归档范围,重要文件形成 PDF 文稿,便于资料检查和利用。

3. 项目法人的安全生产档案内容

根据《水利水电工程施工安全管理导则》(SL 721—2015)要求,项目法人安全生产档案应包括相关文件、证件及人员信息、安全生产目标管理、安全生产管理机构和职责、安全生产管理制度、安全生产费用管理、安全技术措施和专项施工方案、安全生产教育培训、事故隐患排查治理、重大危险源管理、职业卫生与环境保护和应急管理等相关资料(见附录 B-5)。

4.4.3　工作指导

4.4.3.1　加强水利安全生产“五体系”建设

2021 年山东省水利厅提出进一步加强水利安全生产“五体系”建设,理清建设思路,明确阶段性建设任务,引导树牢安全发展理念,筑牢安全红线意识、底线思维。在工程建设中,项目法人应组织各参建单位构建以责任体系为统领,风险分级管控体系、隐患排查治理体系为保障,标准化体系为抓手,应急管理体系为兜底的“五体系”框架。

在责任体系方面,构建起覆盖全员、全过程、全岗位的安全生产责任制,使主要负责人到一线员工,逐级、逐岗位、逐人熟悉掌握并落实各自承担的安全生产职责,切实让主体责任强起来。

在风险分级管控方面,要全面建立风险全方位查找和辨识、风险等级分级管理、科学严密管控风险的分级管控体系,参与水利工程建设的施工单位根据《建筑施工企业安全生产风险分级管控体系细则》(DB37/T 3015—2017)及实施指南开展风险分级管控体系建设工作。

在隐患排查治理体系方面,要建成隐患排查治理责任明确、制度完善、整改实效的隐患排查治理体系,参与水利工程建设的施工单位根据《建筑施工企业生产安全事故隐患排查治理体系细则》(DB37/T 3014—2017)及实施指南开展隐患排查治理体系建设工作。

在标准化体系方面,各参建单位按照《水利工程项目法人安全生产标准化评审标准》《水利水电施工企业安全生产标准化评审标准》《水利水电勘测设计单位安全生产标准化评审规程》《水利工程建设监理单位安全生产标准化评审规程》等相关标准,开展安全生产标准化建设。

在应急管理体系方面,要建成应急预案针对性强、工作机制协调、预案演练实战化、常态化的应急管理体系。

4.4.3.2　推进安全生产六项机制建设

2022 年水利部印发了《构建水利安全生产风险管控“六项机制”的实施意见》(水监督〔2022〕309 号),提出构建风险查找、研判、预警、防范、处置、责任等风险管控“六项机制”。坚持风险预控、关口前移,分级管控、分类处置,源头防范、系统治理,在水利工程建设中,项目法人应组织各参建单位进一步完善管控制度,落实管控措施,压实管控责任,严格考核问责,提升风险管控能力,有效防范遏制生产安全事故。

风险查找机制即从工程施工、运行、设施设备、人员行为、管理体系和作业环境等方面全方位辨识危险源,覆盖所有区域、设施、场所和工作面,覆盖所有人员,做到系统、全面、无遗漏。水利生产经营单位原则上每季度至少组织一次危险源辨识,当环境、设施、组织、人员发生变化时,对危险源及时更新。

风险研判机制即采用与危险源类别相适应的评价方法,聚焦劳动密集场所、高危作业和受影响的人员规模,研判确定危险源的风险等级,重大风险、较大风险、一般风险分别用红、橙、黄色表示,并根据危险源及其风险程序的动态变化及时调整。

风险预警机制即采用人工监测、自动监测等手段,加强对危险源特别是风险等级为重大的危险源的监测监控,建立监测巡查检查制度,做好监测设施的日常检查、运行维护和检测校验等,实现人工、自动监测双保险,做到早预警、早处置。

风险防范机制即建立风险公告制度,在醒目位置的重点区域分别设置风险公告栏,各岗位风险告知卡,对存在重大风险的场所、岗位及有关设施设备设置明显警示标志;落实风险管控措施,从组织、制度、技术、应急等方面,制定并落实具体防范措施,达到消除、降低风险的目标;加强除患排查治理,按照危险源及风险等级确定排查频次、要求,明确责任部门和责任人,及时组织排查治理,建立隐患台账;推进水利安全生产标准化建设,提升安全管理、操作行为、设施设备和作业环境的标准化水平。

风险处置机制即健全完善应急预案,制订可操作性强的生产安全事故应急预案或现场处置方案,对风险等级为重大的危险源做到"一源一案"。发生生产安全事故后,按照有关预案及时启动应急响应,重大情况要第一时间上报,重点加强事故初期处理,防止事故扩大和发生次生事故,处置结束后要及时查找应急预案、现场应急处置和风险管控体系存在的不足,及时完善。

风险责任机制即严格落实主体责任,明确各层级、各部门、各岗位的风险管控责任,主体责任单位技术不足的可委托第三方专业服务机构承担风险管控技术服务工作。

4.4.3.3 加强工程建设安全生产综合检查

在工程建设期间,项目法人应组织相关单位持续开展安全生产检查活动,将安全生产贯彻工程建设的始终。检查主要包括以下内容:

(1)对设计单位应重点检查对初步设计和施工图设计中安全专篇审查意见的落实情况、涉及安全强制性条文落实情况、设计概算中安全生产费用编制情况、安全设计交底及参加超过一定规模危险性较大工程专项施工方案审查论证等情况。

(2)对监理单位应重点检查安全生产管理机构建立和安全监理人员配备情况、编制安全监理规划和实施细则、审查施工专项方案和度汛方案情况、对施工现场安全巡查情况、对施工单位安全生产费用使用监督情况、监理例会中安全生产内容等情况。

(3)对施工单位应重点检查安全生产管理机构建立和专职安全人员配备情况、安全生产责任制落实情况、特种作业人员持证上岗情况、安全生产费用使用情况、专项施工方案论证和报批情况、三级安全教育情况、事故隐患排查和危险源管控等。

在施工现场应重点检查施工危险源部位,特别是风险等级为重大风险的危险源的管控:

①基坑开挖的边坡要求、基坑降水、边坡支护和基坑上沿的排水、堆土情况。

②降水期间对基坑边坡及周边影响建筑的安全监测情况。

③建筑物在建设期间和建成后的沉降、位移观测情况。

④起重吊装设备制动、限位装置及设备安装(作业)基础、距边坡安全距离、吊装过程等情况。

⑤脚手架搭设基础、杆件的完好性、杆件连接及拆除活动。

⑥危险源部位警示标志、风险告知信息、管控措施的落实情况。

⑦施工用电的电缆铺设和用电保护情况。

⑧高处作业安全防护情况。

⑨消防设备的配备情况等。

项目法人对检查出的问题应建立安全生产检查台账,督促责任单位落实整改闭环。

4.4.4 安全生产管理文件依据

(1)《中华人民共和国安全生产法》(2021 年修订版)。

(2)《建设工程安全生产管理条例》(国务院令第 393 号发布)。

(3)《生产安全事故报告和调查处理条例》(国务院令第 493 号发布)。

(4)《生产安全事故应急条例》(国务院令第 708 号发布)。

(5)《水利工程建设安全生产管理规定》(水利部令第 26 号发布,2014 年、2017 年、2019 年修正)。

(6)《水利部关于开展水利安全风险分级管控的指导意见》(水监督〔2018〕323 号)。

(7)《水利工程项目法人安全生产标准化评审标准》(办安监〔2018〕52 号)。

(8)《水利水电工程施工危险源辨识与风险评价导则(试行)》(办监督函〔2018〕1693 号)。

(9)《水利部办公厅关于印发水利工程生产安全重大事故隐患清单指南(2021 年版)的通知》(办监督〔2021〕364 号)。

(10)《水利部关于进一步做好在建水利工程安全度汛工作的通知》(水建设〔2022〕99 号)。

(11)《构建水利安全生产风险管控"六项机制"的实施意见》(水监督〔2022〕309 号)。

(12)《企业安全生产费用提取和使用管理办法》(财资〔2022〕136 号)。

(13)《山东省安全生产条例》(山东省人民代表大会常务委员会公告第 185 号,2021 年修订)。

(14)《山东省生产安全事故报告和调查处理办法》(山东省人民政府令第 236 号发布,2021 年、2022 年修正)。

(15)《山东省生产经营单位安全生产主体责任规定》(山东省人民政府令第 260 号发布,2016 年、2018 年修订)。

(16)《山东省安全生产风险管控办法》(山东省人民政府令第 331 号发布)。

(17)《山东省生产安全事故应急办法》(山东省人民政府令第 341 号发布)。

(18)《山东省生产安全事故隐患排查治理办法》(山东省人民政府令第 347 号发布)。

(19)《山东省水利工程建设项目法人管理办法》(鲁水规字〔2021〕14 号)。

(20)《山东省水利厅关于推进水利安全生产"五体系"建设的通知》(鲁水监督函字

〔2021〕101 号）。

（21）《水利水电工程施工安全管理导则》（SL 721—2015）。

（22）《水利安全生产标准化通用规范》（SL/T 789—2019）。

（23）《建筑施工企业安全生产风险分级管控体系实施指南》（DB37/T 3134—2018）。

（24）《建筑施工企业生产安全事故隐患排查治理体系实施指南》（DB37/T 3135—2018）。

4.5　合同管理

4.5.1　项目法人合同管理职责

（1）严格按照国家有关规定及标准合同示范文本签订工程建设合同。

（2）按合同规定履行项目法人的责任与义务，并对参建单位合同履行进行监督、管理与协调。

（3）建立、健全合同管理制度与合同档案管理制度，明确合同管理责任，保证合同档案的完整性。

（4）在合同条件发生变化时，应按合同规定的变更程序及时办理变更确认手续。

（5）按合同规定审核支付条件，按程序办理合同价款支付手续。

（6）合同履行完成后，组织合同履约验收。

4.5.2　合同管理工作内容

4.5.2.1　合同履行

在合同履行过程中，项目法人与签订合同的相对方均应遵循诚实信用的原则，严格遵守合同约定，全面履行合同中规定的责任和义务。

项目法人应成立专门的合同管理部门，安排专人负责合同管理。合同管理的工作内容包括：

（1）建立合同管理制度，包括合同变更管理、合同索赔管理、合同价款支付管理办法等管理制度。

（2）建立合同管理台账，审核合同和监督合同的履行情况，收集并及时将合同履行情况的信息反馈给相关责任人。

（3）分析合同风险，应重点关注合同价款的支付条件、合同变更程序、索赔条件、质量和安全目标等，控制合同风险在可控范围，避免违约。

4.5.2.2　合同变更

1. 合同变更的情形

（1）取消合同中任何一项工作，但被取消的工作不能转由发包人或其他人实施。

（2）为完成工程需要在合同中追加的额外工作。

（3）改变合同中任何一项工作的质量要求或其他特性，包括合同工程质量标准、付款条件、施工环境及对合同其他条款的修改补充等。

2. 合同变更程序

合同变更并非取消原合同,而是在原合同的基础上对其中某些事项做出修改,原合同双方可采取签订补充协议的方式,对修改的内容针对双方责任、权利做出相应的约定,原合同中相应修改的部分按补充协议执行,未变更的部分依然有效。

4.5.2.3　合同索赔

合同索赔是合同赋予双方的一项正当权利。在合同履行过程中,因责任方履约不到位或不及时,对合同相对方造成实际损失,合同当事人依据合同及法律规定,向责任方提出补偿请求。

遇到索赔事件时,应以合同为依据公平处理合同双方的利益纠纷。双方应站在公正的立场上正确对待索赔,不回避、不掩盖,同时在索赔中坚持程序合理、依据充分、计算准确。

1. 合同索赔的原因

(1)合同对方违约,不履行或未能正确履行合同的义务与责任。发包人违约情形包括未能及时提供场地、未能按合同付款、未经验收发包人允许占用工程或提前使用工程等;承包人违约情形包括使用不合格材料或工程设备、工程质量不达标、未完成约定的工程内容、工期延误等。

(2)合同变更。包括对合同工期、工程质量、工程内容及数量提出了新的要求和标准等。

(3)合同条件发生变化。包括法律、物价和自然条件变化等,常见情形包括地质条件发生变化或与设计不一致、遇到设计图纸或发包人未提供说明的地下管线、构筑物等。

(4)施工过程中遭遇不可抗力,包括:重大的台风、凶猛的洪水、蝗灾、风暴等重大的自然灾害;政府行为,征收、征用等;罢工、武装冲突等重大的社会异常事件。

(5)法律、货币及汇率变化引起的索赔。

(6)其他原因。

2. 避免或减少工程索赔的主要措施

(1)认真掌握和熟悉工程合同文件,随时关注可能引起索赔的环节,加强预控和预防索赔的管理,努力消除可能导致合同纠纷和索赔事件发生的因素。

(2)在合同条款中,力求索赔概念清晰,合同索赔及争议处理方式明确。

(3)按合同规定及时提供各种条件,创造良好的施工环境。

(4)招标时设计深度达到施工要求,尽量避免或减少合同变更。

(5)采取工程保险降低自然灾害造成的损失。

4.5.2.4　合同终止

承包人已将合同工程全部移交给发包人,且缺陷责任期满,发包人或被授权的监理人已颁发质量缺陷责任终止证书,合同双方均未遗留按合同规定应履行的义务时,合同自然终止。

其他解除合同的事由应在合同中约定,解除合同的事由发生时,双方协商一致,可以解除合同:

(1)因不可抗力致使不能实现合同目的。

(2)在履行期限届满前,合同当事人一方明确表示或者以自己的行为表明不履行主要债务。

(3)合同当事人一方迟延履行主要债务,经催告后在合理期限内仍未履行。

(4)合同当事人一方迟延履行债务或者有其他违约行为致使不能实现合同目的。

(5)法律规定的其他情形。

合同解除后,尚未履行的,中止履行;已经履行的,依据履行情况和合同性质,合同当事人可以要求恢复原状、采取其他补救措施,并有权要求赔偿损失。

合同中权利义务关系的终止,不影响合同中结算和清理条款的效力。

4.5.3　工作指导

(1)项目法人与设计、监理、工程承包等单位建立的是合同关系,各方面应以合同为核心,同时建立密切、顺畅的协调制度,及时有效地研究解决合同履行中有关问题,保证规范履约、全面履约。

(2)项目法人应建立合同管理台账,定期统计合同完成情况,包括合同进度、合同付款等,并定期分析合同价是否突破批复概算,阶段性的概算结余、工程进度、资金需求等情况,使合同管理处于可控状态。

(3)合同履行过程中要注意违法分包的情况,未经项目法人同意,承包人不得分包。主体工程不得进行分包,对于允许的分包必须依法签订规范的分包合同。

(4)掌握合同中暂列金额和暂估价的处理方式。

①暂列金额。是指招标人在工程量清单中暂定并包括在合同价款中的一笔款项,主要用于施工合同签订时尚未确定或者不可预见的所需材料、设备、服务的采购。

暂列金额是项目法人列入施工合同中的备用金,主要是应对施工过程中可能发生的工程变更、合同约定调整因素出现时的工程价款调整及发生的索赔、现场签证确认等的费用。

处理方式:工程完工结算时,工程量清单中的暂列金额一项不再保留,如果项目施工没有变更增加、人材机调增等费用的话,那么暂列金额的费用由建设单位收回;如果有以上费用增加,承包人根据实际发生报监理人审核后,报发包人批准后占用暂列金额。

②暂估价。是指发包人在工程量清单或预算书中提供的用于支付必然发生但暂时不能确定价格的材料、工程设备的单价、专业工程及服务工作的金额。招标文件中暂估价是由招标人在招标文件中暂时估定的工程、货物、服务的金额。

暂估价项目处理方式:发包人在工程量清单中给定暂估价的材料、工程设备和专业工程属于依法必须招标的范围并达到规定的规模标准的,若承包人不具备承担暂估价项目的能力或具备承担暂估价项目的能力但明确不参与投标的,由发包人和承包人组织招标;若承包人具备承担暂估价项目的能力且明确参与投标的,由发包人组织招标。暂估价项目中标金额与工程量清单中所列金额差及相应的税金等其他费用列入合同价。

发包人在工程量清单中给定暂估价的材料和工程设备不属于依法必须招标的范围或未达到规定的规模标准的,应由承包人按合同约定提供。经监理人确认的材料、工程设备的价格与工程量清单中所列的暂估价的金额差及相应的税金等其他费用列入合同价格。

发包人在工程量清单中给定暂估价的专业工程不属于依法必须招标的范围或未达到规定的规模标准的,由监理人按照合同变更估价原则进行估价,但专用合同条款另有约定的除外。经估价的专业工程与工程量清单中所列的暂估价的金额差及相应的税金等其他费用列入合同价格。

(5)在合同管理过程中,项目法人应加强对参建单位合同履约情况的检查和评价,对检查发现的问题,可通过责令整改、约谈、通报、停工整改、追究经济责任、解除合同、向相关主管部门提出责任追究建议等方式,对参建单位进行追究问责。

4.5.4 合同管理文件依据

(1)《中华人民共和国民法典》(主席令第45号发布)。

(2)《关于印发〈标准设备采购招标文件〉等五个标准招标文件的通知》(发改法规〔2017〕1606号)。

(3)《关于印发简明标准施工招标文件和标准设计施工总承包招标文件的通知》(发改法规〔2011〕3018号)。

(4)《关于印发水利水电工程标准施工招标资格预审文件和水利水电工程标准施工招标文件的通知》(水建管〔2009〕629号)。

4.6 设计变更

4.6.1 设计变更分类

设计变更是自水利工程初步设计批准之日起至工程竣工验收交付使用之日止,对已批准的初步设计所进行的修改活动。依据《水利工程设计变更管理暂行办法》(水规计〔2020〕283号),设计变更分为重大设计变更和一般设计变更(见附录C-1)。

(1)重大设计变更。工程建设过程中,对初步设计批复的有关建设任务和内容进行调整,导致工程任务、规模、工程等级及设计标准发生变化,工程总体布置方案、主要建筑物布置及结构形式、重要机电与金属结构设备、施工组织设计方案等发生重大变化,对工程质量、安全、工期、投资、效益、环境和运行管理等产生重大影响的设计变更。

(2)一般设计变更。重大设计变更以外的其他设计变更,包括但不限于:水利枢纽工程中次要建筑物的布置、结构形式、基础处理方案及施工方案变化;堤防和河道治理工程的局部变化;灌区和引调水工程中支渠(线)及以下工程的局部线路调整、局部基础处理方案变化,次要建筑物的布置、结构形式和施工组织设计变化;一般机电设备及金属结构设备形式变化;附属建设内容变化等。

4.6.2 设计变更工作内容

4.6.2.1 设计变更文件编制

工程勘察、设计文件的变更,应委托原勘察、设计单位进行。经原勘察、设计单位书面同意,项目法人也可以委托其他具有相应资质的勘察、设计单位进行修改。修改单位对修改的勘察、设计文件承担相应责任。

涉及其他地区和行业的水利工程设计变更，必须事先征求有关地区和部门的意见。

重大设计变更文件编制的设计深度应当满足初步设计阶段的技术标准的要求，有条件的可按施工图设计阶段的设计深度进行编制。

4.6.2.2　设计变更实施

1. 设计变更提出

在建设过程中，施工、监理及项目法人等单位均可提出设计变更建议，项目法人应当对设计变更建议及理由进行评估，必要时可以组织勘察设计单位、施工单位、监理单位及有关专家对设计变更建议进行技术、经济论证。

2. 重大设计变更审批

重大设计变更文件，由项目法人按原报审程序报原初步设计审批部门审批。

3. 一般设计变更审批

一般设计变更文件由项目法人组织审查确认后实施，并报项目主管部门核备，必要时报项目主管部门审批。设计变更文件批准后由项目法人负责组织实施。

4. 特殊情况、重大设计变更的处理

(1)对需要进行紧急抢险的工程设计变更，项目法人可先组织进行紧急抢险处理，同时通报项目主管部门，并办理设计变更审批手续，并附相关的影像资料说明紧急抢险的情形。

(2)若工程在施工过程中不能停工，或不继续施工会造成安全事故或重大质量事故的，经项目法人、监理单位同意并签字认可后即可施工，但项目法人应将情况在 5 个工作日内报告项目主管部门备案，同时办理设计变更审批手续。

4.6.3　工作指导

(1)项目竣工验收时应当全面检查竣工项目是否符合批准的设计文件要求，未经批准的设计变更文件不得作为竣工验收的依据。

(2)设计变更往往会涉及对概算的调整，因此项目法人委托设计单位编制设计变更文件时，应同时编制设计变更项目的概算，并与已批复的概算作对比增减说明。

(3)如设计变更项目为合同内项目，设计变更批复后，项目法人可按以下程序实施变更(仅供参考)：

①项目法人将批准的设计变更文件交监理单位。

②监理单位向施工单位签发设计变更文件，并发出变更指示(格式按水利工程施工监理规范相关格式要求，下同)，要求施工单位提报变更项目的施工方案和变更报价。

③施工单位根据变更指示要求，编制变更实施方案和变更项目价格，向监理单位申报“变更申报表”和“变更项目价格申报表”。除合同条款另有约定外，因变更引起的价格调整按下列方式处理：

a. 已标价工程量清单中有适用于变更工作的子目的，采用该子目的单价。

b. 已标价工程量清单中无适用于变更工作的子目，但有类似子目的，可在合理范围内参照类似子目的单价，由监理人按合同约定商定或确定变更工作的单价。

c. 已标价工程量清单中无适用或类似子目的单价，可按照成本加利润的原则，由监理人按合同约定商定或确定变更工作的单价。

④监理单位对“变更申报表”进行审核，签署对施工方案审核批复意见；对“变更项目价格申报表”审核后，出具“变更项目价格审核表”报项目法人。

⑤项目法人收到“变更项目价格审核表”后，经项目法人、监理、施工单位三方协商一致，签发《变更项目价格/工期确认单》；如项目法人和施工单位未能就变更项目价格和工期协调一致，监理单位可确定暂定价格在进度款中暂定支付，后续事宜按合同约定执行。

⑥确认增(减)的变更价款与工程进度款同期支付。

(4)工程项目因设计变更原因或据实计量中，可能会引起合同内工程量清单项目发生关键项目实际工程量超过(减少)其工程总量的一定数量百分比情况，项目法人应考虑签订合同时在专用条款中约定关键项目和关键项目工程量变化幅度及由此引起的价格调整方式。

(5)如变更项目为新增项目，已达到国家规定招标规模的应按招标相关规定组织实施。

(6)项目法人负责工程设计变更文件的归档工作。

4.6.4 设计变更管理文件依据

(1)《水利工程设计变更管理暂行办法》(水规计〔2020〕283 号)。

(2)《水利工程施工监理规范》(SL 288—2014)。

4.7 工程档案管理

4.7.1 项目法人档案管理职责

项目法人对项目档案工作负总责，实行统一管理、统一制度、统一标准；业务上接受档案主管部门和上级主管部门的监督检查和指导。项目法人主要职责包括：

(1)贯彻执行档案工作的法律法规和方针政策，明确档案工作的分管领导，设立或明确与工程建设管理相适应的档案管理机构；建立档案管理机构牵头，工程建设管理相关部门和参建单位参与、权责清晰的项目档案管理工作网络。

(2)制定项目文件管理和档案管理相关制度，包括档案管理办法、档案分类大纲及方案、项目文件归档范围和档案保管期限表、档案整编细则等。

(3)在招标文件中明确项目文件管理要求。与参建单位签订合同、协议时，设立专门章节或条款，明确项目文件管理责任，包括文件形成的质量要求、归档范围、归档时间、归档套数、整理标准、介质、格式、费用及违约责任等内容。监理合同条款明确监理单位对所监理项目的文件和档案的检查、审查责任。

(4)建立项目文件管理和归档考核机制，对项目文件的形成与收集、整理与归档等情况进行考核。对参建单位进行合同履约考核时，对项目文件管理条款的履约情况做出评价；在合同款完工结算、支付审批时，应审查项目文件归档情况，并将项目文件是否按要求管理和归档作为合同款支付的前提条件。将项目档案信息化纳入项目管理信息化建设，统筹规划、同步实施。

（5）做好本单位档案文件的形成、整理和归档工作，对其他参建单位的档案管理工作进行检查指导。

（6）对档案主管部门和上级主管部门在项目档案监督检查工作中发现的问题及时整改落实，对检查发现的档案安全隐患应及时采取补救措施予以消除。

4.7.2　档案管理工作内容

4.7.2.1　设立档案管理机构，健全档案管理网络

项目法人应根据档案管理要求，结合项目规模，内设档案管理机构（或明确档案管理部门），明确对档案工作的分管领导，配备档案管理人员。工程开工后，要求各参建单位都要对应明确档案分管负责人，配备与工作量相匹配的专（兼）职档案工作的工作人员，形成档案工作统一领导、分级负责的档案管理网络。项目法人档案管理机构职责主要包括：

（1）组织协调工程建设管理相关部门和参建单位实施项目档案管理相关制度。

（2）制订项目档案工作方案，对参建单位进行项目文件管理和归档交底。

（3）监督、指导档案文件的形成、收集、整改和归档工作。

（4）组织开展档案业务培训。

（5）参加工程建设重要会议、重大活动、重要设备开箱验收、专项及阶段性检查和验收。

（6）项目文件归档的完整性和整理的规范性、系统性。

（7）负责项目档案的接收、保管、统计、编研、利用和移交等工作。

4.7.2.2　项目文件管理与归档

（1）项目法人与参建单位均应建设与档案工作任务相适应、符合规范要求的档案库房。档案库房应根据需要配备密闭五节柜、密集架、防磁柜等档案装具，配备温、湿度监测调控等设备，安装全封闭防火防盗门窗、遮光阻燃窗帘、防护栏等防护设施；配备消防系统，并根据档案载体选择洁净气体、惰性气体或高压细水雾灭火设备；做好防盗、防水、防潮、防有害生物等防护措施。确保档案实体安全和信息安全。

（2）在工程开工后，项目法人应按照《水利工程建设项目文件归档范围和档案保管期限表》（见附录 D-1），结合建设项目实际情况，制定项目档案整编分类方案和整编细则。

项目法人和参建单位均应根据项目档案统一整编要求做好各自档案的整理和归档，项目组卷及排列可参照《建设项目档案管理规范》（DA/T 28—2018）；案卷装订、卷盒、表格规格及制成材料应符合《科学技术档案案卷构成的一般要求》（GB/T 11822—2008）；数码照片文件整理可参照《数码照片归档与管理规范》（DA/T 50—2014）；录音录像文件整理可参照《录音录像档案管理规范》（DA/T 78—2019）。

（3）项目文件内容必须真实、准确，与工程实际相符；应格式规范、文字清晰、页面整洁、编号规范、签字及盖章完善，满足耐久性要求。

（4）归档的项目文件应为原件。因故使用复制件归档时，复制件应加盖单位公章或

档案证明章,确保与原件一致,并在备考表中备注原件缺失原因。

(5)项目档案如包含电子文件内容,项目法人应结合工程建设实际情况,确定项目电子文件的归档范围。电子文件整理应按照国家有关规定及《电子文件归档与电子档案管理规范》(GB/T 18894—2016)等标准开展电子文件与档案管理工作。

(6)项目法人与参建单位按照职责分工,分别组织对归档文件进行质量审查:

①施工文件、设备采购制造文件组卷、整理完毕并自查后,依次由监理单位、项目法人工程建设管理部门、档案管理部门进行审查。

②信息系统文件组卷、整理完毕并自查后,依次由监理单位、项目法人信息化管理部门、档案管理部门进行审查。

③监理文件、(总)承包单位项目文件和第三方检测文件组卷、整理完毕并自查后,依次由项目法人工程建设管理部门、档案管理部门进行审查。

④项目法人各部门文件依次由部门负责人、档案管理部门进行审查。

4.7.2.3 档案验收

项目档案专项验收按照水利部《水利工程建设项目档案验收管理办法》附件“水利工程建设项目档案验收评分标准”(见附录 D-2)进行。凡是档案内容与质量达不到要求的水利工程建设项目,不得通过档案验收;未通过档案验收或档案验收不合格的,不得进行或通过竣工验收。

4.7.2.4 档案移交

(1)参建单位应在所承担项目合同验收后 3 个月内向项目法人办理档案移交,并配合项目法人完成项目档案专项验收相关工作。

(2)项目法人应在水利工程建设项目竣工验收后半年内向运行管理单位及其他有关单位办理档案移交。

(3)项目档案移交时,应填写“水利工程建设项目档案交接单”,编制档案交接清单,包括档案移交的内容、数量、图纸张数等,经双方清点无误后办理交接手续。

(4)停、缓建的水利工程建设项目,项目档案由项目法人负责保存。项目法人撤销的,应向项目主管部门或有关档案机构办理档案移交。

4.7.3 工作指导

(1)项目法人与参建单位应保障档案工作经费,满足档案文件收集、整理、归档、档案库房、信息化及服务外包等工作需要。

(2)为保持项目文件资料的连续性,档案管理人员在工程建设期间应保持稳定,非必要不得更换,确需变动的,必须与调整后的档案管理人员做好项目文件交接手续。

(3)项目建设过程中的重要活动及事件,原始地形地貌,工程形象进度,隐蔽工程,关键节点工序,重要部位,地质、施工及设备缺陷处理,工程质量或安全事故,重要芯样,工程验收等,应形成照片和音视频文件。

(4)工程完工后,项目法人应负责组织或委托有资质的单位编制工程总平面图和安全管理竣工图。

(5)为保持项目文件归档的规范性,特别是项目参建单位较多的情况下,相关参建单位档案文件整理完毕后，项目法人也可组织进行统一档案装订，保证案卷目录、档案盒内封皮、档案盒外封皮、脊背等格式统一。

4.7.4　档案管理文件依据

(1)《水利工程建设项目档案验收办法》(水办〔2023〕132 号)。

(2)《水利档案工作规定》(水办〔2020〕195 号)。

(3)《水利工程建设项目档案管理规定》(水办〔2021〕200 号)。

(4)《科学技术档案案卷构成的一般要求》(GB/T 1182—2008)。

(5)《电子文件归档与电子档案管理规范》(GB/T 18894—2016)。

(6)《建设项目档案管理规范》(DA/T 28—2018)。

4.8　环境保护与水土保持管理

4.8.1　环境保护管理工作内容

4.8.1.1　环境影响评价及审批

1. 环境影响评价分类及审批

项目法人根据建设项目特征和所在区域的环境敏感程度，综合考虑建设项目可能对环境产生的影响，按照环境影响评价分类管理相关规定，组织编制环境影响报告书、环境影响报告表或者填报环境影响登记表。

项目法人应在开工建设前将环境影响报告书、环境影响报告表报环境保护行政主管部门审批。填报环境影响登记表的建设项目，应报建设项目所在地县级环境保护行政主管部门备案。

2. 环境影响评价公众参与

除国家规定需要保密的情形外，对环境可能造成重大影响、应当编制环境影响报告书的建设项目，建设单位应当在报批建设项目环境影响报告书前，按照《环境影响评价公众参与办法》(生态环境部令第 4 号)等相关规定，开展环境影响评价公众参与，编制公众参与说明。建设单位向生态环境主管部门报批环境影响报告书时，应当附具公众参与说明。

3. 重新报批与重新审核情形

建设项目的环境影响评价文件经批准后，建设项目的性质、规模、地点、采用的生产工艺或者防治污染、防止生态破坏的措施发生重大变动的，建设单位应当重新报批建设项目的环境影响评价文件。不属于重大变动的纳入竣工环境保护验收管理。重大变动的判定主要依据生态环境部门发布的建设项目重大变动清单等相关文件。

建设项目的环境影响评价文件自批准之日起超过 5 年，方决定该项目开工建设的，其环境影响评价文件应当报原审批部门重新审核。

4.8.1.2　环境保护设施建设及措施

建设项目需要配套建设的环境保护设施，必须与主体工程同时设计、同时施工、同时投产使用。

项目法人应当将环境保护设施建设纳入施工合同，保证环境保护设施建设进度和资金，并在项目建设过程中同时组织实施环境影响报告书、环境影响报告表及其审批部门审批决定中提出的环境保护对策措施。

编制环境影响报告书的建设项目，项目法人应定期对环境保护设施运行情况、生态保护措施落实情况和建设项目对生态环境的影响进行监测分析。施工期环境影响较大的水利工程建设项目，项目法人应开展建设项目环境监理工作。

4.8.1.3 环境保护设施验收

对于编制环境影响报告书(表)的项目，建设项目竣工后应组织开展环境保护设施竣工验收(环境保护验收相关工作见本书 5.3.2 环境保护验收)。

4.8.2 水土保持管理工作内容

4.8.2.1 水土保持方案及审批

水土保持方案报告书和报告表应当在项目开工前报水行政主管部门(或其他审批部门)审批，其中对水土保持方案报告表、已实施水土保持区域评估范围内或者开发区内的生产建设项目提交承诺制审查。

4.8.2.2 水土保持设施的建设

1. 严格执行水土保持法律法规和有关制度

项目法人是水土流失防治的责任主体，要严格执行水土保持法律法规和有关制度要求，将水土保持纳入工程建设管理体系，确保水土保持措施与主体工程同时设计、同时施工、同时投产使用。

项目法人应当在施工招投标文件和施工合同中明确水土保持设施的内容、质量和进度要求。

2. 开展水土保持监测工作

编制水土保持方案报告书的项目，项目法人应当自行或者委托具备相应技术条件的机构开展水土保持监测工作。水土保持监测单位根据监测情况，在监测季报和总结报告等监测成果中提出“绿黄红”三色评价结论。项目法人要根据水土保持监测成果和三色评价结论，不断优化水土保持设计，加强施工组织管理，对监测发现的问题建立台账，及时组织有关参建单位采取整改措施，有效控制新增水土流失。

建设单位应在主体工程开工 1 个月内向相关水行政主管部门报送水土保持监测实施方案；每季度第一个月底前报送上一季度水土保持监测季度报告；工期 3 年以上的项目，应每年 1 月底前报送上一年度监测报告，监测年度报告宜与第四季度报告结合上报；水土流失危害事件发生后 7 日内报送水土流失危害事件报告；监测工作完成后 3 个月内报送水土保持监测总结报告。

3. 开展水土保持监理工作

凡主体工程开展监理工作的项目，应当按照水土保持监理标准和规范开展水土保持工程施工监理。其中，征占地面积在 20 hm^2 以上或者挖填土石方总量在 20 万 m^3 以上的项目，应当配备具有水土保持专业监理资格的工程师；征占地面积在 200 hm^2 以上或者挖填土石方总量在 200 万 m^3 以上的项目，应当由具有水土保持工程施工监理专业资质的单位承担监理任务。

4. 水土保持变更管理

水土保持方案经批准后，如生产建设项目地点、规模发生重大变化，有下列情形之一的，生产建设单位应当补充或者修改水土保持方案，报原审批部门审批。

(1)涉及国家级和省级水土流失重点预防区或者重点治理区。

(2)水土流失防治责任范围增加30%以上的。

(3)开挖填筑土石方总量增加30%以上的。

(4)线型工程山区、丘陵区部分横向位移超过300 m的长度累计达到该部分线路长度的20%以上的。

(5)施工道路或者伴行道路等长度增加20%以上的。

(6)桥梁改路堤或者隧道改路堑累计长度20 km以上的。

水土保持方案实施过程中，水土保持措施发生下列重大变更之一的，生产建设单位应当补充或者修改水土保持方案，报原审批部门审批：

(1)表土剥离量减少30%以上的。

(2)植物措施总面积减少30%以上的。

(3)水土保持重要单位工程措施体系发生变化，可能导致水土保持功能显著降低或丧失的。

在水土保持方案确定的废弃砂、石、土、矸石、尾矿、废渣等专门存放地（简称“弃渣场”）外新设弃渣场的，或者需要提高弃渣场堆渣量达到20%以上的，生产建设单位应当在弃渣前编制水土保持方案（弃渣场补充）报告书，报原审批部门审批。

其中，新设弃渣场占地面积不足1 hm^2且最大堆渣高度不高于10 m的，生产建设单位可先征得所在地县级人民政府水行政主管部门同意，并纳入验收管理。

4.8.2.3 水土保持设施验收

对于编制生产建设项目水土保持报告书的项目，水土保持设施建设完成后，应进行水土保持设施竣工验收（水土保持验收相关工作见本书5.3.1）。

4.8.3 工作指导

4.8.3.1 项目法人在环境保护中的主要管理工作

(1)建立健全环境保护组织管理机构，制定环境保护管理制度，监督和检查各参建单位环境保护管理体系，督促各单位遵守环境保护相关规定，做好环境保护工作。

(2)做好环境设施的维护和运行管理，保障环境保护设施正常、有效运行，预防污染事故及其他突发性环境事件发生。

(3)积极配合环境保护行政主管部门的监督管理工作。

(4)按照有关规定，组织建设项目竣工环境保护设施验收。

4.8.3.2 项目法人在水土保持中的主要管理工作

(1)依据批准的水土保持方案与主体工程同步开展水土保持初步设计和施工图设计，按程序与主体工程设计一并报经有关部门审核，作为水土保持措施实施的依据。

(2)加强对施工单位的管理，在招标投标文件和施工合同中明确施工单位的水土保持责任,强化奖惩制度,规范施工行为和水土保持设施施工。

(3)编制水土保持方案报告书的项目,应当公开建设项目水土保持监测成果。在工程建设期间,项目法人在工程建设期间将水土保持监测季报在其官方网站公开,同时在项目法人项目部和施工项目部公开。

(4)按规定缴纳水土保持补偿费。根据《山东省水土保持补偿费征收使用管理办法》(鲁财税〔2020〕17 号)相关规定,开办一般性生产建设项目的,缴纳义务人应当根据《财政部关于水土保持补偿费等四项非税收入划转税务部门征收的通知》(财税〔2020〕58 号)规定,在项目开工前一次性缴纳水土保持补偿费,水土保持补偿费划转至税务部门征收。其征收范围、对象、标准、分成、使用等政策继续按照现行规定执行。

水土保持补偿费也是水土保持专项验收的一项必需条件,应引起项目法人足够重视。此外,根据文件规定,属于以下情形的免征水土保持补偿费:

①建设学校、医院、幼儿园、养老服务设施、孤儿院、福利院等公益性非营利项目的。

②农民依法利用农村集体土地新建、翻建自用住房的。

③按照相关规划开展小型农田水利建设、田间土地整治建设和农村集中供水工程建设的。

④建设公共租赁住房、棚户区改造、农村危房改造等保障性安居工程的;建设面向城市及社会公众提供公共服务的市政供水、排水与污水处理、黑臭水体整治、城市生活垃圾处理、园林绿化等市政生态环境保护基础设施项目的。

⑤建设军事设施的。

⑥按照水土保持规划开展水土流失治理活动的。

⑦依据法律、行政法规和国务院规定免征水土保持补偿费的。

(5)水土保持问题责任追究。在《水利部办公厅关于印发生产建设项目水土保持问题分类和责任追究标准的通知》(办水保函〔2020〕564 号)中,列出了生产建设项目水土保持工作中 40 个违规问题,并根据违法违规问题数量规定了约谈、通报等责任追究措施,项目法人在建设过程中应杜绝产生违规行为。

4.8.4 环境保护与水土保持管理文件依据

(1)《中华人民共和国环境保护法》(主席令第 22 号发布,2014 年修订)。

(2)《建设项目环境保护管理条例》(国务院令第 253 号,2017 年修订)。

(3)《山东省环境保护条例》(山东省人民代表大会常务委员会公告第 41 号发布,2018 年修正)。

(4)《中华人民共和国水土保持法》(主席令第 49 号发布,2010 年修订)。

(5)《水利部生产建设项目水土保持方案变更管理规定(试行)》(办水保〔2016〕65 号)。

(6)《水利部关于加强事中事后监管规范生产建设项目水土保持设施自主验收的通知》(水保〔2017〕365 号)。

(7)《水利部关于进一步深化"放管服"改革全面加强水土保持监管的意见》(水保〔2019〕160 号)。

(8)《水利部关于印发生产建设项目水土保持监督管理办法的通知》(办水保〔2019〕172 号)。

(9)《水利部办公厅关于加强水利建设项目水土保持工作的通知》(办水保〔2021〕143 号)。

(10)《水利部办公厅关于实施生产建设项目水土保持信用监管“两单”制度的通知》(办水保〔2020〕157 号)。

(11)《水利部办公厅关于进一步加强生产建设项目水土保持监测工作的通知》(办水保〔2020〕161 号)。

(12)《水利部办公厅关于进一步优化开发区内生产建设项目水土保持管理工作的意见》(办水保〔2020〕235 号)。

(13)《水利部办公厅关于印发生产建设项目水土保持问题分类和责任追究标准的通知》(办水保函〔2020〕564 号)。

(14)《水土保持补偿费征收使用管理办法》(财综〔2014〕8 号)。

(15)《财政部关于水土保持补偿费等四项非税收入划转税务部门征收的通知》(财税〔2020〕58 号)。

(16)《国家税务总局关于水土保持补偿费等政府非税收入项目征管职责划转有关事项的公告》(国家税务总局第 21 号)。

(17)《山东省水土保持条例》(山东省人民代表大会常务委员会公告第 47 号公布,2017 年修正)。

(18)《山东省生产建设项目水土保持方案编报审批管理办法》(鲁水规字〔2020〕4 号)。

(19)《山东省水土保持技术服务评价管理办法(试行)》(鲁水规字〔2021〕10 号)。

(20)《山东省水利厅关于规范生产建设项目水土保持承诺制审批工作的通知》(鲁水规字〔2022〕8 号)。

(21)《山东省水土保持补偿费征收使用管理办法》(鲁财税〔2020〕17 号)。

4.9　工程资金管理

4.9.1　工程进度款管理

4.9.1.1　工程预付款支付与管理

工程预付款又称材料备料款或材料预付款。它是发包人为了帮助承包人解决工程施工前期资金紧张的困难而提前给付的一笔款项。工程是否实行预付款,取决于工程性质、承包工程量的大小及发包人在招标文件中的规定。根据《建设工程价款结算暂行办法》(财建〔2004〕369 号)相关规定,工程预付款支付应符合以下规定:

(1)包工包料工程的预付款按合同约定拨付,原则上预付比例不低于合同金额的 10%,不高于合同金额的 30%,对重大工程项目,按年度工程计划逐年预付。计价执行《建设工程工程量清单计价规范》(GB 50500-2013)的工程,实体性消耗和非实体性消耗部分应在合同中分别约定预付款比例。

(2)在具备施工条件的前提下,发包人应在双方签订合同后的一个月内或不迟于约定的开工日期前的7 d内预付工程款,发包人不按约定预付的,承包人应在预付时间到期后10 d内向发包人发出要求预付的通知,发包人收到通知后仍不按要求预付的,承包人可在发出通知14 d后停止施工,发包人应从约定应付之日起向承包人支付应付款的利息(利率按同期银行贷款利率计),并承担违约责任。

(3)预付的工程款必须在合同中约定抵扣方式,并在工程进度款中进行抵扣。

(4)凡是没有签订合同或不具备施工条件的工程,发包人不得预付工程款,不得以预付款为名转移资金。

(5)项目法人支付时审核要点:

①工程预付款支付应有监理单位总监理工程师签发的工程预付款支付证书。

②施工单位提交有预付款担保并具备有效性。

③施工单位开具的有效收据(如合同约定提交发票的,应提交发票)。

④项目法人单位按财务支付制度规定的审批流程签字完备。

⑤支付申请材料签字齐全,无漏签、代签、涂改等现象。

4.9.1.2 工程进度款支付与管理

1. 进度款支付要求

根据《关于完善建设工程价款结算有关办法的通知》(财建〔2022〕183号)规定,政府机关、事业单位、国有企业建设工程进度款支付应不低于已完成工程价款的80%;同时,在确保不超出工程总概(预)算及工程决(结)算工作顺利开展的前提下,除按合同约定保留不超过工程价款总额3%的质量保证金外,进度款支付比例可由发承包双方根据项目实际情况自行确定。

2. 工程进度款结算方式

(1)按月结算与支付,即实行按月支付进度款,竣工后清算的办法。合同工期在两个年度以上的工程,在年终进行工程盘点,办理年度结算。

(2)分段结算与支付,即当年开工、当年不能竣工的工程按照工程形象进度,划分不同阶段支付工程进度款。具体划分应在合同中予以明确。

3. 工程计量

(1)承包人应当按照合同约定的方法和时间,向发包人提交已完工程量的报告。发包人接到报告后14 d内核实已完工程量,并在核实前一天通知承包人,承包人应提供条件并派人参加核实,承包人收到通知后不参加核实,以发包人核实的工程量作为工程价款支付的依据。发包人不按约定时间通知承包人,致使承包人未能参加核实的,核实结果无效。

(2)发包人收到承包人报告后14 d内未核实完工程量,从第15天起,承包人报告的工程量即视为被确认,作为工程价款支付的依据,双方合同另有约定的,按合同执行。

(3)对承包人超出设计图纸(含设计变更)范围和因承包人原因造成返工的工程量,发包人不予计量。

4. 工程进度款申请与支付

(1)根据确定的工程计量结果,承包人向发包人提出支付工程进度款申请,发包人在 14 d 内向承包人支付工程进度款。按约定时间发包人应扣回的预付款,与工程进度款同期结算抵扣。

(2)发包人超过约定的支付时间不支付工程进度款的,承包人应及时向发包人发出要求付款的通知,发包人收到承包人通知后仍不能按要求付款的,可与承包人协商签订延期付款协议,经承包人同意后可延期支付,协议应明确延期支付的时间和从工程计量结果确认后第 15 天起计算应付款的利息(利率按同期银行贷款利率计)。

(3)发包人不按合同约定支付工程进度款,双方又未达成延期付款协议,导致施工无法进行的,承包人可停止施工,由发包人承担违约责任。

项目法人支付时的审核要点:

(1)承包人提交的工程进度款支付申请及附件。

(2)工程进度款支付应有监理单位总监理工程师签发的工程进度款支付证书。

(3)施工单位开具的有效收据。

(4)施工单位开具的相应数额发票。

(5)项目法人单位按财务支付制度规定的审批流程签字完备。

(6)支付申请材料签字齐全,无漏签、代签、涂改等现象。

4.9.2　工程竣工(合同完工)结算与管理

4.6.2.1　工程竣工结算方式

工程竣工结算分为单位工程竣工结算、单项工程竣工结算和建设项目竣工总结算。

4.6.2.2　工程竣工结算编审

(1)单位工程竣工结算由承包人编制,发包人审查;实行总承包的工程,由具体承包人编制,在总包人审查的基础上,由发包人审查。

(2)单项工程竣工结算或建设项目竣工总结算由总(承)包人编制,发包人可直接进行审查,也可以委托具有相应资质的工程造价咨询机构进行审查。

4.6.2.3　工程竣工结算审查期限

单项工程竣工后,承包人应在提交竣工验收报告的同时,向发包人递交竣工结算报告及完整的结算资料,发包人应按以下规定时限进行核对(审查)并提出审查意见。工程竣工结算报告金额审查时间:

(1)500 万元以下,从接到竣工结算报告和完整的竣工结算资料之日起 20 d。

(2)500 万~2 000 万元,从接到竣工结算报告和完整的竣工结算资料之日起 30 d。

(3)2 000 万~5 000 万元,从接到竣工结算报告和完整的竣工结算资料之日起 45 d。

(4)5 000 万元以上,从接到竣工结算报告和完整的竣工结算资料之日起 60 d。

建设项目竣工总结算在最后一个单项工程竣工结算审查确认后 15 d 内汇总,送发包人后 30 d 内审查完成。

4.9.2.4 工程竣工价款结算程序

1. 结算要求

工程竣工结算应在承包人完成合同约定内容后进行。竣工结算支付比例按合同约定进行,并扣除质量保证金及其他合同约定需扣除的费用。

根据《关于完善建设工程价款结算有关办法的通知》(财建〔2022〕183号)规定,当年开工、当年不能竣工的新开工项目可以推行过程结算。发承包双方通过合同约定,将施工过程按时间或进度节点划分施工周期,对周期内已完成且无争议的工程量(含变更、签证、索赔等)进行价款计算、确认和支付,支付金额不得超出已完工部分对应的批复概(预)算。经双方确认的过程结算文件作为竣工结算文件的组成部分,竣工后原则上不再重复审核。

2. 结算程序

(1)承包人编制结算报告。承包人编制工程竣工(合同完工)结算报告,编制完成后报监理单位。

(2)监理单位审核结算报告。对实行监理的工程项目,监理单位收到承包人申请审核的竣工(合同完工)结算书后,根据施工合同约定及相关计量规范进行审核,审核后出具监理审核文件报项目法人。

(3)项目法人委托工程造价咨询单位(如有)进行造价审核。最终审校值由项目法人、监理单位、承包人、工程造价咨询单位共同签字盖章,出具竣工(合同完工)结算审核报告。

(4)监理单位根据最终审定值签发最终结清证书报项目法人。

3. 审核要点

项目法人按工程款支付审批办法相关规定进行审核批准,审核要点包括:

(1)承包人提交的最终结清申请单及附件。

(2)监理单位总监理工程师签发的工程最终结清证书(含造价咨询报告,如有)。

(3)承包人开具的有效收据。

(4)承包人开具的相应数额发票。

(5)项目法人单位按财务支付制度规定的审批流程签字完备。

(6)支付申请材料签字齐全,无漏签、代签、涂改等现象。

4.9.3 工作指导

4.9.3.1 工程保证金管理

在工程建设中需缴纳的保证金,除依法依规设立的投标保证金、履约保证金、工程质量保证金、农民工工资保证金外,其他保证金一律取消。

保证金缴纳方式包括现金、保函、担保、银行汇票等。推行以保险、保函等替代现金缴纳保证金,减轻企业现金流压力。如果是采用非现金方式,项目法人应查验单据真伪及有效性,有效期应与合同期相符,防止保函过期失效。

(1)投标保证金与合同履约保证金在本书3.3节和3.4节中已有论述。

(2)合同约定方式预留工程质量保证金的,保证金总预留比例不得高于工程价款结算总额的3%。

已经缴纳履约保证金的,进度支付时项目法人不得同时预留工程质量保证金。采用工程质量保证担保、工程质量保险等其他保证方式的,发包人不得再预留保证金。

工程完工验收后,项目法人可以预留质量保证金,也可以要求延长履约保证金期限用于工程质量保修而不再预留质量保证金。

(3)保证金的退还。

①投标保证金退还。项目法人最迟应当在与中标人签订合同后5日内,向中标人和未中标的投标人退还投标保证金及银行同期存款利息。

②履约保证金退还。项目法人应在工程接受证书(竣工证书)颁发后28 d内将履约保证金退还给承包人。

③质量保证金退还。合同工程完工证书颁发后14 d内,项目法人将质量保证金总额的一半支付给承包人,缺陷责任期(工程质量保修期)满时,发包人将在30个工作日内核实后将剩余的质量保证金支付给承包人。

4.9.3.2　工程价款支付管理注意要点

工程款支付是资金管理中的重要环节,项目法人单位管理不严格即容易发生超额支付和欠支付的问题:

(1)超额支付工程款。工程款支付要严格按照合同约定和工程施工进度进行,禁止计量未完项目,在支付进度工程款时严格审核实际已完成工程量,根据合同约定单价和材料及主材价格调整条款核算已完工程造价并支付进度款。

在结算过程中,若发生进度款支付超出实际已完成工程价款的情况,承包单位应按规定在结算后30日内向发包单位返还多收到的工程进度款。

(2)工程款支付不及时。工程施工进行中,需及时审批工程进度款,在支付申请过程中,由于涉及监理审核、造价咨询单位审核(如有委托)、项目法人内部审批等多个环节,由于签批流程复杂,容易造成批复延误,施工方由于缺乏资金周转实施不下去,就会造成停工和工期延误。

(3)不规范外包。某些项目由建设方将某专业或某单位工程直接分包给具备相关专业资质的企业,但未签订专业分包合同或专业分包合同中对工程分包款项的支付约定不明确,造成分包工程款支付意见不统一,给总包施工企业造成管理困难,也增加了结算审计难度。

(4)计量资料不完善。出现较多的问题包括工程量计算中缺少计算依据(施工图纸、标准等)、计算过程等,对监理单位和造价咨询单位带来的审核工作量增大,也造成了时间增长。同时,由于承包方在工程施工期间投入人员较多,在工程完工后进行结算文件编制时,往往人员比较少,也造成了结算进度缓慢,如果在工程进度付款中比较规范地进行了工程量计算,在工程完工结算时则工作效率较高。

4.9.3.3　设计概算中预备费的使用

设计概算中计列的预备费由项目法人在造价编制规定允许范围内使用。预备费的使用由项目法人申请,报项目主管部门审批。

4.9.4　工程资金管理文件依据

(1)《建设工程价款结算暂行办法》(财建〔2004〕369 号)。

(2)《基本建设财务规则》(财政部令第 81 号发布,2017 年修改)。

(3)《基本建设项目建设成本管理规定》(财建〔2016〕504 号)。

(4)《关于切实加强水利资金使用监督管理的意见》(财农〔2012〕22 号)。

(5)《关于完善建设工程价款结算有关办法的通知》(财建〔2022〕183 号)。

(6)《关于印发重大水利工程等 10 个中央预算内涉农投资专项管理办法的通知》(发改农经规〔2019〕2028 号)。

(7)《建设工程质量保证金管理办法》(建质〔2017〕138 号)。

(8)《水利工程造价管理规定》(水建设〔2023〕156 号)。

4.10　农民工工资管理

4.10.1　项目法人农民工工资管理职责

(1)落实施工所需的资金,按规定向施工单位提供工程款支付担保,按照合同约定及时拨付工程款。

(2)监督所实施项目按规定将农民工工资管理纳入农民工工资支付监管平台。

(3)建立保障农民工工资支付协调机制和工资拖欠预防机制。

(4)监督施工单位落实工资保证金制度和农民工工资专用账户制度。

(5)督促施工单位加强劳动用工管理,妥善处理与农民工工资支付相关的矛盾纠纷。

4.10.2　农民工工资管理工作内容

4.10.2.1　农民工工资支付监管平台

新建(扩建、改建)和在建工程建设项目应当纳入农民工工资支付监管平台管理。监管平台将农民工实名制管理、工资专用账户、承包企业委托银行代发工资等制度系统整合,通过政府主管部门、建设单位、承包企业、农民工、银行等各方信息互联互通,实现对在建工程项目工资专用账户、实名制管理信息、银行代发工资等全过程实时监管,对工资支付情况进行监测预警和统计分析。

4.10.2.2　农民工工资专用账户管理

1. 账户开立

农民工工资专用账户指施工总承包单位在工程建设项目所在地银行业金融机构开立的,专项用于支付农民工工资的专用存款账户。总承包单位于工程施工合同签订之日起 30 日内开立专用账户,并与建设单位、开户银行签订《工程建设领域农民工工资专用账户资金管理协议》,实行账户共管。

以联合体方式承包的工程建设项目,联合体合并核算的,专用账户由牵头单位开立,成员单位与牵头单位签订农民工工资委托支付协议;联合体平行独立核算的,可分别开立专用账户。

纳入监管平台管理的工程建设项目,总包单位在专用账户开立后5日内将专用账户信息上传到监管平台;未纳入监管平台管理的项目,总包单位在专用账户开立后30日内报项目所在地专用账户监管部门备案。

符合下列情况之一的工程建设项目,可以免开专用账户:

(1)项目造价(施工合同额)在300万元以下(含)的。

(2)作业工期不超过3个月(含)的。

(3)项目累计农民工人数不足30人的。

免开专用账户的项目,总包单位在工程施工合同签订之日起10日内,向项目所在地专用账户监管部门报送《免开专用账户报告》及遵守建设市场秩序、落实保障农民工资支付制度、按时足额支付工资的《免开专用账户总包单位承诺书》。

2. 人工费用的拨付

建设单位与总包单位订阅书面工程施工合同时,应约定以下事项:

(1)工程款计量周期和工程款进度结算办法。

(2)建设单位拨付人工费用的周期和拨付日期。

(3)人工费用的数额或者占工程款的比例等。

建设单位按约定的人工费用的数额或占工程款的比例(水利工程建设项目不低于12%),于每月10日前将人工费用拨付到总包单位的专用账户,人工费拨付周期不得超过1个月。

3. 农民工工资的支付

总包单位对农民工工资支付负总责,实行分包单位农民工工资委托总包单位代发制度。

总包单位按时将审核后的工资支付表等工资发放资料报开户银行,由开户银行在规定期限内将工资通过专用账户直接支付到农民工本人的银行账户,并在发放后将数据上传到监管平台。

总包应当将专用账户有关资料、用工管理台账妥善保管,至少保存至工程完工且工资全部结清后3年。

建设单位应以工程建设项目为单位建立保障农民工工资支付协调机制和工资拖欠预防机制,督促总包单位加强劳动用工管理,按时支付、代发农民工工资,并妥善处理与农民工工资支付相关的矛盾纠纷。

4. 专用账户的撤销

工程完工、总包单位或开户银行发生变更需要撤销专用账户的,总包单位应在施工现场醒目位置将对应的工程项目无拖欠农民工工资情况按规定公示30日且无异议后,向项目所在地专用账户监管部门提供相关材料,由监管部门审核后通知开户银行取消账户特殊标识,办理专用账户撤销手续,专用账户余额归总包单位所有。

专用账户撤销后仍存在拖欠农民工工资的,由总包单位先行清偿,再依法追偿。

4.10.2.3 农民工工资保证金管理

1. 工资保证金形式

工资保证金是指工程建设领域施工总包单位在银行开立专门账户并按工程施工合同额的一定比例存储，专项用于支付为所承包工程提供劳动的农民工被拖欠工资的专项资金。

工程保证金可以用银行业金融机构出具的银行保函替代，有条件的可以探索引入工程担保公司保函或者工程保证保险。

2. 工资保证金存储

总包单位应在工程建设项目所在地的银行存储工资保证金或者申请开立银行保函。工资保证金按工程建设项目施工合同额（或者年度合同额）的一定比例存储，并按照以下标准进行区分：

合同额在 1 亿元以上（含）的，工资保证金存储比例为 1%，存储金额不超过 500 万元；合同额在 3 000 万元以上（含）至 1 亿元的，工资保证金存储比例为 1.5%，存储金额不超过 100 万元；合同额在 1 000 万元以上（含）至 3 000 万元的，工资保证金存储比例为 2%，存储金额不超过 45 万元；合同额在 1 000 万元以下（不含）的，工资保证金存储比例为 30%，存储金额不超过 20 万元。

总包单位在同一工资保证金管理地区有多个在建工程建设项目的，存储比例可视情下浮施工合同额（或者年度合同额）的 0.5%。具体由工资保证金管理地区人力资源社会保障行政部门会同同级相关行业工程建设主管部门确认。

总包单位在签订施工合同 20 个工作日内在经办银行开立工资保证金专门账户存储工资保证金，并于存储之日起 5 日内将存储凭证上传至监管平台。建设单位与总包单位签订工程施工合同时书面告知总包单位在规定时限内存储工资保证金，并提示总包单位按时存储并上传凭证。

以联合体方式承包的工程建设项目，联合体单位合并核算的，工资保证金专门账户由牵头单位开立，成员单位与牵头单位签订农民工工资委托支付协议；联合体单位独立核算的，可分别开立工资保证金专门账户。

在建工程建设项目施工合同额（或者年度合同额）低于 300 万元，且总包单位在签订施工合同前一年内承建的工程建设项目未发生工资拖欠的，相关工资保证金管理地区可结合行业保障农民工工资支付实际，免除该工程建设项目存储工资保证金。

3. 工资保证金使用

总包单位发生拖欠农民工工资的，具体实施的人力资源部门按规定程序可通知经办银行和总包单位，在工资保证金专门账户中将相应的款项支付给人力资源部门指定的被拖欠工资的农民工本人。

工资保证金使用后，总包单位应自使用之日起 10 个工作日内将工资保证金补足。

工资保证金实行专款专用，除用于清偿（先行清偿）对应的工程建设项目拖欠的农民工工资外，不得用于其他用途。

4. 工资保证金返还

工资保证金对应的工程建设项目完工,总包单位书面承诺该项目不存在未解决的农民工工资问题,并在施工现场公示30日且无异议后,可向属地人力资源部门提出返还工资保证金或银行保函的申请。人力资源部门审核后,通过规定程序解除工资保证金专门账户的监管,取消特殊标识,相应款项不再属于工资保证金,总包单位可自由支配账户资金或办理账户销户。

4.10.2.4　建设单位工程款支付担保管理

1. 支付担保形式

工程款支付担保,是指为保证建设单位履行施工合同或工程总承包合同约定的工程款支付义务,由保证人为建设单位向承包单位出具的保证按时、足额支付工程款的担保,或其他符合法定要求的担保。

在本省行政区域内工程合同总价(暂估价)300万元以上、合同工期3个月以上的建设工程,建设单位应当向承包单位提供工程款支付担保。

最低担保金额采用超额累进方式计算,合同价款1 000万元以下的,担保金额不得低于合同价款的10%;合同价款1 000万元以上1亿元以下的,超出1 000万元部分,不得低于5%;合同价款1亿元以上的,1亿元以上部分,由双方商定担保金额。工程款支付担保金额不得低于工程合同约定的单个节点工程款支付金额,不同节点支付金额不一致时,不得低于最高值。建设单位要求承包单位提供履约担保的,工程款支付担保金额也不得低于履约担保金额。鼓励建设单位和承包单位同时降低履约担保和工程款支付担保。

建设单位提供预付款超过合同价款10%(含)的,向承包单位提供工程款支付担保时限,不得晚于开工报告批复后30日;建设单位未提供预付款或预付款不足合同价款10%的,应当在开工报告批复前,或承包单位进场前,向承包单位提供工程款支付担保。

建设单位可自主选择保证人,可以选择银行保函、保证保险等形式提供担保,也可通过资金共管方式替代。政府投资工程可凭财政部门出具的项目资金落实证明替代工程款支付担保函件。

2. 工程款支付担保与农民工工资

建设单位逾期未足额拨付农民工工资,承包单位索赔农民工工资的,提供担保的银行、保险机构应当在收到索赔函5个工作日内,将赔付费用支付至指定的农民工工资专用账户。

总包单位索赔完成后,建设单位应及时足额补充提供工程款支付担保。

3. 工程款支付担保终止

工程竣(交)工结算完成,工程款结清,承包单位出具工程款结清证明后,工程款支付担保终止。以银行保函、保证保险方式提交工程款支付担保的,建设单位、承包单位应将工程款支付担保凭证退还保证人。

4.10.3 农民工工资管理文件依据

(1)《保障农民工工资支付条例》(国务院令第724号发布)。

(2)《工程建设领域农民工工资保证金规定》(人社部发〔2021〕65号)。

(3)《山东省农民工工资支付监管平台管理办法》(鲁人社规〔2019〕9号)。

(4)《山东省工程建设领域工程款支付担保实施办法(试行)》(鲁建管字〔2022〕5号)。

(5)《山东省工程建设领域农民工工资专用账户管理实施细则》(鲁人社发〔2022〕10号)。

(6)《山东省工程建设领域农民工工资保证金管理实施办法》(鲁人社发〔2022〕11号)。

4.11 创优管理

4.11.1 创优管理内容

为规范水利工程建设管理,营造良好的工程建设环境,水利部、山东省水行政主管部门、建设主管部门也出台了若干创建优质工程和文明工地的管理办法和评奖活动,鼓励工程创优。适用于水利工程建设项目的创优活动主要包括:

(1)中国水利工程优质(大禹)奖。

(2)全国优秀水利水电工程勘测设计奖。

(3)水利建设工程文明工地(水利部)。

(4)淮河水利委员会科学技术奖

(5)国家水土保持示范工程。

(6)华东地区优质工程奖。

(7)齐鲁水利科学进步奖。

(8)山东省建筑工程质量"泰山杯"奖。

(9)山东省重点水利工程建设"争进度、赛质量、比担当"决胜攻坚劳动竞赛等。

4.11.2 创优条件及申报

水利工程建设质量创优、文明工地创建条件及申报见表4-8。

表 4-8 水利工程建设质量创优、文明工地创建条件及申报

<table>
<tr><th colspan="2">奖项名称</th><th>适用范围</th><th>申报条件</th><th>项目申报</th><th>申报时间</th><th>组织单位</th></tr>
<tr><td colspan="2">中国水利工程优质(大禹)奖</td><td>中华人民共和国境内新建、改建、扩建的大中型水利工程</td><td>1. 符合申报工程范围及规模要求;
2. 符合基本建设程序,且工程按照有关行业规范要求通过竣工验收五年以上;
3. 工程施工质量等级经质量监督部门核定为优良;
4. 工程投入使用运行一年以上,原则上应达到设计标准的运行考验</td><td>原则上以工程项目法人为申报主体;工程投入运行后,可由工程管理单位作为申报主体;申报主体也可委托主要贡献单位申报</td><td>每年组织申报,两年表彰、颁奖一次</td><td>中国水利工程协会</td></tr>
<tr><td rowspan="4">全国优秀水利水电工程勘测设计奖</td><td>优秀水利水电工程勘测奖</td><td rowspan="3">水利枢纽(含水库)、水电站、抽水蓄能电站、河道整治、引调水、灌溉排涝、城市防洪、水土保持及水环境水生态等工程项目</td><td rowspan="3">1. 经批准立项;
2. 项目基本建设符合程序,各项手续完备;取得项目法人和生产运行单位对勘测设计、运行情况的书面评价意见;
3. 具备下列条件之一:①项目已竣工验收,或水库枢纽工程完成竣工技术鉴定、水电项目完成枢纽专项验收;其他水利工程项目完成竣工技术鉴定或投入运行验收。参评项目需经过两年及以上运行考验。②独立批复的单元工程完成投入使用验收后正常运行两年及以上。③水文地质勘察项目,应开采达到设计水平一年及以上,或进行过开采性抽水试验,或开采未达到设计水平但有二年及以上观测资料证明能达到设计水平正常开采。④规划项目应经国务院或国务院有关部门、省级(含计划单列市)人民政府批复或颁布一年及以上</td><td rowspan="4">项目一般以批准立项的整体工程申报,申报后其子项目原则上不可再另行申报;以初步设计批复或核准的单项工程申报的项目,其整体工程原则上不可再另行申报</td><td rowspan="4">每两年评选一次</td><td rowspan="4">中国水利水电工程勘测设计协会</td></tr>
<tr><td>优秀水利水电工程勘测设计标准奖</td></tr>
<tr><td>优秀水利水电工程勘测设计标准奖</td></tr>
<tr><td>优秀水利水电工程勘测设计计算机软件</td><td>全国优秀水利水电工程勘测设计奖</td><td>在工程设计或施工中使用一年及以上,且使用效果显著</td></tr>
</table>

续表 4-8

奖项名称	适用范围	申报条件	项目申报	申报时间	组织单位
淮河水利委员会科学技术奖	治淮中创新及应用基础研究成果、推广应用成果和实用新产品、新技术	1. 必须符合本办法规定的奖励范围，并按有关规定进行相应的技术评价； 2. 按照科技成果登记要求履行过登记手续； 3. 凡已申报地市、厅局级科学技术进步奖及其他行业奖的成果，不得再申报淮委科技奖	两个以上单位共同完成的科技成果，由第一完成单位（以技术评价证明为准）按要求进行申报。第一完成单位应在申报前与其他完成单位协商，确定主要完成单位、主要完成人员及其排列顺序等	每年申报一次	淮河水利委员会
水利建设工程文明工地创建（水利部）	各类大中型（含1、2、3级堤防）水利建设工程（包括新建、改扩建、修复及除险加固）项目在建工地文明创建活动	开展文明工地创建活动半年以上；工程项目以完成的工程量达全部建筑安装工程量的20%以上，或在主体工程完工一年以内；工程进度满足总体进度计划要求	申报文明工地的项目，原则上是以项目建设管理单位所管辖的一个工程项目或其中的一个或几个标段为单位的工程项目（或标段）为一个文明建设工地	文明工地实行届期制，每两年通报一次。在上一届期已评为文明工地的，如符合条件，可继续申报下一届	水利部精神文明建设指导委员会办公室、建设与管理司

续表 4-8

奖项名称	适用范围	申报条件	项目申报	申报时间	组织单位
国家水土保持示范工程	生产建设项目国家水土保持示范工程	1. 开展了水土保持方案编制、监理、监测及设施验收工作，且未发现较严重问题； 2. 足额缴纳水土保持补偿费； 3. 未被列入过水土保持信用监管“重点关注名单”和“黑名单”； 4. 未被水行政主管部门执行过责任追究、行政处罚和挂牌督办； 5. 未被媒体曝光过重大水土流失问题及相关生态环境问题	创建单位或市、县水行政主管部门报省级水行政主管部门审核（水利部批复水土保持方案的生产建设项目，由项目建设单位直接报水利部）	每年 6 月 30 日前	水利部水土保持司
华东地区优质工程奖	单项构筑物工程造价 ≥ 1 亿元的单独立项的水利建设工程	1. 符合基本建设程序； 2. 符合国家和行业设计标准、规范，工程设计合理、先进； 3. 施工工艺和技术措施先进、合理，符合国家强制性标准； 4. 工程竣工验收后，经过一年的使用检验，未发现质量问题和隐患，申报工程竣工截止时间为前一年的 9 月 30 日； 5. 原则上获得省优质工程奖的项目，方可申报华东地区优质工程	由总承包单位申报，主要参建单位有关材料可作为申报资料附件。如两家及以上单位联合承包一项工程并签订了联合承包合同的，可以联合申报	每年申报一次	华东地区各省（市）建筑（行）业协会和有关专业协会

续表 4-8

奖项名称		适用范围	申报条件	项目申报	申报时间	组织单位
齐鲁水利科学技术奖	科技进步奖	全省综合性水利科技成果	已开展实践应用的水利科技成果	科技进步奖、软科学奖首位完成人限报一项；优秀论文奖第一作者限报一篇	每年申报一次	山东水利学会
	软科学奖		通过验收或批复实施的成果			
	优秀论文奖		发表或未发表的原创论文（未发表的须提供知网或超星的查重证明）			
山东省工程建设泰山杯奖		竣工验收一年以上并交付使用的全省行政区域内依法组织建设和在山东省注册的企业在省外（含海外）承建、援建的建设工程项目：投资金额 6 000 万元以上水利工程	1. 工程项目必须履行基本建设程序，认真落实国家有关行业管理的政策，执行有关行业管理规定； 2. 工程设计合理、先进，符合城市规划、国家和部颁设计标准、规范的要求，符合当时节能环保设计标准，获得市级以上（或相应级别）的设计奖或由市级建设主管部门（省直有关部门）出具设计先进证明； 3. 工程质量符合有关法律、法规和工程建设强制性标准要求，符合设计文件及合同要求，符合国家颁布的施工规范和相关标准要求，主体工程施工质量达到省内同类工程领先水平； 4. 按国家和地方有关施工技术标准、施工规范及质量验收标准进行了质量验收，达到合格标准； 5. 工程已获得市、省直、中直部门级工程质量奖； 6. 工程符合建筑节能强制性标准，已通过当地建设主管部门组织的节能建筑认定； 7. 按规定已经通过建设单位组织的竣工验收，并向工程所在地建设行政主管部门办理工程竣工验收备案； 8. 工程竣工后经过一年以上的使用检验，没有发现质量问题或隐患； 9. 工程无拖欠分包单位工程款和农民工工资现象，没有因违反建筑市场管理规定受到处罚的行为； 10. 获得省级 QC 小组成果、省级工法、省建筑业新技术应用示范工程的优先评审	主申报单位原则上为工程项目的建设单位或施工总承包企业。主要承建单位会同相关参建单位一同申报	每年申报一次	山东省住房和城乡建设厅

续表 4-8

奖项名称		适用范围	申报条件	项目申报	申报时间	组织单位
山东省重点水利工程建设“争进度、赛质量、比担当”决胜攻坚劳动竞赛	优质工程奖	全省重点水利工程	1. 积极开展劳动竞赛，获得市级重点水利工程建设“争进度、赛质量、比担当”决胜攻坚劳动竞赛优质工程奖（不含厅直属项目）； 2. 批复概算总投资 3 000 万元以上的水利工程，隐蔽工程、清淤工程不在评选范围； 3. 工程设计科学合理，符合现代治水理念； 4. 执行水利工程基本建设程序及“四制”管理，质量管理体系健全且运行良好，质量责任制落实到位； 5. 施工期间未发生质量、安全生产及环保事故； 6. 工程通过竣工验收且运行良好，工程外观质量好，施工质量等级为优良； 7. 项目信息在山东省水利工程建设项目信息公开平台（项目管理系统）填写准确、完备，主要参建单位及主要贡献人信息在山东省水利建设市场信用信息平台公开并状态正常； 8. 无转包、违法分包等违法违规行为和拖欠农民工工资等问题	由项目法人或由主要施工单位申报。主要施工单位是指承担项目主体工程施工，且合同投资额 2 000 万元及以上的施工单位	每年申报一次	山东省水利厅、山东省总工会
	文明工地奖	全省重点水利工程	1. 积极开展劳动竞赛，获得市级重点水利工程建设“争进度、赛质量、比担当”决胜攻坚劳动竞赛文明工地奖（不含厅直属项目）； 2. 工程批复概算总投资 3 000 万元以上，或申报标段总投资 1 000 万元以上； 3. 已完成的工程量，应达到全部建安工程量的 20%以上，或在工程完工后一年以内； 4. 已完工程单元工程优良率 70%以上； 5. 工程外观质量好，实体质量满足规范及设计要求； 6. 施工期间未发生质量、安全生产及环保事故； 7. 工程档案资料齐全完整，管理规范；项目信息在山东省水利工程建设项目信息公开平台（项目管理系统）填写准确、完备，主要参建单位信息在山东省水利建设市场信用信息平台公开并状态正常； 8. 工程建设期间申报单位和人员未发生过严重违法违纪事件； 9. 无转包、违法分包等违法违规行为和拖欠农民工工资等问题	由项目法人申报，原则上是一个工程项目或其中的一个或几个标段	每年申报一次	山东省水利厅、山东省总工会

续表 4-8

奖项名称		适用范围	申报条件	项目申报	申报时间	组织单位
山东省重点水利工程建设“争进度、赛质量、比担当”决胜攻坚劳动竞赛	QC 小组成果奖	全省重点水利工程	1. 在水利工程建设领域，以改进质量、降低能耗为宗旨，以提高职工质量意识和企业经济效益为目的开展的活动，尤其是具有“小、实、活、新”特点，在工具应用效果、四新技术、绿色施工、绿色建造、BIM 技术应用、节能减排、质量技术等方面取得显著成效，其经验或成果有普遍推广应用价值； 2. 注重全员参与，有广泛的群众基础，活动过程和活动成果有创新性，由申报单位自行独立实施，有效提升自身的质量控制水平，重视活动过程的记录和凭证，杜绝事后总结的倒装成果； 3. 申报成果应是在当年度的省重点水利工程建设中取得，之前已申报本竞赛活动 QC 小组成果奖的不得重复申报； 4. 施工期间未发生质量、安全生产及环保事故	水利工程建设管理活动的独立法人单位，包括施工、勘察设计、监理、制造(含供货)、质量检测、项目法人、质量监督等企事业单位	每年申报一次	山东省水利厅、山东省总工会
	优秀组织单位奖	全省重点水利工程	1. 积极组织开展劳动竞赛，并获得市级重点水利工程建设“争进度、赛质量、比担当”决胜攻坚劳动竞赛优秀组织单位奖(不含厅机关处室、厅直属单位)； 2. 劳动竞赛组织发动有力，宣传动员到位，工作成绩突出； 3. 无严重违法违纪问题	组织开展劳动竞赛活动的主管部门、项目法人、参建单位	每年申报一次	

续表 4-8

奖项名称		适用范围	申报条件	项目申报	申报时间	组织单位
山东省重点水利工程建设“争进度、赛质量、比担当”决胜攻坚劳动竞赛	先进集体奖	全省重点水利工程	1. 积极开展劳动竞赛，获得市级重点水利工程建设“争进度、赛质量、比担当”决胜攻坚劳动竞赛先进集体奖（不含厅机关处室、厅直属单位）； 2. 在推进重点水利工程建设中发挥重要作用，工作成绩突出； 3. 组织、实施或参与的项目按时完成计划目标，施工期间未发生质量与安全生产及环保事故； 4. 无严重违法违纪问题	组织或参与省重点水利工程建设的各级主管部门、项目法人、参建单位、项目部、班组等	每年申报一次	山东省水利厅、山东省总工会
	优秀组织个人奖	全省重点水利工程	1. 积极组织开展劳动竞赛，获得市级重点水利工程建设“争进度、赛质量、比担当”决胜攻坚劳动竞赛优秀组织个人奖（不含厅机关处室、厅直属单位）； 2. 劳动竞赛组织发动有力，宣传动员到位，工作成绩突出； 3. 无严重违法违纪问题	组织开展劳动竞赛活动的主管部门、项目法人及参建单位的干部职工	每年申报一次	
	优秀个人奖	全省重点水利工程	1. 积极开展或参与劳动竞赛，获得市级重点水利工程建设“争进度、赛质量、比担当”决胜攻坚劳动竞赛优秀个人奖（不含厅机关处室、厅直属单位）； 2. 在推进重点水利工程建设中发挥重要作用，工作成绩突出； 3. 组织、实施或参与的项目按时完成计划目标，施工期间未发生质量与安全生产及环保事故； 4. 无严重违法违纪问题	组织、实施或参与省重点水利工程建设的干部职工，其中工程现场一线人员比例不低于50%，并在现场一线人员中单设优秀项目法人个人奖、优秀项目经理奖、优秀总监理工程师奖，与优秀个人奖不重复申报。	每年申报一次	

续表 4-8

奖项名称		适用范围	申报条件	项目申报	申报时间	组织单位
山东省重点水利工程建设“争进度、赛质量、比担当”决胜攻坚劳动竞赛	优秀项目法人个人奖	全省重点水利工程	1. 积极开展或参与劳动竞赛，获得市级重点水利工程建设“争进度、赛质量、比担当”劳动竞赛优秀项目法人个人奖(不含厅直属单位)； 2. 认真履行岗位职责，严格履行建设程序，严格执行水利工程建设有关规章制度及技术标准，合同管理和质量与安全管理规范，在工程建设中发挥核心作用，项目管理水平先进； 3. 项目按时完成计划目标，建设期间未发生质量与安全生产及环保事故； 4. 项目无转包、违法分包等违法违规行为和拖欠农民工工资等问题； 5. 无严重违法违纪问题	省重点水利工程项目法人的法定代表人、技术负责人		山东省水利厅、山东省总工会
	优秀项目经理奖	全省重点水利工程	1. 积极开展或参与劳动竞赛，获得市级重点水利工程建设“争进度、赛质量、比担当”劳动竞赛优秀项目经理奖(不含厅直属单位)； 2. 认真履行岗位职责，严格执行水利工程建设有关规章制度及技术标准，积极推广应用新技术、新工艺、新材料、新设备，合同履行和质量与安全管理规范，在岗履职时间满足合同要求，在工程施工中发挥重要作用，项目管理水平先进； 3. 项目按时完成计划目标，施工期间未发生质量与安全生产及环保事故； 4. 施工的项目无转包、违法分包等违法违规行为和拖欠农民工工资等问题； 5. 无严重违法违纪问题	承担重点水利工程建设项目施工的项目经理		

续表 4-8

奖项名称		适用范围	申报条件	项目申报	申报时间	组织单位
山东省重点水利工程建设“争进度、赛质量、比担当”决胜攻坚劳动竞赛	优秀总监理工程师奖	全省重点水利工程	1. 积极开展或参与劳动竞赛，获得市级重点水利工程建设“争进度、赛质量、比担当”劳动竞赛优秀项目总监理工程师奖（不含厅直属单位）； 2. 认真履行岗位职责，严格执行水利工程建设有关规章制度及技术标准，合同管理和质量与安全管理规范，在岗履职时间满足合同要求，在工程监理中发挥重要作用，项目管理水平先进； 3. 项目按时完成计划目标，施工期间未发生质量与安全生产及环保事故； 4. 监理的项目无转包、违法分包等违法违规行为和拖欠农民工工资等问题； 5. 无严重违法违纪问题	承担省重点水利工程建设项目监理的总监理工程师		山东省水利厅、山东省总工会

4.11.3　工作指导

4.11.3.1　做好创优计划管理

项目法人与各参建单位在工程开工后,可根据工程特点,熟悉相关工程质量创优的文件政策要求,有针对性地制订工程创优目标和创优计划,梳理工程质量创优各项要求,将创优目标和创优工作内容分解到各相关单位,将创优活动贯穿于工程建设全过程,做到早计划、早安排,避免后续工作不完善。

4.11.3.2　注重过程资料收集整理

根据各主管部门(或团体组织)具体要求,创优申请材料略有差异,一般包括以下内容,应在工程实施过程中做好资料的收集准备:

(1)工程概况。申报工程、申报单位及相关单位的基本情况。

(2)建设规范方面。项目基本建设前期工作、项目建设管理体制、项目建设管理情况、项目过程验收及鉴定情况、竣工验收及遗留问题处理、项目创优规划及实施情况。

(3)设计优秀方面。设计理念和风格及创新、设计成果实际实施的合理性和先进性、设计成果(含专利成果等)与同行业的优秀成果比较、设计获奖情况、设计变更情况、设计现场服务情况。

(4)施工先进方面。施工难点和特点及亮点、BIM 等“四新技术”的应用及获奖情况、依托本工程创建的工法及 QC 小组活动情况、施工合同履行情况、施工安全情况、文明施工情况。

(5)质量优良方面。质量管理体制和质量监督体制、项目划分情况、施工质量评定、外观质量评定及工程外观状况、监理及质量检测情况、建筑物内外建筑处理、工程管理范围内环境景观、工程质量事故及处理、政府质量监督情况、工程质量获奖情况。

(6)运行可靠方面。运行管理单位的配置、运行管理、工程检查及运行监测、安全生产、工程运行状况。

(7)效益显著方面。工程建设目标、工程的功能发挥及效益情况。

(8)影像材料。反映施工特点、施工关键技术、施工过程控制、新技术推广应用等情况的影像材料;充分反映工程质量过程控制和隐蔽工程检验情况的影像材料。

(9)证明材料。科技奖、设计奖、专利证书及文件、工法、QC 小组证书及文件、文明施工证书及文件、工程质量奖证书及文件。

4.11.4　创优管理文件依据

(1)《中国水利工程优质(大禹)奖评选管理办法》(中水协〔2022〕23 号)。

(2)《全国优秀水利水电工程勘测设计奖评选办法》(中水协秘〔2021〕45 号)。

(3)《水利建设工程文明工地创建管理办法》(水精〔2014〕3 号)。

(4)《淮河水利委员会科学技术奖奖励办法》。

(5)《国家水土保持示范创建管理办法》(办水保〔2021〕171 号)。

(6)《水利部关于开展国家水土保持示范创建工作的通知》(水保〔2021〕11 号)。

(7)《华东地区优质工程奖评审办法》(2020 年版)。

(8)《山东省住房和城乡建设厅关于组织开展 2021 年度“山东省工程建设泰山杯奖”申报工作的通知》(鲁建人字〔2021〕8 号)。

(9)《山东省水利厅关于做好 2021—2022 年度全省重点水利工程建设“争进度、赛质量、比担当”决胜攻坚劳动竞赛评先树优工作的通知》(鲁水建函字〔2022〕15 号)。

4.12　建设项目信用管理

4.12.1　山东省水利工程建设项目监管平台

水利工程建设项目原则上在可行性研究报告批准后、初步设计开展之前完成项目法人组建,项目法人在省水利工程建设项目监管平台向省级水行政主管部门申请实施主体开户及建设项目开户后可对所实施的项目进行维护。项目法人主要维护信息包括:

(1)项目管理信息。项目基本信息、项目进展信息、质量与安全管理、合同管理、监督检查、项目人员管理、不良行为动态评价等。

(2)建设备案信息。招标备案、开工备案、验收备案等。

4.12.2　山东省水利建设市场监管服务平台

4.12.2.1　监管服务平台管理要求

山东省省级水利建设市场监管服务平台是本省水利建设市场主体信用信息归集、公示、共享和修复的统一平台。

山东省水利建设市场主体,是指参与山东省水利工程建设活动和生产建设项目水土保持活动的建设、勘察、设计、施工、监理、监测、咨询、招标代理、质量检测等单位及相关人员。根据《山东省水利建设市场主体信用信息管理办法》(鲁水规字〔2021〕7 号)相关规定,进入本省水利建设市场的各类市场主体均须在省水利市场监管服务平台填报并自主发布信用信息,并对信用信息的真实性、准确性和及时性负责。

4.12.2.2　动态评价

动态评价是指对水利建设市场主体,按照规定的标准、程序和方法,对其不良行为进行采集、认定、评价的过程。

项目法人应加强对本项目建设市场主体建设活动的管理,鼓励开展对参与本项目建设市场主体履约行为的评价。

动态评价实行不良行为扣分的办法。不良行业扣分按照《山东省水利建设市场主体不良行为动态评价办法》(鲁水规字〔2021〕8 号)、《山东省水利建设市场不良行为扣分标准及有效期》、《山东省水利建设市场主体其他不良行为扣分标准及有效期》(鲁水建函字〔2017〕146 号)、《山东省水利建设市场主体其他不良行为扣分标准及有效期(修订版)》执行(鲁水建函字〔2019〕73 号)。

项目法人应当对参与实施的水利工程建设项目所有市场主体开展经常性检查,发现主体单位存在需进行行政处理或者行政处罚的不良行为时,及时上报项目主管部门,由项目主管部门依法做出行政处理或行政处罚并进行相应扣分。

各级水行政主管部门负责将涉及市场主体的不良行为在“山东省水利工程建设项目监管平台”进行相应扣分,依托“山东省水利建设市场信用动态评价系统”自动采集市场主体不良行为的扣分情况,并计算汇总动态评价得分。

评价得分将实时公布,并计入相应市场主体信用档案。

4.12.2.3　项目法人对市场主体履约管理

项目法人应对参与本项目建设的市场主体履约行为的管理与检查,应重点检查以下内容:

(1)检查参建单位管理和作业人员按照合同的到位情况,防范转包、违法分包行为。

(2)督促参建单位严格按照合同组织进行进度、质量和安全管理,确保按初步设计、技术标准和施工图纸要求实施工程建设。

(3)对勘察、设计单位,重点检查设计成果是否满足要求,设计现场服务是否到位,设计变更是否符合程序等。

(4)对施工单位,加强工程施工过程关键环节的监督检查,重点检查现场质量安全管理是否符合设计和强制性标准要求、是否严格按照技术标准和施工图纸施工、是否及时规范开展工程质量检验和验收、是否足额发放劳务工资等。

(5)对监理单位,重点检查监理制度是否健全,监理人员到位是否符合合同要求,监理平行检测、专项施工方案审核、关键部位旁站监督等监理职责履行是否到位等。

(6)对监测单位,重点检查安全监测管理制度制定和人员配备情况,监测系统运行情况,监测资料整编分析情况,监测系统管理保障情况等。

(7)对质量检测单位,重点检查是否按合同要求建立工地现场实验室,人员资格和检测能力情况,质量检测相关标准执行情况,是否存在转包、违法分包检测业务等。

对检查发现的问题,项目法人可采取责令整改、约谈、停工整改、追究经济责任、解除合同、向相关主管部门提出责任追究等措施进行追责问责。

4.12.2.4　对项目法人的监督管理

1. 项目法人组建单位对项目法人的监督管理

项目法人组建单位应建立健全项目法人考核机制,定期对项目法人及主要负责人、技术负责人、财务负责人等主要管理人员开展考核评价。

对项目法人的考核实行目标考核与过程评价相结合的方式。目标考核从建设程序、质量、安全、进度、合同、资金等方面进行考核;过程评价结合有关部门开展的检查、稽查、审计、监督等情况进行评价。

2. 水行政主管部门对工程建设项目法人的监督管理

水行政主管部门应采取督查、稽查、暗访等方式,对项目法人的履职情况进行监督检查。对发现的问题,采取责令整改、约谈、停工整改、通报批评、行政处罚等措施进行追责问责。对项目法人及相关人员的责任追究和处理按照《水利工程建设项目法人管理指导意见》(水建设〔2020〕258 号)有关规定执行。

水行政主管部门应将项目法人及其主要管理人员信用信息纳入水利行业信用监管,其信用信息在全国及省水利建设市场监管平台进行公开,实施信用动态监管和联合惩戒。

4.12.2.5　信用信息与招标投标

当前水利建设市场信用体系不断完善，随着信用信息的认定、记录、归集、共享、公示、应用等机制的规范化，依法加强信用建设，不断完善信用记录，强化信用约束，建立健全不敢失信、不能失信、不想失信的长效机制，诚实守信应成为市场各类主体的自我要求。当前山东省水利建设市场主体的信用信息和信用评价信息已成为招标投标资格审查、评标、定标和合同签订的重要依据，根据当前施行的《山东省水利工程建设项目施工、监理、质量检测招标评标标准》（鲁水建字〔2022〕1 号），以施工评标标准一为例，投标人信息评价等级满分为 4 分（AAA 得 4 分，AA 得 3 分，A 得 2 分，其他不得分。以水利部水利建设市场监管平台、山东省水利建设市场监管服务平台公布的信息为准）；动态评价按投标人在山东省水利建设市场监管服务平台的动态评价合计扣分值的 1%扣分，最高扣 2 分。分值计算保留小数点后两位。（以投标截止时仍在公开期限内的山东省水利建设市场监管服务平台公布的信息为准）

4.12.3　信用管理文件依据

（1）《水利建设市场主体信用信息管理办法》（水建设〔2019〕306 号）。

（2）《水利建设市场主体信用评价管理办法》（水建设〔2019〕307 号）。

（3）《水利部办公厅关于实施生产建设项目水土保持信用监管“两单”制度的通知》（办水保〔2020〕157 号）。

（4）《山东省水利建设市场主体信用信息管理办法》（鲁水规字〔2021〕7 号）。

（5）《山东省水利建设市场主体不良行为动态评价办法》（鲁水规字〔2021〕8 号）。

第 5 章　工程验收

工程验收是水利工程建设的重要组成部分和关键环节，是工程建设完成的重要标志，是考量工程建设成果、检验设计和工程质量的重要步骤，也是保障工程正常运行、发挥效益的重要基础。根据当前水利工程验收相关规定，本章按法人验收、阶段验收、专项验收和竣工验收等验收分类分别叙述了验收条件、验收程序、验收成果等工作要求。

5.1　法人验收

5.1.1　法人验收工作内容

5.1.1.1　法人验收程序

法人验收主要包括分部工程验收、单位工程验收、合同工程完工验收等。验收要求见表 5-1。

5.1.1.2　验收后工程交接

(1)通过合同工程完工验收或投入使用验收后，项目法人与施工单位应在 30 个工作日内组织专人负责工程的交接工作。交接过程应有完整的文字记录且有双方交接负责人签字。

(2)项目法人与施工单位应在施工合同或验收鉴定书约定的时间内完成工程及其档案资料的交接工作。

(3)工程办理交接手续的同时，施工单位应向项目法人递交工程质量保修书，保修书的内容符合合同约定的条件。

(4)工程保修期应从工程通过合同工程完工验收后开始计算，但合同另有约定的按合同约定。

(5)施工单位递交了工程质量保修书、完成施工场地清理及提交有关资料后，项目法人应在 30 个工作日内向施工单位颁发合同工程完工证书。

5.1.2　工作指导

(1)重要隐蔽单元工程及关键部位单元工程质量经施工单位自评合格、监理单位抽检后，由项目法人(或委托监理单位)、监理、设计、施工、工程运行管理(施工阶段已经有时)等单位组成联合小组，共同检查核定其质量等级并填写签证表，项目法人参加验收的质量管理人员应在签证表上签字。

(2)分部工程、单位工程、合同工程具备验收条件时，施工单位应向监理单位提出验收申请，监理单位经核查具备验收条件后，提请项目法人组织验收。工程验收应在施工质量检验与评定的基础上，对工程质量提出明确结论意见。

表 5-1 项目法人验收内容

验收分类	验收组织	验收条件	验收内容	验收程序	验收成果	质量监督要求
分部工程验收	验收由项目法人(或委托监理单位)主持; 验收工作组由项目法人、勘测、设计、监理、施工、主要设备制造(供应)商等单位的代表组成。运行管理单位可根据具体情况决定是否参加	1. 所有单元工程已完成; 2. 已完单元工程施工质量经评定全部合格,有关质量缺陷已处理完毕或有监理机构批准的处理意见; 3. 合同约定的其他条件	1. 检查工程是否达到设计标准或合同约定标准的要求; 2. 评定工程施工质量等级; 3. 对验收中发现的问题提出处理意见	1. 听取施工单位工程建设和单元工程质量评定情况的汇报; 2. 现场检查工程完成情况和工程质量; 3. 检查单元工程质量评定及相关档案资料; 4. 讨论并通过分部工程验收鉴定书	分部工程验收鉴定书	1. 项目法人在验收前通知质量和安全监督机构,监督机构宜派代表列席大型枢纽工程主要建筑物的分部工程验收会议; 2. 项目法人在分部工程验收通过之日起 10 个工作日内,将验收质量结论和相关资料报质量监督机构核备(定)
单位工程验收	验收由项目法人主持; 验收工作组由项目法人、勘测、设计、监理、施工、主要设备制造(供应)商、运行管理等单位的代表组成。必要时,可邀请上述单位以外的专家参加	1. 所有分部工程已完建并验收合格; 2. 分部工程验收遗留问题已处理完毕并通过验收,未处理的遗留问题不影响单位工程质量评定并有处理意见; 3. 合同约定的其他条件	1. 检查工程是否按批准的设计内容完成; 2. 评定工程施工质量等级; 3. 检查分部工程验收遗留问题处理情况及相关记录; 4. 对验收中发现的问题提出处理意见	1. 听取工程参建单位工程建设有关情况的汇报; 2. 现场检查工程完成情况和工程质量; 3. 检查分部工程验收有关文件及相关档案资料; 4. 讨论并通过单位工程验收鉴定书	单位工程验收鉴定书	1. 项目法人在验收前通知质量和安全监督机构,监督机构应列席验收会议; 2. 主要建筑物单位工程验收应通知法人验收监督管理机关,监督管理机关视情况决定列席会议; 3. 项目法人在单位工程验收通过之日起 10 个工作日内,将验收质量结论和相关资料报质量监督机构核定

续表 5-1

验收分类	验收组织	验收条件	验收内容	验收程序	验收成果	质量监督要求
合同工程完工验收	验收应由项目法人主持； 验收工作组应由项目法人及与合同工程有关的勘测、设计、监理、施工、主要设备制造（供应）商等单位的代表组成	1. 合同范围内的工程项目和工作已按合同约定完成； 2. 工程已按规定进行了有关验收； 3. 观测仪器和设备已测得初始值及施工期各项观测值； 4. 工程质量缺陷已按要求进行处理； 5. 工程完工结算已完成； 6. 施工现场已经进行清理； 7. 需移交项目法人的档案资料已按要求整理完毕； 8. 合同约定的其他条件； 9. 当合同工程仅包含一个单位工程（分部工程）时，宜将单位工程（分部工程）验收与合同工程完工验收一并进行，但应同时满足相应的验收条件	1. 检查合同范围内工程项目和工作完成情况； 2. 检查施工现场清理情况； 3. 检查已投入使用工程运行情况； 4. 检查验收资料整理情况； 5. 鉴定工程施工质量； 6. 检查工程完工结算情况； 7. 检查历次验收遗留问题的处理情况； 8. 对验收中发现的问题提出处理意见； 9. 确定合同工程完工日期； 10. 讨论并通过合同工程完工验收鉴定书	1. 听取工程参建单位工程建设有关情况的汇报； 2. 现场检查工程完成情况和工程质量； 3. 检查单位工程验收有关文件及相关档案资料； 4. 讨论并通过完工验收鉴定书	合同工程完工验收鉴定书	验收鉴定书通过之日起 30 个工作日内，应由项目法人发送有关单位，并报送法人验收监督机关备案

(3)分部工程、单位工程和合同工程验收时,存在遗留问题和尾工的,项目法人应按照验收鉴定书、合同约定等要求,督促有关责任单位完成处理工作。验收遗留问题和尾工处理完成后,项目法人组织有关单位进行验收,并形成成果性文件,各相关单位代表在成果性文件上签字,项目法人将遗留问题和尾工验收成果性文件随验收鉴定书一并归档。

5.1.3　法人验收管理文件依据

(1)《水利工程建设项目验收管理规定》(水利部令第 30 号发布,2014 年、2016 年、2017 年修正)。

(2)《水利工程质量管理规定》(水利部令第 52 号发布)。

(3)《水利水电工程施工质量检验与评定规程》(SL 176—2007)。

(4)《水利水电建设工程验收规程》(SL 223—2008)。

5.2　阶段验收

工程建设进入枢纽工程导(截)流、水库下闸蓄水、引(调)排水工程通水、水电站(泵站)机组启动、部分工程投入使用等关键环节,应当组织阶段验收。竣工验收主持单位根据工程建设需要,可以增加其他阶段验收。

5.2.1　验收组织

5.2.1.1　验收主持

阶段验收由竣工验收主持单位或其委托的单位主持。阶段验收委员会应由验收主持单位、质量和安全监督机构、运行管理单位的代表及有关专家组成;必要时,可邀请地方人民政府及有关部门参加。

工程参建单位应派代表参加阶段验收,并作为被验收单位在验收鉴定书上签字。

5.2.1.2　验收主要内容

(1)检查已完工程的形象面貌和工程质量。

(2)检查在建工程的建设情况。

(3)检查未完工程的计划安排和主要技术措施落实情况,以及是否具备施工条件。

(4)检查拟投入使用工程是否具备运行条件。

(5)检查历次验收遗留问题的处理情况。

(6)鉴定已完工程施工质量。

(7)对验收中发现的问题提出处理意见。

(8)讨论并通过阶段验收鉴定书。

大型工程在阶段验收前,验收主持单位根据工程建设需要,可成立专家组先进行技术预验收。

5.2.1.3　验收成果

阶段验收的成果是阶段验收鉴定书。阶段验收鉴定书的数量按参加验收单位、法人验收监督管理机关、质量和安全监督机构各 1 份及归档所需要的份数确定。自验收鉴定书通过之日起 30 个工作日内，由验收主持单位发送有关单位。

5.2.2　阶段验收工作内容

阶段验收主要工作内容见表 5-2。

5.2.3　阶段验收管理文件依据

（1）《水利工程建设项目验收管理规定》（水利部令第 30 号发布，2014 年、2016 年、2017 年修正）。

（2）《水利工程建设项目管理规定（试行）》（水建〔1995〕128 号，2014 年、2016 年修正）。

（3）《水利水电建设工程蓄水安全鉴定暂行办法》（水建管〔1999〕177 号，2017 年修正）。

（4）《大中型水利水电工程移民安置验收管理办法》（水移民〔2022〕414 号）。

（5）《水利水电建设工程验收规程》（SL 223—2008）。

（6）《泵站设备安装及验收规范》（SL 317—2015）。

表 5-2 阶段验收主要工作内容

序号	工作内容	主持单位	验收条件	验收内容	验收成果	项目法人准备工作
1	枢纽工程导(截)流验收	竣工验收主持单位或委托的单位	1. 导流工程已基本完成,具备过流条件,投入使用(包括采取措施后)不影响其他后续工程继续施工; 2. 满足截流要求的水下隐蔽工程已完成; 3. 截流设计已获批准,截流方案已编制完成,并做好各项准备工作; 4. 工程度汛方案已经有管辖权的防汛指挥部门批准,相关措施已落实; 5. 截流后壅高水位以下的移民搬迁安置和库底清理已完成并通过验收; 6. 有航运功能的河道,碍航问题已得到解决; 7. 工程分期导(截)流时,应分期进行导(截)流验收	1. 检查已完水下工程、隐蔽工程、导(截)流工程是否满足导(截)流要求; 2. 检查建设征地、移民搬迁安置和库底清理完成情况; 3. 审查截流方案,检查导(截)流措施和准备工作落实情况; 4. 检查为解决碍航等问题而采取的工程措施落实情况; 5. 鉴定与截流有关已完工程施工质量; 6. 对验收中发现的问题提出处理意见; 7. 讨论并通过阶段验收鉴定书	阶段验收鉴定书	1. 编制工程度汛方案并报水行政主管部门备案; 2. 梳理拟验工程清单、未完工程清单、未完工程的建设安排及完成时间; 3. 编写工程建设管理工作报告,组织其他参建单位编写设计、监理、施工等管理工作报告; 4. 拟定验收鉴定书(初稿); 5. 组织验收会议会务安排等
2	水库下闸蓄水验收	竣工验收主持单位或委托的单位	1. 挡水建筑物的形象面貌满足蓄水位的要求; 2. 蓄水淹没范围内的移民搬迁安置和库底清理已完成并通过验收; 3. 蓄水后需要投入使用的泄水建筑物已基本完成,具备过流条件; 4. 有关观测仪器、设备已按设计要求安装和调试,并已测得初始值和施工期观测值;	1. 检查已完工程是否满足蓄水要求; 2. 检查建设征地、移民搬迁安置和库区清理完成情况; 3. 检查近坝库岸处理情况;	阶段验收鉴定书	1. 组织开展水库蓄水安全鉴定,完成蓄水安全鉴定报告; 2. 组织制订蓄水计划和导流封堵方案; 3. 编制工程度汛方案并报水行政主管部门备案; 4. 编制工程调度运用方案;

续表 5-2

序号	工作内容	主持单位	验收条件	验收内容	验收成果	项目法人准备工作
2	水库下闸蓄水验收	竣工验收主持单位或委托的单位	5. 蓄水后未完工程的建设计划和施工措施已落实； 6. 蓄水安全鉴定报告已提交； 7. 蓄水后可能影响工程安全运行的问题已处理，有关重大技术问题已有结论； 8. 蓄水计划、导流洞封堵方案等已编制完成，并做好各项准备工作； 9. 年度度汛方案（包括调度运用方案）已经有管辖权的防汛指挥部门批准，相关措施已落实； 10. 工程分期蓄水时，宜分期进行下闸蓄水验收	4. 检查蓄水准备工作落实情况； 5. 鉴定与蓄水有关的已完工程施工质量； 6. 对验收中发现的问题提出处理意见； 7. 讨论并通过阶段验收鉴定书	阶段验收鉴定书	5. 梳理拟验工程清单、未完工程清单、未完工程的建设安排及完成时间； 6. 编写工程建设管理工作报告，组织其他参建单位编写设计、监理、施工管理工作报告； 7. 拟定验收鉴定书（初稿）； 8. 组织验收会议会务安排等
3	引(调)排水工程通水验收	竣工验收主持单位或委托的单位	1. 引(调)排水建筑物的形象面貌满足通水的要求； 2. 通水后未完工程的建设计划和施工措施已落实； 3. 引(调)排水水位以下的移民搬迁安置和障碍物清理已完成并通过验收； 4. 引(调)排水的调度运用方案已编制完成；度汛方案已得到有管辖权的防汛指挥部门批准，相关措施已落实； 5. 工程分期（或分段）通水时，应分期（或分段）进行通水验收	1. 检查已完工程是否满足通水的要求； 2. 检查建设征地、移民搬迁安置和清障完成情况； 3. 检查通水准备工作落实情况； 4. 鉴定与通水有关的工程施工质量； 5. 对验收中发现的问题提出处理意见； 6. 讨论并通过阶段验收鉴定书	阶段验收鉴定书	1. 引（调）排水水位以下涉及移民搬迁和障碍物清理的已完成并进行了阶段性移民安置验收； 2. 梳理拟验工程清单、未完工程清单、未完工程的建设安排及完成时间； 3. 编制工程度汛方案并报水行政主管部门备案； 4. 编制工程调度运用方案； 5. 编写工程建设管理工作报告，组织其他参建单位编写设计、监理、施工等管理工作报告； 6. 拟定验收鉴定书（初稿）； 7. 组织验收会议会务安排等

续表 5-2

序号	工作内容	主持单位	验收条件	验收内容	验收成果	项目法人准备工作
4	水电站（泵站）机组启动验收	首（末）台机组启动验收应由竣工验收主持单位或其委托单位组织的机组启动验收委员会负责；中间机组启动验收应由项目法人组织的机组启动验收工作组负责。验收委员会（工作组）应有所在地区电力部门的代表参加。 根据机组规模情况，竣工验收主持单位也可委托项目法人主持首（末）台机组启动验收	技术预验收： 1. 与机组启动运行有关的建筑物基本完成，满足机组启动运行要求； 2. 与机组启动运行有关的金属结构及启闭设备安装完成，并经过调试合格，可满足机组启动运行要求； 3. 过水建筑物已具备过水条件，满足机组启动运行要求； 4. 压力容器、压力管道及消防系统等已通过有关主管部门的检测或验收； 5. 机组、附属设备及油、水、气等辅助设备安装完成，经调试合格并经分部试运转，满足机组启动运行要求； 6. 必要的输配电设备安装调试完成，并通过电力部门组织的安全性评价或验收，送（供）电准备工作已就绪，通信系统满足机组启动运行要求； 7. 机组启动运行的测量、监测、控制和保护等电气设备已安装完成并调试合格； 8. 有关机组启动运行的安全防护措施已落实，并准备就绪； 9. 按设计要求配备的仪器、仪表、工具及其他机电设备已能满足机组启动运行的需要； 10. 机组启动运行操作规程已编制，并得到批准； 11. 水库水位控制与发电水位调度计划已编制完成，并得到相关部门的批准； 12. 运行管理人员的配备可满足机组启动运行的要求； 13. 水位和引水量满足机组启动运行最低要求； 14. 机组按要求完成带负荷连续运行	技术预验收： 1. 听取有关建设、设计、监理、施工和试运行情况报告； 2. 检查评价机组及其辅助设备质量、有关工程施工安装质量；检查试运行情况和消缺处理情况； 3. 对验收中发现的问题提出处理意见； 4. 讨论形成机组启动技术预验收工作报告	机组启动技术预验收工作报告	1. 梳理拟验工程清单、未完工程清单、未完工程的建设安排及完成时间； 2. 组织督促施工单位完成机组启动试运行工作方案和试运行工作报告； 3. 编写工程建设管理工作报告，组织其他参建单位编写设计、监理、施工等管理工作报告； 4. 拟定验收鉴定书（初稿）； 5. 组织验收会议会务安排等

续表 5-2

序号	工作内容	主持单位	验收条件	验收内容	验收成果	项目法人准备工作
4	水电站（泵站）机组启动验收	首（末）台机组启动验收应由竣工验收主持单位或其委托单位组织的机组启动验收委员会负责；中间机组启动验收应由项目法人组织的机组启动验收工作组负责。验收委员会（工作组）应有所在地区电力部门的代表参加。 根据机组规模情况，竣工验收主持单位也可委托项目法人主持首（末）台机组启动验收	首（末）台机组启动验收： 1. 技术预验收工作报告已提交； 2. 技术预验收工作报告中提出的遗留问题已处理	首（末）台机组启动验收： 1. 听取工程建设管理报告和技术预验收工作报告； 2. 检查机组和有关工程施工和设备安装及运行情况； 3. 鉴定工程施工质量； 4. 讨论并通过机组启动验收鉴定书	机组启动验收鉴定书	

续表 5-2

序号	工作内容	主持单位	验收条件	验收内容	验收成果	项目法人准备工作
5	部分工程投入使用验收	竣工验收主持单位或委托的单位	1. 拟投入使用工程已按批准设计文件规定的内容完成并已通过相应的法人验收； 2. 拟投入使用工程已具备运行管理条件； 3. 工程投入使用后，不影响其他工程正常施工，且其他工程施工不影响部分工程安全运行（包括采取防护措施）； 4. 项目法人与运行管理单位已签订部分工程提前使用协议； 5. 工程调度运行方案已编制完成；度汛方案已经有管辖权的防汛指挥部门批准，相关措施已落实	1. 检查拟投入使用工程是否已按批准设计完成； 2. 检查工程是否已具备正常运行条件； 3. 鉴定工程施工质量； 4. 检查工程的调度运用、度汛方案落实情况； 5. 对验收中发现的问题提出处理意见； 6. 讨论并通过部分工程投入使用验收鉴定书	部分工程投入使用验收鉴定书	1. 编制部分工程投入使用验收申请报告； 2. 检查、确认拟投入使用的部分工程已按批准设计完成； 3. 编制并落实工程调度运用、度汛方案； 4. 拟定验收鉴定书（初稿）； 5. 组织验收会议会务安排等

5.3　专项验收

专项验收主要包括水土保持设施竣工验收、环境保护设施竣工验收、移民安置验收、工程档案验收、消防验收等。在工程竣工验收前，项目法人应按有关行业规定，进行专项验收。专项验收主要内容见表 5-3。

表 5-3　专项验收

序号	验收内容	主持单位	参与单位
1	水土保持设施竣工验收	项目法人	水土保持方案编制单位、设计单位、施工单位、监理单位、监测单位、水土保持验收报告编制单位
2	环境保护设施竣工验收	项目法人	环境评价报告编制单位、设计单位、施工单位、监理单位、监测单位、环境保护验收调查报告编制单位
3	移民安置验收	自验组织单位：承担移民安置任务的县级人民政府； 初验组织单位：县级以上人民政府或者其规定的移民管理机构； 终验主持单位：省级人民政府或指定的移民管理机构	项目法人、移民安置规划设计单位、移民安置监督评估单位等
4	工程档案验收	竣工验收主持单位的档案业务主管部门	档案管理部门及项目法人、设计、监理、施工等档案形成单位
5	消防验收	建设主管部门	项目法人、设计、监理、施工等单位

5.3.1　水土保持设施施工验收

5.3.1.1　验收依据

（1）《水利部关于加强事中事后监管规范生产建设项目水土保持设施自主验收的通知》（水保〔2017〕365 号）。

（2）《生产建设项目水土保持设施自主验收规程（试行）》（办水保〔2018〕133 号）。

（3）《生产建设项目水土保持监督管理办法》（办水保〔2019〕172 号）。

（4）《水土保持工程质量评定规程》（SL 336—2006）。

（5）水土保持方案及其批复；水土保持初步设计、施工图设计及其审批（审查、审定）意见。

5.3.1.2　验收要求

编制水土保持方案报告的建设项目，应在生产建设项目投产使用或者竣工验收前开展水土保持设施竣工验收。水土保持设施竣工验收为项目法人自主验收。

编制水土保持方案报告书的建设项目水土保持设施验收分为水土保持设施验收报告编制和竣工验收两个阶段。

编制水土保持方案报告表的生产建设项目，不需要编制水土保持设施验收报告。

5.3.1.3 自主验收的主要内容

(1)水土保持设施建设完成情况；

(2)水土保持设施质量；

(3)水土流失防治效果；

(4)水土保持设施的运行、管理及维护情况。

5.3.1.4 自主验收合格应具备的条件

(1)水土保持方案(含变更)编报、初步设计和施工图设计等手续完备；

(2)水土保持监测资料齐全，成果可靠；

(3)水土保持监理资料齐全，成果可靠；

(4)水土保持设施按经批准的水土保持方案(含变更)、初步设计和施工图设计建成，符合国家、地方、行业标准、规范、规程的规定；

(5)水土流失防治指标达到了水土保持方案批复的要求；

(6)重要防护对象不存在严重水土流失危害隐患；

(7)水土保持设施具备正常运行条件，满足交付使用要求，运行、管理及维护责任得到落实。

5.3.1.5 编制水土保持设施验收报告

水土保持设施验收报告由项目法人组织第三方机构编制。承担生产建设项目水土保持方案技术评审、水土保持监测、水土保持监理工作的单位不得作为该生产建设项目水土保持设施验收报告编制的第三方机构。

5.3.1.6 水土保持设施竣工验收

1. 成立验收组

水土保持设施竣工验收由项目法人组织，验收组由项目法人和水土保持设施验收报告编制、主体设计、水土保持监测、监理、方案编制、施工等有关单位代表组成。项目法人可根据项目规模、性质、复杂程度等情况邀请水土保持专家参加验收组。

实行承诺制或备案制管理的项目，其水土保持设施验收组中应当有至少一名省级水行政主管部门水土保持方案专家库专家。

2. 验收程序

(1)从水土保持设施竣工图中选择有代表性、典型性的水土保持设施进行查看，有保护对象的重点查看；

(2)对验收资料进行重点抽查，并对抽查资料的完整性、合规性提出意见；

(3)召开验收会议：

①水土保持方案编制、监测、监理等单位汇报相应工作及成果；

②水土保持设施验收报告编制单位汇报工作及成果；

③验收组成员质询、讨论，并发表个人意见；

④讨论形成验收意见和结论。

5.3.1.7　验收不合格的情形

存在下列情形之一的，水土保持设施验收结论应当为不合格：

(1)未依法依规履行水土保持方案编报审批程序或者开展水土保持监测、监理的；

(2)弃土弃渣未堆放在经批准的水土保持方案确定的专门存放地的；

(3)水土保持措施体系、等级和标准或者水土流失防治指标未按照水土保持方案批复要求落实的；

(4)存在水土流失风险隐患的；

(5)水土保持设施验收材料明显不实、内容存在重大缺项、遗漏的；

(6)存在法律法规和技术标准规定不得通过水土保持设施验收的其他情形的。

5.3.1.8　验收信息公开及报备

1. 公开验收情况

生产建设单位应当在水土保持设施验收合格后，及时在其官方网站或者其他公众知悉的网站公示水土保持设施验收材料，公示时间不得少于 20 个工作日。对于公众反映的主要问题和意见，建设单位应当及时给予处理或者回应。

2. 报备验收材料

项目法人应当在水土保持设施验收通过 3 个月内，向审批水土保持方案的水行政主管部门或者水土保持方案审批机关的同级水行政主管部门报备水土保持设施验收材料。验收报备应当提交水土保持设施验收鉴定书、水土保持设施验收报告和水土保持监测总结报告。实行承诺制或者备案制管理、编制水土保持方案报告表的建设项目，只需要提交水土保持设施验收鉴定书。

水行政主管部门应当出具备案回执。

5.3.2　环境保护设施施工验收

5.3.2.1　验收依据

(1)《建设项目环境保护管理条例》(国务院令第 253 号发布，2017 年修订)。

(2)《建设项目竣工环境保护验收暂行办法》(国环规环评〔2017〕4 号)。

(3)《建设项目竣工环境保护验收技术规范　水利水电》(HJ 464—2009)。

(4)建设项目环境影响报告书(表)及审批部门审批决定。

5.3.2.2　验收要求

对于编制环境影响报告书(表)的项目，在建设项目竣工后，项目法人应组织开展建设项目竣工环境保护验收。

5.3.2.3　验收程序和内容

1. 编制验收监测(调查)报告

建设项目竣工后，项目法人如实查验、监测、记录建设项目环境保护设施的建设和调试情况，编制验收监测(调查)报告。

项目法人不具备编制验收监测(调查)报告能力的，可以委托有能力的技术机构编制，项目法人对受委托的技术机构编制的验收监测(调查)报告结论负责。

2. 环境保护设施调试

需要对环境保护设施进行调试的，调试期间应对环境保护设施运行情况和建设项目对环境的影响进行监测。项目法人可根据自身条件和能力、设备自行监测，也可以委托其他有能力的监测机构开展监测。

3. 编制验收报告

验收监测(调查)报告编制完成后，项目法人根据验收监测(调查)报告结论，逐一检查，提出验收意见。

在提出验收意见的过程中，项目法人可以组织成立验收工作组，采取现场检查、资料查阅、召开验收会议等方式，协助开展验收工作。验收工作组可以由设计单位、施工单位、环境影响报告(表)编制机构、验收监测(调查)报告编制机构等单位代表及专业技术专家组成，代表范围的人数自定。

验收意见包括工程建设基本情况、工程变动情况、环境保护设施落实情况、环境保护设施调试效果、工程建设对环境的影响、验收结论和后续要求等内容，验收结论应当明确该建设项目环境保护设施是否验收合格。

验收报告分为验收监测(调查)报告、验收意见和其他需要说明的事项等三项内容。

5.3.2.4　公开信息

除按照国家需要保密的情形外，建设单位应通过其网站或其他便于公众知晓的方式，向社会公开以下信息：

(1)建设项目配套建设的环境保护设施竣工后，公开竣工日期。

(2)对建设项目配套建设的环境保护设施进行调试前，公开调试的起止日期。

(3)验收报告编制完成后 5 个工作日内，公开验收报告，公示的期限不得少于 20 个工作日。

(4)项目法人公开上述信息的同时，应向所在地县级以上环境保护主管部门报送相关信息，并接受监督检查。

(5)验收报告公示期满后 5 个工作日内，项目法人登录全国建设项目竣工环境保护验收信息平台，填报建设项目基本信息、环境保护设施验收情况等相关信息。

5.3.3　移民安置验收

5.3.3.1　验收依据

(1)《大中型水利水电工程建设征地补偿和移民安置条例》(国务院令第 471 号发布，2013 年、2017 年修订)。

(2)《大中型水利水电工程移民安置验收管理办法》(水移民〔2022〕414 号)。

(3)《水利水电工程移民安置验收规程》(SL 682—2014)。

(4)经批准的移民安置规划大纲、移民安置规划、工程可行性研究报告和初步设计报告，移民安置实施设计文件及规划设计变更专题报告和概算调整批准文件等，移民安置年度计划。

(5)项目法人与地方人民政府或其规定的移民管理机构签订的移民安置协议等。

5.3.3.2　验收内容

移民安置验收可分为工程阶段性移民安置验收和工程竣工移民安置验收。

工程阶段性移民安置验收是指水库工程导(截)流、下闸蓄水(含分期蓄水)等阶段的移民安置验收。

移民安置验收内容主要包括:农村移民安置、城(集)镇迁建、企(事)业单位处理、专项设施处理、防护工程建设、水库库底清理、移民资金使用管理、移民档案管理、水库移民后期扶持政策落实措施、移民迁建用地手续办理等。

5.3.3.3　验收组织

由水利部主持验收的大中型水利水电工程,工程阶段性和竣工移民安置验收由水利部会同有关省级人民政府主持,水利部可根据需要委托流域管理机构开展工程阶段性移民安置验收工作。其余大中型水利水电工程,移民安置验收由省级人民政府或者其规定的移民管理机构主持,并由省级人民政府规定的移民管理机构将移民安置验收报告抄报水利部水库移民司。

移民安置验收组织或者主持单位,应当组织成立验收委员会。验收委员会由验收组织或者主持单位、项目主管部门、有关地方人民政府及其移民管理机构和相关部门、项目法人、移民安置规划设计单位、移民安置监督评估单位,以及其他相关单位(包括技术预验收单位)的代表和有关专家组成。验收委员会主任委员由移民安置验收组织或者主持单位代表担任。

5.3.3.4　验收程序

移民安置验收前,项目法人应会同与其签订移民安置协议的地方人民政府编制移民安置验收工作计划,对移民安置自验和初验工作做出安排,对移民安置终验工作提出建议。移民安置验收工作计划应当报移民安置验收主持单位备案。

移民安置验收应自下而上,按照自验、初验、终验的顺序进行。

1. 移民安置自验

移民安置自验是指承担移民安置任务的县级人民政府对移民安置工作进行的自我检查和验收。

移民区和移民安置区县级人民政府应当按照移民安置验收工作计划,组织开展移民安置自验工作。

2. 移民安置初验

移民安置初验是指县级以上人民政府或者其规定的移民管理机构对移民安置工作进行的初步检查和验收。

移民安置自验通过后,移民区和移民安置区县级人民政府应当及时向初验组织单位提出初验申请;移民安置初验组织单位接到初验申请后,根据验收条件等及时决定是否同意进行移民安置初验。

移民安置工作仅涉及一个县级行政区域的,移民安置初验可与自验合并进行。

3. 移民安置终验

移民安置终验是指移民安置验收主持单位对移民安置工作进行的全面检查和验收。在开展移民安置验收前,可根据需要委托第三方开展技术预验收工作。

移民安置初验通过后，移民安置初验组织单位应当及时向省级人民政府或者其规定的移民管理机构提出移民安置终验申请；移民安置验收主持单位收到终验申请后，根据验收条件等及时决定是否同意进行移民安置终验。

5.3.3.5 验收成果及问题处理

移民安置验收成果为移民安置验收报告。对验收中发现的问题，其处理原则由验收委员会协商确定。主任委员对争议问题有裁决权。但是，半数以上验收委员会成员不同意裁决意见的，应当报请验收主持单位决定。

移民安置验收中发现的问题，有关单位应当按照验收报告提出的处理意见按期妥善处理，并及时将处理结果报验收组织或者主持单位。

5.3.4 档案验收

5.3.4.1 验收依据

（1）《水利工程建设项目档案验收办法》（水办〔2023〕132 号）。

（2）《水利工程建设项目档案管理规定》（水办〔2021〕200 号）。

（3）《建设工程文件归档规范》（GB/T 50238—2019）。

5.3.4.2 验收申请

1. 申请档案验收应具备的条件：

（1）项目已按批准的设计文件要求建成，各项指标已达到设计能力并满足一定运行条件。

（2）项目法人与各参建单位已完成竣工验收前应归档纸质及电子等文件材料的收集、整理、归档与移交工作。

（3）监理单位对施工单位提交的项目档案质量已进行审核，确认已达到验收标准，并编制档案专项审核报告。

（4）项目法人实现项目档案的集中统一管理，且按要求完成自检工作，达到《评分标准》规定的合格以上分数。

依据《水利工程建设项目档案验收评分标准》（见附录 D-2“水利工程建设项目档案验收评分标准”）逐项评分，满分为 100 分。总分达到 90 分以上的为优良等级；达到 70~89.9 分的为合格等级；未达到 70 分，或达到 70 分但“档案收集整理质量与移交保管”项未达到 60 分的为不合格。

2. 验收申请内容

档案验收申请材料应包括项目法人开展档案自检工作的情况说明、自检得分、自检结论等内容，并将项目法人的项目档案管理与自检工作报告、监理单位的档案专项审核报告附后。

（1）工程建设项目档案管理与自检。工作报告主要内容包括：工程概况、项目档案管理（档案工作管理体制、档案管理制度及办法、档案管理设备设施、档案质量管控措施、项目文件收集整理归档、档案信息化管理）、项目档案自检（自检工作组织、自检发现问题整改、检查评估发现问题整改）、综合性评价及其他需要说明的问题等。

（2）工程建设项目档案专项审核报告主要内容包括：工程概况、审核依据及范围、审核工作组织、审核工作内容(对施工单位档案审核情况、监理单位档案审核情况、竣工图编制审核情况)、发现问题及整改、综合性评价及审核结果等。

大中型和国家重点水利工程建设项目档案验收前应开展检查评估工作,由档案验收组织单位或其委托的单位组成检查组,现场核查是否具备验收条件,对发现的问题提出整改意见。项目法人原则上应在20个工作日内完成检查评估发现问题整改工作,将整改完成情况书面报告档案验收组织单位。

项目法人应在档案验收时准备好下列备查材料:

(1)明确负责档案工作机构或部门的相关文件、档案管理工作网络图。

(2)档案管理办法、项目文件归档范围和档案保管期限表、档案分类等及档案号编制方案、档案整理细则等制度文件。

(3)工程分标方案批复文件及项目划分批准文件。

(4)合同台账。

(5)重大设计变更台账(如有)。

(6)安全、质量事故及质量缺陷处理统计台账。

(7)历次验收遗留问题及检查稽查发现问题处理情况统计台账。

(8)设备清单。

(9)档案案卷目录、卷内目录。

(10)档案编研成果等其他相关材料。

5.3.4.3 验收的组织

(1)地方水行政主管部门组织竣工验收的项目,由其档案工作机构组织档案验收,必要时可根据项目实际情况,会同项目所在地相应档案主管部门共同组织。

(2)档案验收组织单位应根据项目建设规模及档案收集整理的实际情况,及时组建档案验收组具体承担验收工作。验收组成员一般应包括档案验收组织单位、相应档案主管部门、有关流域管理机构或地方水行政主管部门的人员及特邀专家,验收组组长由验收组织单位的人员担任。验收组成员人数应为不少于5人的单数。

5.3.4.4 验收的程序

档案验收以验收组织单位召集验收会议的形式进行。验收组全体成员参加验收会议,项目法人、各参建单位和运行管理单位等有关人员列席会议。档案验收包括首次会、查看现场、检查档案、验收组内部会议、末次会等工作流程,由验收组组长或其委托的验收组成员主持。

(1)召开首次会。

①验收组组长宣布验收组成员名单及验收议程安排。

②项目法人汇报工程概况、档案管理与自检情况。

③监理单位汇报项目档案审核情况。

④验收组成员对有关情况进行质询。

(2)查看工程建设现场。

(3)检查档案安全保管情况。

(4)检查档案信息化管理情况。

(5)抽查档案案卷。重点抽查项目前期及批复、项目划分、重要合同、设计变更、隐蔽工程、重要设备、质检、竣工图、质量终身责任等文件材料，总体抽查数量不低于总量的10%。其中案卷数量低于1 000卷的，抽查数量不少于100卷；案卷数量不满100卷的，抽查数量不少于20卷。

(6)召开验收组内部会议。

①验收组结合检查情况，按照《评分标准》逐项评分。

②验收组进行综合评分评议，讨论并形成档案验收意见。

③验收组成员在验收意见上签字。

(7)召开末次会。

①验收组与项目法人交换意见，通报验收情况。

②验收组宣读验收意见。

③项目法人针对存在问题做出整改承诺。

通过档案验收的，验收组织单位应在10个工作日内向申请验收单位印发档案验收意见，并根据实际情况抄送相应项目法人和相应档案主管部门。未通过档案验收的，验收组应书面提出整改意见。项目法人原则上应在30个工作日内完成相关整改工作后，重新申请验收。

5.3.5　消防验收

5.3.5.1　验收依据

验收依据为《建设工程消防设计审查验收管理暂行规定》(住建部令第51号发布)。

5.3.5.2　消防验收适用范围

根据《建设工程消防设计审查验收管理暂行规定》(住建部令第51号发布)相关规定，对特殊建设工程实行消防验收制度，其他建设工程实行备案抽查制度。

在《建设工程消防设计审查验收管理暂行规定》(住建部令第51号发布)中列出了12类特殊工程情形，水利行业可能涉及的特殊工程主要包括隧道工程，大型发电、变配电工程和单体建筑面积大于4万 m^2 或者建筑高度超过50 m的公共建筑等。

5.3.5.3　验收单位

县级以上地方人民政府住房和城乡建设主管部门依职责承担本行政区域内建设工程的消防设计审查、消防验收、备案和抽查工作。

跨行政区域建设工程的消防设计审查、消防验收、备案和抽查工作，由该建设工程所在行政区域消防设计审查验收主管部门共同的上一级主管部门指定负责。

5.3.5.4　特殊建设工程的验收程序

(1)特殊建设工程竣工验收后，项目法人应当向消防设计审查验收主管部门申请消防验收。

(2)项目法人组织竣工验收时，应当对建设工程是否符合下列要求进行查验：

①完成工程消防设计和合同约定的消防各项内容。

②有完整的工程消防技术档案和施工管理资料(含涉及消防的建筑材料、建筑构配件和设备的进场试验报告)。

③建设单位对工程涉及消防的各分部分项工程验收合格；施工、设计、工程监理、技术服务等单位确认工程消防质量符合有关标准。

④消防设施性能、系统功能联调联试等内容检测合格。

(3)项目法人申请消防验收，应当提交下列材料：

①消防验收申请表。

②工程竣工验收报告。

③涉及消防的建设工程竣工图纸。

(4)消防设计审查验收主管部门受理消防验收申请后，按照国家有关规定，对特殊建设工程进行现场评定。现场评定包括对建筑物防(灭)火设施的外观进行现场抽样查看；通过专业仪器设备对涉及距离、高度、宽度、长度、面积、厚度等可测量的指标进行现场抽样测量；对消防设施的功能进行抽样测试、联调联试消防设施的系统功能等内容。

消防设计审查验收主管部门应当自受理消防验收申请之日起 15 日内出具消防验收意见。对符合下列条件的，应当出具消防验收合格意见：

①申请材料齐全、符合法定形式。

②工程竣工验收报告内容完备。

③涉及消防的建设工程竣工图纸与经审查合格的消防设计文件相符。

④现场评定结论合格。

对不符合验收规定条件的，消防设计审查验收主管部门应当出具消防验收不合格意见，并说明理由。

5.3.5.5 其他建设工程的验收备案

(1)其他建设工程竣工验收合格之日起 5 个工作日内，项目法人应当报消防设计审查验收主管部门备案，提交下列材料：

①消防验收备案表；

②工程竣工验收报告；

③涉及消防的建设工程竣工图纸。

消防设计审查验收主管部门收到备案材料后，对备案材料齐全的，出具备案凭证；备案材料不齐全的，应当一次性告知需要补正的全部内容。

(2)消防设计审查验收主管部门对备案的其他建设工程进行抽查。

(3)如作为检查对象，项目法人在收到检查不合格整改通知后，应当停止使用建设工程，并组织整改，整改完成后，向消防设计审查验收主管部门申请复查。

5.3.5.6 项目法人对消防验收(备案)的管理

1. 按程序要求进行消防设计审查

属于《建设工程消防设计审查验收管理暂行规定》(住建部令第 51 号发布)中规定了 12 种情况的特殊建设工程，项目法人应在完成工程(消防)设计后，首先向消防设计审查验收主管部门申请消防设计审查，消防设计审查验收主管部门依法对审查的结果负责。特殊建设工程未经消防设计审查或者审查不合格的，项目法人、施工单位不得施工。

2. 加强对其他工程的消防设计管理

消防设计审查验收主管部门对特殊工程以外的其他工程实行消防验收备案制度，项

目法人对消防备案仍需引起充分重视。为顺利完成备案内容,可从以下方面加强消防设计的管理:

(1)规范进行消防设计,设计单位应严格按照消防设计相关标准开展设计,避免缺项、漏项和不符合消防设计标准的情况。

(2)工程项目中有关消防设计完成后,项目法人主动将消防设计向审查单位开展咨询或邀请第三方审查,以进一步完善和规范消防设计内容,避免后期备案时出现不合格的情况。

5.4　竣工验收

5.4.1　竣工验收要求

5.4.1.1　验收时间

竣工验收应在工程建设项目全部完成并满足一定运行条件 1 年内进行。不能按期进行验收的,经竣工验收主持单位同意,可以适当延长期限,但最长不得超过 6 个月。一定运行条件是指:

(1)泵站工程经过一个排水或抽水期。

(2)河道疏浚工程完成后。

(3)其他工程经过 6 个月(经过一个汛期)至 12 个月。

5.4.1.2　验收的阶段划分

竣工验收分为竣工技术预验收和竣工验收两个阶段。

大型水利工程在竣工技术预验收前,应按照有关规定进行竣工验收技术鉴定;中型水利工程,竣工验收主持单位可根据需要决定是否进行竣工验收技术鉴定。

5.4.1.3　验收应具备的条件

(1)工程已按批准设计全部完成。

(2)工程重大设计变更已经有审批权的单位批准。

(3)各单位工程能正常运行。

(4)历次验收所发现问题已基本处理完毕。

(5)各专项验收已通过。

(6)工程投资已全部到位。

(7)运行管理单位已明确,管理养护经费已基本落实。

(8)质量和安全监督工作报告已提交,工程质量达到合格标准。

(9)竣工验收资料已准备就绪。

(10)工程有少量建设内容未完成,但不影响工程正常运行,且能符合财务有关规定,项目法人已对尾工做出安排的,经竣工验收主持单位同意,可进行竣工验收。

5.4.1.4　验收的程序

(1)项目法人组织进行竣工验收自查。

(2)项目法人提交竣工验收申请报告。

(3)竣工验收主持单位批复竣工验收申请报告。

(4)进行竣工技术预验收。

(5)召开竣工验收会议。

(6)印发竣工验收鉴定书。

5.4.2 竣工验收程序

竣工验收及其有关工作一般包括竣工验收自查、竣工技术预验收、竣工验收、工程移交、验收遗留问题处理、竣工证书颁发等内容(见表5-4)。

表5-4 竣工验收及其有关工作

序号	工作内容	主持(组织)单位	参与单位	成果性文件
1	竣工验收自查	项目法人	其他参建单位	竣工验收自查工作报告
2	竣工技术预验收	竣工验收主持单位成立专家组	项目法人及其他参建单位	竣工技术预验收工作报告
3	竣工验收	竣工验收主持单位	项目法人及其他参建单位	竣工验收鉴定书
4	工程移交	项目法人	项目法人、运行管理单位	移交证书
5	验收遗留问题处理	项目法人(或指定单位)	其他参建单位	遗留问题验收文件
6	竣工证书颁发	竣工验收主持单位	项目法人	工程竣工证书

5.4.2.1 竣工验收自查

1. 自查组织

项目法人组织竣工验收自查。自查工作由项目法人主持,勘测、设计、监理、施工、主要设备制造(供应)商及运行管理等单位的代表参加。

2. 自查工作主要内容

(1)检查有关单位的工作报告。

(2)检查工程建设情况,评定工程项目施工质量等级。

(3)检查历次验收、专项验收的遗留问题和工程初期运行所发现问题的处理情况。

(4)确定工程尾工内容及其完成期限和责任单位。

(5)对竣工验收前应完成的工作做出安排。

(6)讨论并通过竣工验收自查工作报告。

3. 自查工作的监督

项目法人组织工程竣工验收自检前,提前10个工作日,通知质量和安全监督机构,同时向法人验收监督管理机关报告。质量和安全监督机构应派员列席自查工作会议。

项目法人完成竣工验收自查工作之日起10个工作日内,将自查的工程项目质量结论和相关资料报质量监督机构。

5.4.2.2　竣工技术预验收

1. 验收组织

竣工技术预验收由竣工验收主持单位组织的专家组负责，专家组可下设专业工作组，在各专业工作组检查意见的基础上形成竣工技术预验收工作报告。

2. 验收主要内容

(1)检查工程是否按批准的设计完成。

(2)检查工程是否存在质量隐患和影响工程安全运行的问题。

(3)检查历次验收、专项验收的遗留问题和工程初期运行中所发现问题的处理情况。

(4)对工程重大技术问题做出评价。

(5)检查工程尾工安排。

(6)鉴定工程施工质量。

(7)检查工程投资、财务情况。

(8)对验收中发现的问题提出处理意见。

3. 验收程序

(1)现场检查工程建设情况并查阅有关工程建设资料。

(2)听取项目法人、设计、监理、施工、质量和安全监督机构、运行管理等单位工作报告。

(3)听取竣工验收技术鉴定报告和工程质量抽样检测报告。

(4)专业工作组讨论并形成各专业工作组意见。

(5)讨论并通过竣工技术预验收工作报告。

(6)讨论并形成竣工验收鉴定书初稿。

5.4.2.3　竣工验收

1. 验收组织

竣工验收的验收委员会由竣工验收主持单位、有关地方人民政府和部门、有关水行政主管部门和流域管理机构、质量和安全监督机构、工程运行管理单位的代表及有关专家组成。工程投资方代表可以参加竣工验收委员会。

项目法人、勘测、设计、监理、施工和主要设备制造(供应)商等单位应派代表参加竣工验收，负责解答验收委员会提出的问题，并作为被验单位代表在验收鉴定书上签字。

2. 验收会议主要内容和程序

(1)现场检查工程建设情况及查阅有关资料。

(2)召开验收会议：

①宣布验收委员会组成人员名单。

②观看工程建设影像资料。

③听取工程建设管理工作报告。

④听取竣工技术预验收工作报告。

⑤听取验收委员会确定的其他报告。

⑥讨论并通过竣工验收鉴定书。

⑦验收委员会委员和被验单位代表在竣工验收鉴定书上签字。

3. 验收结论

(1)工程项目质量达到合格以上等级的,竣工验收的质量结论意见应为合格。

(2)自竣工验收鉴定书通过之日起30个工作日内,由竣工验收主持单位发送有关单位。

5.4.2.4　工程移交

(1)在竣工验收鉴定书印发后60个工作日内,项目法人与运行管理单位应完成工程移交手续。

(2)工程移交应包括工程实体、其他固定资产和工程档案资料等,应按照初步设计等有关批准文件进行逐项清点,并办理工程移交手续。

(3)办理工程移交,应有完整的文字记录和双方法定代表人签字。

5.4.2.5　验收遗留问题及尾工处理

(1)有关验收成果性文件应对验收遗留问题有明确的记载。影响工程正常运行的,不应作为验收遗留问题处理。

(2)验收遗留问题和尾工的处理应由项目法人负责。项目法人应按照竣工验收鉴定书、合同约定等要求,督促有关责任单位完成处理工作。

(3)验收遗留问题和尾工处理完成后,有关单位应组织验收,并形成验收成果性文件。项目法人应参加验收并负责将验收成果性文件报竣工验收主持单位。

(4)工程竣工验收后,应由项目法人负责处理的验收遗留问题,项目法人已撤销的,应由组建或批准组建项目法人的单位或其指定的单位处理完成。

5.4.3　工作指导

5.4.3.1　加快推进水利工程竣工验收工作

2022年5月20日印发的《水利部关于进一步加快水利工程竣工验收工作的通知》(水建设〔2022〕217号)规定,项目法人是竣工验收准备工作的责任主体,要按照有关规定制订切实可行的验收工作计划,明确各专项验收、竣工验收的时间节点,根据时限要求制备竣工验收资料,做好各项竣工验收准备工作,原则上应在工程完成1年内提交竣工验收申请。

项目法人应认真分析影响竣工验收工作的制约因素,剖析原因,找准症结,积极协调有关部门和参建单位,逐项明确责任单位和责任人,加快推动问题解决。

对已按照初步设计全部建成,试运行期运行正常,但因专项验收等特殊原因制约竣工验收工作开展的水利工程,可先行进行工程完工验收,对工程建设完成情况和工程质量状况进行评价,对工程能否正常投入运用做出明确结论,工程完工验收后办理工程部分移交手续,转入运行管理,竣工验收条件具备后及时进行竣工验收。

竣工验收主持单位可以优化验收工作程序,结合工程特点将相关工作环节合并进行。可以按照“放管服”要求,将水库下闸蓄水外的其他阶段验收委托项目法人主持,竣工验收主持单位加强监督管理。

5.4.3.2　水库、水闸工程验收与运行使用

水库、水闸工程严禁未经验收即投入运行。水库工程必须通过蓄水验收、拦河水闸工

程通过蓄水验收或竣工验收后，方可蓄水运行，凡未通过蓄水验收或竣工验收的水库、拦河水闸项目，不得下闸蓄水运行。水库、拦河水闸蓄水运行，要移交运行管理单位（管理责任主体）实施，并严格按照水行政主管部门审查批准的水库调度规程、水库汛期调度运用计划、水闸控制运用计划和调度指令执行。根据职责范围，工程建设项目法人及其他参建单位均无工程使用的资格，不得擅自违规运行使用。

5.4.3.3　部分工程提前投入使用

项目施工工期因故拖延，并预期完成计划不确定的工程项目，部分已完成工程需要投入使用的，应进行部分工程投入使用验收（见本章 5.2.2），由项目法人和运行管理单位签订工程提前使用协议，交由运行管理单位负责运行。

5.4.4　竣工验收管理文件依据

（1）《水利工程建设项目验收管理规定》（水利部令第 30 号发布，2014 年、2016 年、2017 年修正）。

（2）《水利部关于进一步加快水利工程竣工验收工作的通知》（水建设〔2022〕217 号）。

（3）《水利水电建设工程验收规程》（SL 223—2008）。

（4）《水利水电建设工程验收技术鉴定导则》（SL 670—2015）。

第6章 生产准备与项目后评价

本章主要介绍与项目法人相关的生产准备和项目后评价工作。

6.1 生产准备

生产准备是项目投产前所要进行的一项重要工作,是建设阶段转入生产的必要条件。项目法人应按照建管结合和项目法人责任制的要求,与运行管理单位协调做好有关生产准备工作。根据不同类型的工程要求,生产准备阶段包括生产组织准备、生产人员准备、生产技术准备、生产物资准备、生产资金准备等内容。

6.1.1 生产准备工作内容

6.1.1.1 生产组织准备

(1)按照精简、统一、效能的原则,依据生产运行实际情况组建生产组织机构,负责生产运行准备工作,并根据工程特点和运行管理需要建立健全相应的运行管理制度。主要的运行管理制度包括岗位责任制度、安全生产目标管理制度、文件管理制度、教育培训管理制度、设备管理制度、安全保卫管理制度等。

(2)按照生产运营方案的要求,及时组织领导机构及生产人员参加设备安装、调试、工程验收,掌握好生产技术和工艺流程,为顺利衔接工程建设和生产经营做好准备。

(3)根据设计要求和工程建设进展情况,与运行管理单位配合配备生产运营需要的设备维修保养人员,以适应生产管理的实际需要。

6.1.1.2 生产人员准备

(1)根据批准的定员指标,编制人员招聘总计划和年度计划,适时配备人员。人员配备时应注意年龄结构、文化层次、技术等级的构成。

(2)制订全员培训计划,抓好培训工作。对各级管理人员应重点兼顾进行本专业及相关知识教育培训,提高其管理水平;对生产技术人员应着重组织专业技术知识、劳动安全等相关知识培训,提高其业务素质和技术水平。

(3)在人员培训中,以培养有理想、有道德、有文化、有纪律的职工队伍为目标,抓好思想、作风、纪律的培养和职业道德教育,采取各种有效方式促进职工自我教育、自我提高,激发员工奋斗精神。

(4)生产人员应尽早介入工程的施工建设,熟悉工程情况。生产人员在工程建设期可参与的工作包括:

①参加工程设备的安装调试。

②参加重要隐蔽工程(关键部位)单元工程验收。

③参加分部工程验收。

④参加单位工程验收。

⑤需提前投入使用的单位工程,参加单位工程投入使用验收。

⑥参加工程阶段验收,包括枢纽工程导(截)流验收、水库下闸蓄水验收、引(调)排水工程通水验收、水电站(泵站)机组启动验收、部分工程投入使用验收等。

⑦参加工程竣工技术预验收和竣工验收,并做运行管理工作报告。

⑧其他需要参与的工作。

6.1.1.3　生产技术准备

生产技术准备的主要任务是编制工程运行方案、岗位操作流程,建立岗位责任制等,使生产人员掌握生产运行技术。

(1)建立生产技术工艺流程图,通过设计方案讨论、设备原理及其他技术准备工作,使生产管理人员和技术人员熟悉、掌握工艺流程、设备安全等技术,使其具备相对独立处理技术问题的能力。

(2)根据设计文件,结合项目工程内容和运行要求,完成本项目业务培训、技术资料整编、工程监测统计分析等工作。

①业务培训。包括项目设计及专业知识教材、图纸、操作手册、生产准备手册、安全及消防知识教材等培训。

②生产技术资料整编。包括岗位操作规程、安全技术规程、检修规程、主要设备运行规程、电气运行规程、岗位记录和技术台账及其他综合性技术资料。

③工程监测统计分析。包括工程监测各项初始数据记录,建立工程监测台账,记录整理相关沉降、位移、水位、浸润线等观测数据并进行统计分析。

6.1.1.4　生产物资准备

(1)按照试运行阶段的要求,组织准备试运行期间所需要的物资,需要采购的物品要制订采购计划并与供货单位签订供货协议或合同。

(2)各类备品、备件应做好分类、建账、建卡、上架等工作,做到账物卡相符,严格执行保管发放制度。

(3)按照设计方案要求配备安全、卫生、消防、通信等器材,按设计要求和有关规定配发劳动保护用品。

6.1.1.5　生产资金准备

(1)根据设计概算中各项生产准备费用,编制年度生产准备资金计划,并纳入建设项目投资计划之中,确保生产准备资金来源。

(2)在编制试运行方案时,制订费用计划表。

6.1.2　项目法人生产准备相关工作

(1)项目法人在建设合同中应约定各参建单位在生产准备和试运行过程中应承担的责任和工作内容,比如是否需要有关设备厂家技术人员进行技术培训、生产准备和试运行期各单位技术人员的驻场要求、备品备件的贮备及在竣工验收后运行维护期的相关要求等。

(2)项目法人与运行管理单位应注意档案资料的交接,档案资料范围应根据生产经营单位的需要提供,如涉及多家运行管理单位的,只向运行管理单位移交与其管理部分有关的项目档案。

(3)项目法人在生产准备阶段,应特别注意技术资料中观测资料的收集整理,如各专项观测设施的位置、观测起始数据和施工期、运行期的观测数据等,与运行单位做好移交。

(4)项目法人为生产准备而进行的建筑设施修建、工器具购置等,应同时做好相关验收,为后续移交做好准备。

6.2 项目后评价

水利建设项目后评价是水利建设投资管理程序的重要环节,是在项目竣工验收且投入使用后,或未进行竣工验收但主体工程已建成投产多年后,对照项目立项及建设相关文件资料,与项目建成后所达到的实际效果进行对比分析,总结经验教训,提出对策建议。也可针对项目的某一问题进行专题评价。

项目后评价应通过全面系统的调查和客观的对比分析、总结,对项目决策、实施过程和运行等各阶段及工程建成后的效益、作用和影响,运用科学、系统、规范的方法进行综合评价。其目的是通过工程项目的后评价,总结经验,吸取教训,提高项目决策、工程实施和运营管理水平,为合理利用资金、提高投资效益、改进管理、制定相关政策等提供科学依据。

后评价项目由水行政主管部门选定。

6.2.1 后评价项目范围

列入后评价的建设项目,主要从以下项目中选择:

(1)对行业和地区发展、产业结构调整有重大指导和示范意义的项目。

(2)对节约资源、保护生态环境、促进社会发展、维护国家安全有重大影响的项目。

(3)对优化资源配置、调整投资方向、优化重大布局有重要借鉴作用的项目。

(4)采用新技术、新工艺、新设备、新材料、新型投融资和运营模式,以及其他具有特殊示范意义的项目。

(5)跨地区、跨流域、工期长、投资大、建设条件复杂,以及项目建设过程中发生重大方案调整的项目。

(6)征地拆迁、移民安置规模较大,可能对贫困地区、贫困人口及其他弱势群体影响较大的项目,特别是在项目实施过程中发生过社会稳定事件的。

(7)使用中央预算内投资数额较大且比例较高的项目。

(8)重大社会民生项目。

(9)社会舆论普遍关注的项目。

6.2.2 项目法人自我评价

对于选定需开展后评价的项目,项目法人应在项目竣工验收并投入使用或运行一年后的两年内,开展自我总结评价工作,编制自我总结评价报告(也可委托工程咨询机构进

行评价)。项目自我总结评价报告主要内容包括:

(1)项目概况。项目目标、建设内容、投资估算、审批情况、资金来源及到位情况、实施进度、批准概算及执行情况等。

(2)项目实施过程总结:项目前期准备、建设实施、项目运行等。

(3)项目效果评价:技术水平、财务及经济效益、社会效益、资源利用效率、环境影响、可持续能力等。

(4)项目目标评价:目标实现程度、差距及原因等。

(5)项目总结:评价结论、主要经验与教训和相关建议等。

6.2.3　后评价配合工作

项目法人将项目自我总结评价报告报送主管部门,同时为主管部门开展后评价提供所需要的相关文件及资料(见表 6-1),并按要求做好主管部门开展后评价的配合工作。

表 6-1　后评价提供资料清单

提供单位	资料类型	资料清单
项目法人	项目审批文件	项目建议书、可行性研究报告、初步设计和概算、特殊情况下的开工报告、规划选址和土地预审报告、环境影响评价报告、安全预评价报告、节能评估报告、重大项目社会稳定风险评估报告、洪水影响评价报告、水资源论证报告、水土保持方案、金融机构出具的融资承诺文件等相关的资料,以及相关批复文件
项目法人	项目实施文件	项目招投标文件、主要合同文本、年度投资计划、概算调整报告、施工图设计会审及变更资料、监理报告、竣工验收报告等相关资料,以及相关的批复文件
运行管理单位	其他资料	项目结算和竣工财务决算报告及资料,项目运行和生产经营情况,财务报表及其他相关资料,与项目有关的审计报告、稽查报告和统计资料等

6.3　生产准备与后评价文件依据

(1)《水利工程建设程序管理暂行规定》(水建〔1998〕16 号,2014 年、2016 年、2017 年、2019 年修正)。

(2)《水利建设项目后评价管理办法(试行)》(水规计〔2010〕51 号)。

(3)《中央政府投资项目后评价管理办法》和《中央政府投资项目后评价报告编制大纲(试行)》(发改投资〔2014〕2129 号)。

(4)《项目后评价实施指南》(GB/T 30339—2013)。

(5)《水利建设项目后评价报告编制规程》(SL 489—2010)。

第 7 章 财务管理与绩效管理

财务管理是指项目法人应健全会计机构,建立财务管理制度,规范使用资金,将工程投资控制在批复概算投资内。本章主要叙述项目法人的财务机构设置、竣工财务决算、绩效管理等内容。

7.1 财务机构设置

7.1.1 岗位设置与管理制度

7.1.1.1 会计机构设置及人员配备

1. 会计机构设置

项目法人应根据财务管理需要设置会计机构,并指定会计主管人员;不具备单独设置会计机构条件的,应当在有关机构中配备专职会计人员;不具备配备人员条件的,应当委托经批准设立从事会计代理记账业务的中介机构代理记账。

2. 会计岗位设置

会计机构一般设会计机构负责人(或称财务负责人)、会计、出纳三种岗位。会计人员应当具备从事会计工作所需要的专业能力和职业道德。担任会计机构负责人(会计主管人员)的,应当具备会计师以上专业技术职务资格或者从事会计工作三年以上经历。

7.1.1.2 财务管理制度

项目法人按照财务管理相关规定,结合项目内容和特点,建立、健全基本建设财务管理制度和内部控制制度。一般包括:

(1)内部会计管理体系。主要内容包括单位领导人、总会计师对会计工作的领导职责;会计部门及其会计机构负责人、会计主管人员的职责;会计部门与其他职能部门的关系;会计核算的组织形式等。

(2)会计人员岗位责任制度。主要内容包括会计人员的工作岗位设置、各会计工作岗位的职责和标准、各会计工作岗位的人员和具体分工、会计工作岗位轮换办法、对各会计工作岗位的考核办法等。

(3)账务处理程序制度。主要内容包括会计科目及其明细科目的设置和使用、会计凭证的格式、审核要求和传递程序、会计核算方法、会计账簿的设置、编制会计报表的种类和要求、单位会计指标体系等。

(4)会计机构内部稽核制度。主要内容包括稽核工作的组织形式和具体分工、稽核工作的职责、权限、审核会计凭证和复核会计账簿、会计报表方法等。

(5)财产物资清查制度。主要内容包括财产清查的范围、财产清查的组织、财产清查的期限和方法、对财产清查中发现问题的处理办法、对财产管理人员的奖惩办法等。

(6)财务收支审批制度。主要内容包括财务收支审批人员和审批权限、财务收支审批程序、财务收支审批人员的责任等。

(7)成本核算制度。主要内容包括成本核算的对象、核算方法和程序、成本分析等。

(8)财务会计分析制度。主要内容包括财务会计分析的主要内容、基本要求和组织程序、分析方法、分析报告的编写等。

(9)会计档案资料管理制度。主要内容包括建立和完善会计档案的收集、整理、保管、利用和鉴定销毁等管理制度,采取可靠的安全防护技术和措施,保证会计档案的真实、完整、可用、安全。

会计档案建档要求、保管期限、销毁办法等依据《会计档案管理办法》(财政部、国家档案局令第79号发布)的规定进行;实行会计电算化的单位,有关电子数据、会计软件资料等应当作为会计档案进行管理。

7.1.2 财务管理内容

7.1.2.1 资金筹集

项目主管部门或项目法人在决策阶段应当明确建设资金来源,落实建设资金,合理控制筹资成本。非经营性项目建设资金按照国家有关规定筹集;经营性项目在防范风险的前提下,可多渠道筹集。

(1)经营性项目应筹集一定比例的非债务性资金作为项目资本。在项目建设期间,项目资本的投资者不得以任何方式抽走出资。经营性项目的投资者以非货币财产作价出资的,应当委托具有专业能力的资产评估机构依法评估作价。

(2)严禁利用或虚构政府购买服务合同违法违规融资。承接主体利用政府购买服务合同向金融机构融资时,应当配合金融机构做好合规性管理。

(3)项目法人应主动了解地方建设资金的配套政策及水利建设项目资金使用拨付程序、预算下达程序,提前做好项目资金收支计划,避免资金配套不到位带来的项目中断叫停状况。

7.1.2.2 资金管理

(1)项目法人作为单位银行结算账户的存款人,依据《人民币银行结算账户管理办法》(中国人民银行令第5号发布)规定,只能在银行开立一个基本存款账户。

(2)严禁重复申报项目内容,严禁虚增投资完成额套取国家资金,严禁虚报虚列项目套取国家资金。

(3)项目法人应当严格执行项目财政资金预算。对发生停建、缓建、迁移、合并、分立、重大设计变更等变动事项和其他特殊情况确需调整的项目,项目法人应当按照规定程序报项目主管部门审核批准。

(4)建设管理费用实行总额控制,分年度据实列支。建设地点分散、点多面广、建设工期长及使用新技术、新工艺等项目,项目建设管理费确需超过开支标准的中央级项目,应当事前报项目主管部门审核批准,并报财政部备案;未经批准的,超标准发生的项目建设管理费由项目建设单位用自有资金弥补;地方级项目,由同级财政部门确定审核批准的要求和程序。

7.1.2.3 会计核算工作要点

(1)按项目单独核算。按照规定将核算情况纳入项目法人账簿和财务报表,并保证项目资料完整。

(2)依法接受检查。项目法人必须依照有关法律、行政法规的规定,向财政部门、项目主管部门报送基本建设财务报表和资料,接受有关监督检查部门依法实施的监督检查,不得拒绝、隐匿、谎报。项目法人应主动接受上级部门开展的财务审计,并如实向审计机构提供会计凭证、会计账簿、财务会计报告和其他会计资料及有关情况。

(3)明细核算建设管理费。将项目建设项目法人从项目筹建之日起至办理竣工财务决算之日止发生的管理性质的支出分类别、分明细进行核算。

7.1.3 财务管理文件依据

(1)《现金管理暂行条例》(国务院令第12号发布,2011年修订)。

(2)《企业会计准则——基本准则》(财政部令第33号发布,2014年修订)。

(3)《基本建设财务规则》(财政部令第81号发布,2017年修改)。

(4)《会计基础工作规范》(财会字〔1996〕19号,2019年修改)。

(5)《关于进一步完善制度规定 切实加强财政资金管理的通知》(财办〔2011〕19号)。

(6)《政府会计制度——行政事业单位项目法人会计科目和报表》(财会〔2017〕25号)。

(7)《关于贯彻实施政府会计准则制度的通知》(财会〔2018〕21号)。

(8)《关于加强会计人员诚信建设的指导意见》(财会〔2018〕9号)。

(9)《会计人员管理办法》(财会〔2018〕33号)。

(10)《人民币银行结算账户管理办法》(中国人民银行令第5号发布)。

(11)《会计档案管理办法》(财政部、国家档案局令第79号发布)。

7.2 竣工财务决算

7.2.1 竣工财务决算编制

7.2.1.1 编制主体

项目法人具体承担竣工财务决算编制和上报等工作(项目法人可自行组织编制竣工财务决算,也可委托具有相关资质和相应专业人员的社会中介机构或有能力的单位承担竣工财务决算编制)。项目法人对竣工财务决算的编制工作负总责,设计、施工、监理、征地拆迁和移民安置等单位应配合项目法人做好竣工财务决算编制工作。

对于大中型水利建设项目,尤其是单项比较多的大中型项目,可能存在一个项目法人,设有多个建设单位,在这种情况下,项目法人仍为竣工财务决算的责任主体,其他建设单位对其负责组织实施的有独立概算的项目编制竣工财务决算的,竣工财务决算应上报项目法人。各建设单位应对其编制的竣工财务决算负有直接责任,设计单位、监理单位、施工单位等单位承担相应责任。

在竣工财务决算批复之前，项目法人已经撤销的，由撤销该项目法人的单位指定有关单位承接相关的责任。

7.2.1.2 编制应具备条件

根据《水利部基本建设项目竣工财务决算管理暂行办法》（水财务〔2014〕73号），编制竣工财务决算一般应具备以下条件：

（1）经批准的初步设计、项目任务书所确定内容已完成。

（2）设计变更及概（预）算调整手续已完备。

（3）建设资金全部到位。

（4）历次稽查、检查、审计提出的问题已整改落实。

（5）债权债务清理完毕。

（6）竣工（完工）结算已完成。

（7）未完工程投资和预留费用不超过规定的比例。

（8）涉及法律诉讼、工程质量、征地拆迁及移民安置等的事项已处理完毕。

（9）其他影响竣工财务决算编制的重大问题已解决。

7.2.1.3 编制内容

1. 竣工财务决算组成

根据《水利部基本建设项目竣工财务决算管理暂行办法》（水财务〔2014〕73号）、《水利基本建设项目竣工财务决算编制规程》（SL 19—2014）规定，竣工财务决算由以下四部分组成：

（1）竣工财务决算封面及目录。

（2）竣工工程的平面示意图及主体工程照片。

（3）竣工财务决算说明书。

（4）竣工财务决算报表。

2. 财务决算说明书主要内容

1）基本建设项目概况

除反映概况表中有关指标（资料），介绍项目的概况、工程主要特征、设计指标外，还应包括项目建设缘由、历史沿革、项目设计、建设过程、项目建设管理组织体制、管理方式等情况。

2）基本建设支出预算、投资计划和资金到位情况

对项目基本建设投资年度计划、支出预算下达情况、投资来源情况、项目资金实际到位情况、计划执行及其变动情况进行说明。项目年度计划和基本建设支出预算，是从不同角度、不同形式对概算的年度间的分解，可采用分年列表的形式说明。对项目主体的计划、预算下达及变动情况应重点说明。

3）预算执行情况

对上级主管审批机关关于本项目概（预）算批复的主要内容加以概括说明，包括建设规模、建设周期、总投资、主要经济技术指标等；对经批复的项目概（预）算变动情况进行说明。

4)招标投标及政府采购情况

重点对项目主要标的的招标投标过程进行说明,包括招标准备、标书编制、标书审查批准、招标组织、招标机构、评标单位、中标单位等,可按先后次序进行说明,也可列表说明。

项目实行政府采购的,应对政府采购计划、程序、采购内容等进行说明。

5)合同(协议)履行情况

对合同的签订与履行说明,重点说明合同的索赔事项,说明如何处理索赔、索赔结果及索赔对项目实施的主要影响,并分析原因、总结经验。

6)征地补偿及移民安置情况

(1)项目法人对移民及土地征用(含地面附着物)的管理方法、形式与过程(包括这方面的资金管理)。

(2)移民及土地征用(含地面附着物)的主要依据、补偿标准、补偿范围。

(3)移民及土地征用(含地面附着物)的主要成果,如移民数量、安置地点、土地征用面积、地面附着物拆迁数量及其有效证明,可列出清单说明。

7)预备费动用情况

说明预备费的上报和批复情况,动用预备费的原因和动用的内容。

8)未完工程投资及预留费用情况

重点说明未完工程的内容和原因,预留未完工程投资的计算方法,预算费用的内容和计算过程,预留费用占概算的比例等情况。

9)财务管理情况

财务管理情况主要包括建设单位财务机构的建立、财务会计人员配备、会计制度的选择和账务处理、国家财经法规的执行、内部控制制度(银行账户管理、现金管理、价款结算管理、固定资产管理、流动资产管理)的建立与执行、财产物资清理及债权债务的清偿情况等。

其中项目法人应对固定资产、流动资产等资产处置的程序、方法、实际处置的结果及账务处理着重说明。

10)其他需要说明的事项

其他需要说明的事项主要是对存在的主要问题及处理意见说明,针对项目实施过程中存在的重要问题和尚未处理的重要问题进行说明,如移民安置、土地征用、淹没赔偿、资产移交、诉讼事项等,并要说明有关部门的处理意见。

说明书中还应对项目效益及主要技术经济指标的分析计算说明,主要包括国民经济评价指标(如投资回收期等)、财务评价指标(如投资收益率等),项目社会效益、经济效益、环境效益等。

3.竣工财务决算报表

按《水利基本建设项目竣工财务决算编制规程》(SL 19—2014)要求,工程类项目竣工财务决算报表包括:

(1)水利基本建设项目概况表。

(2)水利基本建设项目竣工财务决算表。

(3)水利基本建设项目投资分析表。

(4)水利基本建设项目未完工程投资及预留费用表。

(5)水利基本建设项目成本表。

(6)水利基本建设项目交付使用资产表。

(7)水利基本建设项目待核销基建支出表。

(8)水利基本建设项目转出投资表。

大中型工程应编制以上全部表格;小型工程可适当简化,可不编制水利基本建设项目投资分析表和水利基本建设项目成本表。其中如有空白表格,也应附空表,并在表头注明“本表无内容”字样。除规定的报表外,项目法人可根据项目特点增设反映重要事项的辅助报表,并在报表说明中详细说明。

注:大中型、小型工程的规模划分应按批复的设计文件执行。设计文件未明确的,非经营性项目投资额在 3 000 万元(含)以上、经营性项目投资额在 5 000 万元(含)以上的为大中型工程;其他为小型工程。

7.2.2　竣工财务决算审查和审计

竣工财务决算编制完成后,项目法人应在 15 个工作日内向竣工验收主持单位申请竣工财务决算审查。以设备购置、房屋及其他建筑物购置为主的小型工程类项目竣工财务决算审查可适当简化。

7.2.3　竣工财务决算的上报

工程类项目竣工验收完成后 30 个工作日内,非工程类项目审查验收完成后 15 个工作日内,项目法人应将竣工财务决算上报至上级单位。应包括以下资料:

(1)竣工财务决算。

(2)竣工财务决算审查意见。

(3)竣工决算审计结论及整改落实情况。

(4)项目竣工验收(审查验收)鉴定书或验收意见及整改落实情况。

(5)未完工程投资及预留费用安排使用情况。

(6)债权债务清理情况。

(7)审批单位要求提供的其他资料。

对竣工财务决算基准日至上报日期间未完工程投资及预留费用安排使用情况、债权债务清理情况等发生变化的部分,项目法人应在上报时予以说明。

7.2.4　财务决算文件依据

(1)《基本建设财务规则》(财政部令第 81 号发布,2017 年修改)。

(2)《基本建设项目竣工财务决算管理暂行办法》(财建〔2016〕503 号)。

(3)《水利部基本建设项目竣工财务决算管理暂行办法》(水财务〔2014〕73 号)。

(4)《水利基本建设项目竣工财务决算编制规程》(SL 19—2014)。

7.3　绩效管理

7.3.1　绩效目标管理

按照“谁申请资金，谁设置目标”的原则，在编制预算时，要全面设置整体绩效目标、政策和项目绩效目标。绩效目标包括产出、成本，以及经济效益、社会效益、生态效益、可持续影响和服务对象满意度等绩效指标。

(1)应当按要求设定绩效目标。绩效目标应当清晰反映水利发展资金的预期产出和效果，并以绩效指标细化、量化，定量指标为主、定性指标为辅。

(2)绩效目标要具备完整性、相关性、适当性及可行性等方面。

7.3.2　绩效运行监控

项目法人应对绩效目标实现程度和预算执行进度实行“双监控”，落实绩效监控主体责任，定期采集项目绩效信息，分析项目进展、资金使用、绩效目标完成等情况，对监控发现的问题及时整改纠正，促进绩效目标如期实现。

7.3.3　绩效自评

7.3.3.1　绩效评价的范围

绩效评价分为单位自评、部门评价和财政评价三种方式。单位自评的对象包括纳入政府预算管理的所有项目支出，例如一般公共预算、政府性基金预算、国有资本经营预算的项目支出等。

对涉农等整合资金，没有明确到具体项目或专门用途的，一般不开展自评；对明确到具体项目、有专门用途，并批复下达绩效目标的，应开展单位自评。

预算部门本级和资金使用单位按要求具体负责自评工作，对自评结果的真实性和准确性负责，自评中发现的问题要及时整改。预算部门应按照绩效自评工作部署和要求，加强对资金使用单位绩效自评工作的组织、指导和监督。

7.3.3.2　绩效自评内容

绩效自评即对照设定的绩效目标，对政策、项目和部门整体绩效全面开展绩效自评，检验、评判各项绩效指标的完成情况。对未完成绩效目标或偏离绩效目标较大的项目要分析并说明原因，研究提出改进措施。

7.3.3.3　绩效自评指标

绩效自评指标包括项目的产出数量、质量、时效、成本，以及经济效益、社会效益、生态效益、可持续影响、服务对象满意度等。

绩效自评指标的权重，根据实际情况确定。原则上预算执行率和一级指标权重统一设置为：预算执行率 10%、产出指标 50%、效益指标 30%、服务对象满意度指标 10%。如有特殊情况确需调整的，除预算执行率指标分值权重不得改变外，其他指标权重可根据绩效目标设定情况适当调整，但分值相加后总分应等于 100 分。二级、三级指标应当根据指标重要程度、项目实施阶段等因素综合确定。

7.3.3.4　绩效自评的方法

自评采用定量与定性评价相结合的比较法,总分由各项指标得分汇总形成。

(1)定量指标得分按照以下方法评定:与年初指标值相比,完成指标值的,记该指标所赋全部分值;对完成值高于指标值较多的,应分析原因,如是年初指标值设定明显偏低造成的,要按照偏离度适度调减分值;未完成指标值的,按照完成值与指标值的比例记分。

(2)定性指标得分按照以下方法评定:根据指标完成情况分为达成年度指标、部分达成年度指标并具有一定效果、未达成年度指标且效果较差三档,分别按照该指标对应分值区间 100%~80%(含)、80%~60%(含)、60%~0 合理确定分值。

(3)自评结果采取评分和评级相结合的方式,具体分值和等级可根据不同评价内容设定。总分一般设置为 100 分,等级一般划分为四档:90(含)~100 分为优、80(含)~90 分为良、60(含)~80 分为中、60 分以下为差。

7.3.3.5　绩效自评实施

部门本级和所属单位按照批复下达的绩效目标分别设置指标权重,全面开展自评,形成“预算项目支出绩效自评表”(详见附录 E-1、附录 E-2)报主管部门。自评证明材料要真实完整,评分依据充分。

7.3.3.6　报送自评结果

将项目绩效自评工作开展情况、自评结果,发现的主要问题及改进措施等进行归纳梳理分析,形成《部门绩效自评工作情况总结》,附“预算项目支出绩效自评表”,一同报送财政部门,并做好上级有关部门开展绩效评价的配合工作。

7.3.4　工作指导

(1)财政部门对预算部门、单位自评情况进行抽查复核,主要包括自评覆盖面、自评内容完整性、绩效指标设置合理性、数据准确真实性和自评结果客观性等。

(2)建立和落实档案管理制度。资金使用单位应建立健全档案归集、保管、借阅、使用和销毁等制度,确保自评档案资料的原始、安全和完整。

7.3.5　绩效评价文件依据

(1)《中央财政水利发展资金绩效管理暂行办法》(财农〔2017〕30 号)。

(2)《关于切实加强水利资金使用监督管理的意见》(财农〔2012〕22 号)。

(3)《财政部项目支出绩效评价管理办法》(财预〔2020〕10 号)。

(4)《山东省省级项目支出绩效单位自评工作规程》和《山东省省级项目支出绩效财政评价和部门评价工作规程》(鲁财绩〔2020〕4 号)。

附　录

附录 A　施工准备工作

A-1　工程资质主体承担业务范围

<table>
<tr><th rowspan="2">资质类型</th><th rowspan="2" colspan="2">专业资质</th><th colspan="2">业务规模及范围</th></tr>
<tr><th>甲级(一级)资质</th><th>乙级(二级)资质</th></tr>
<tr><td rowspan="3">工程勘察</td><td colspan="2">综合甲级</td><td colspan="2">各类建设工程项目的岩土工程、水文地质勘察、工程测量业务,规模不受限制</td></tr>
<tr><td rowspan="2">岩土工程</td><td>岩土工程勘察</td><td>各类建设工程项目的工程勘察,基坑开挖工程、基础工程、边坡工程等岩土工程勘察</td><td>1. 按《岩土工程勘察规范》(GB 50021—2001)(2009 年版)岩土工程勘察等级为乙级的工程项目;
2. 下列工程项目的岩土工程勘察:
(1)按《建筑地基基础设计规范》(GB 50007—2011)地基基础设计等级为乙级的工程项目;
(2)中型深埋过江(河)地下管线、涵洞等深埋处理工程,高度<100 m 的高耸构筑物基础,房屋建筑和市政工程中边坡高度<15 m 的岩质边坡工程和高度<10 m 的土质边坡工程、其他工程中边坡高度<30 m 的岩质边坡工程和高度<15 m 的土质边坡工程,中桥、中型立交桥,中型竖井、巷道、平洞、隧道,中型地下洞室、地下储库工程,中型基础托换、基础补强工程,二级垃圾填埋场,三级工业废渣堆场;
(3)中型沉井、沉箱,安全等级为二级的桩基、墩基,中型桥梁基础;
(4)其他工程设计规模为中型的建设项目</td></tr>
<tr><td>岩土工程设计</td><td>基坑工程和边坡工程设计、地基处理设计,不良地质作用和地质灾害的治理设计,建(构)筑物纠偏设计及基础托换设计、建(构)筑物沉降控制设计,填海工程的岩土工程设计</td><td>1. 安全等级为三级的基坑工程,安全等级为三级的边坡工程;
2. 一般土层处理后地基承载力 300 kPa 以下的地基处理设计,特殊性岩土作为小型建筑物地基持力层的地基处理设计;
3. 复杂程度按有关规范规程划分为简单工程项目的岩土工程设计;
4. 其他勘察等级为丙级工程的岩土工程设计</td></tr>
</table>

续 A-1

资质类型	专业资质		业务规模及范围	
			甲级(一级)资质	乙级(二级)资质
工程勘察	岩土工程	岩土工程物探、测试、检测、监测	各类建设工程的岩土工程物探、测试、检测、监测，基坑工程、边坡工程的监测、地基处理检测、桩基检测，波速测试、地脉动测试	1. 安全等级为二、三级的基坑工程、边坡工程的监测； 2. 一般土层处理后，地基承载力 300 kPa 以下的地基处理检测，单桩最大加载在 10 000 kN 以下的桩基检测； 3. 独立的岩土工程物探、测试、检测项目，无特殊要求的岩土工程监测项目； 4. 按《岩土工程勘察规范》(GB 50021—2001)岩土工程勘察等级为乙级及以下的工程项目涉及的波速测试、地脉动测试
工程设计	综合甲级		各行业建设工程项目的设计业务，规模不受限制	
	水利行业	水库枢纽	各等级水库枢纽工程	库容<1 亿 m^3 或装机容量<300 MW 的水库枢纽工程
		引调水	各等级引调水工程	流量<5 m^3/s 的引调水工程
		灌溉排涝	各等级灌溉排涝工程	面积<30 万亩的灌溉排涝工程
		围垦	各等级围垦工程	面积<5 万亩的围垦工程
		水土保持	各等级水土保持工程	综合治理面积<500 km^2 的水土保持工程
		水文设施	各等级水文设施工程	投资额<1 000 万元的水文设施工程
施工	水利水电工程施工总承包特级		各等级水利水电工程施工总承包、设计及开展工程总承包和项目管理业务	
	水利水电工程施工总承包		各类型水利水电工程的施工	工程规模中型以下水利水电工程和建筑物级别 3 级以下水工建筑物的施工，但下列工程规模限制在以下范围内：坝高 70 m 以下、水电站总装机容量 150 MW 以下、水工隧洞洞径小于 8 m(或断面积相等的其他型式)且长度小于 1 000 m、堤防级别 2 级以下

续 A-1

<table>
<tr><th rowspan="2">资质类型</th><th rowspan="2" colspan="2">专业资质</th><th colspan="2">业务规模及范围</th></tr>
<tr><th>甲级(一级)资质</th><th>乙级(二级)资质</th></tr>
<tr><td rowspan="3">工程监理</td><td rowspan="3">水利工程</td><td>水利工程施工</td><td>各等级水利工程的施工监理业务</td><td>Ⅱ等(堤防2级)以下各等级水利工程的施工监理业务</td></tr>
<tr><td>水土保持工程施工</td><td>各等级水土保持工程的施工监理业务</td><td>Ⅱ等以下各等级水土保持工程的施工监理业务</td></tr>
<tr><td>机电及金属结构设备制造</td><td>水利工程中的各类型机电及金属结构设备制造监理业务</td><td>水利工程中的中、小型机电及金属结构设备制造监理业务</td></tr>
<tr><td rowspan="6">工程检测</td><td rowspan="6">水利工程</td><td colspan="2">各等级水利工程的质量检测业务</td><td>除大型水利工程(含一级堤防)主要建筑物以外的其他各等级水利工程的质量检测业务</td></tr>
<tr><td>岩土工程类</td><td>1. 土工指标检测11项;
2. 岩石(体)指标检测8项;
3. 基础处理工程检测7项;
4. 土工合成材料检测11项</td><td>1. 土工指标检测7项;
2. 岩石(体)指标检测4项;
3. 基础处理工程检测4项;
4. 土工合成材料检测6项</td></tr>
<tr><td>混凝土工程类</td><td>1. 水泥8项;
2. 粉煤灰7项;
3. 混凝土骨料13项;
4. 混凝土17项;
5. 钢筋7项;
6. 砂浆6项;
7. 外加剂11项;
8. 沥青6项</td><td>1. 水泥6项;
2. 混凝土骨料8项;
3. 混凝土9项;
4. 钢筋6项;
5. 砂浆5项;
6. 外加剂6项</td></tr>
<tr><td>金属结构类</td><td>1. 铸锻、焊接、材料质量与防腐涂层质量检测10项;
2. 制造安装质量检测11项;
3. 各式启闭机与清污机检测17项</td><td>1. 铸锻、焊接、材料质量与防腐涂层质量检测5项;
2. 制造安装质量检测6项;
3. 各式启闭机与清污机检测8项</td></tr>
<tr><td>机械电气类</td><td>1. 水力机械27项;
2. 电气设备25项</td><td>1. 水力机械14项;
2. 电气设备12项</td></tr>
<tr><td>量测类</td><td>量测类30项</td><td>量测类22项</td></tr>
</table>

A-2　山东省水利工程建设项目施工、监理、质量检测招标评标标准

A-2-1　山东省水利工程建设项目施工招标评标标准一

条款	分值	评分因素	评审标准
施工组织设计（25分）	6	施工方案与技术措施	对施工准备、主体工程、临时工程、施工总布置、度汛等进行要求
	4	质量管理体系与措施	对施工质量保证体系、质量管理岗位职责、质量标准，以及质量管理措施、质量检测检验等进行要求
	3	工程进度计划与措施	对总工期、各分项工程工期、进度计划及施工管理保障体系、工程所在地周边和谐共建、对外协调等进行要求
	5	重点、关键点分析及对策	对涉及的重点、关键点应对措施等进行要求。（可分项列出工程重点、关键点内容，如混凝土浇筑、大体积混凝土温度控制措施、深基坑施工、顶管穿越等）
	5	资源配备计划	对钢筋、水泥、砂、石等原材料采购，施工设备选型配套、劳动力、主要技术供应等施工资源的配置，资金使用（包括落实农民工工资保证金、实名制管理、工资专用账户等）等进行要求
	2	新技术、新工艺、新材料、新装备	对在本项目施工过程中采用适用的新技术、新工艺、新材料、新装备，智能建造等进行要求（如重点部位的施工模拟、智能施工、BIM 应用等）
安全文明施工管理（21分）	3	安全生产管理体系	对建立安全管理体系、健全规章制度，落实安全生产责任制、保障安全生产投入、加强安全教育培训、建设风险分级管控及隐患排查治理体系、安全生产标准化建设、强化应急管理、安全考核与激励等进行要求
	3	安全生产措施	对施工现场的安全管理措施等进行要求
	8	安全生产标准化	安全生产标准化一级达标企业得 8 分，二级达标企业得 6 分，三级达标企业得 4 分，未达标的得 0 分。 如果被行业主管部门在安全生产标准化动态管理过程中定为黄牌、红牌监管单位，则在整改限制期内该项不得分。（投标信息与山东省水利建设市场监管服务平台公开信息不一致的不得分）
	2	标准化工地建设	对标准化工地建设进行要求
	5	环境保护管理体系与措施	对水土保持、环境保护、扬尘污染治理、非道路移动机械达标排放、绿色施工、渣土处置利用、松材线虫病疫情防控等进行要求

续 A-2-1

条款	分值	评分因素	评审标准
项目管理机构（8分）	2	项目经理资历与业绩	获得省级及以上主管部门或全国行业协会颁发的优秀项目经理得1分，全省性行业协会颁发的优秀项目经理每项得0.5分，最高得1分；近5年担任同类工程项目经理（或技术负责人），得1分。本项最高2分。 （投标信息与山东省水利建设市场监管服务平台公开信息不一致的不得分）
	1	技术负责人任职资格与业绩	具有工程类专业高级技术职称的得0.5分，近5年担任同类工程项目技术负责人（或项目经理）的得0.5分，无同类工程施工经验的不得分。 （投标信息与山东省水利建设市场监管服务平台公开信息不一致的不得分）
	1	项目安全总监	投标人向项目派驻安全总监且职责清晰的，此项得1分，否则酌情扣分，无项目安全总监的，此项不得分
	1	农民工工资管理相关人员	分别对项目经理、财务人员、劳资专管员就下述内容进行要求： （1）项目经理：熟悉保障农民工工资支付各项法律法规和工作要求； （2）财务人员：熟悉工资专户开设、管理，总包企业代发工资，审核编制农民工工资支付表，人工费与工程款分账管理等政策要求； （3）劳资专管员：熟悉实名制、劳动合同管理、务工人员考勤记录、劳务用工台账管理、支付监管平台管理等
	1	其他主要人员	对可包括且不限于项目副经理、质量负责人、安全管理人员、合同管理人员、档案人员等进行要求。 （投标信息与山东省水利建设市场监管服务平台公开信息不一致的不得分）
	2	主要人员到岗到位	对主要人员到岗到位进行要求
投标人的业绩和资信（11分）	4	同类工程业绩	近5年具有同类工程项目施工经历的每项得1.5分，最高3分，无同类工程施工经历的不得分。已完工工程业绩证明材料需同时提供合同复印件，竣工（完工）验收证明、单项工程完工证明或相关交接书复印件，时间以竣工（完工）或系统试运行验收报告或相关交接书验收证明为准。在建工程业绩证明材料需提供合同复印件，时间以合同签订时间为准。（合同复印件提供关键页：首页、签署页或业主出具的有关工程规模及范围的证明文件） BIM等信息技术在施工管理中的应用业绩，每项得0.5分，最高1分。证明材料需提供中标通知书、合同文件及相关证明材料，文件材料需含有相关内容或有业主出具的使用证明文件。 （投标业绩信息与山东省水利建设市场监管服务平台公开信息不一致的不得分）

续 A-2-1

条款	分值	评分因素	评审标准
投标人的业绩和资信（11 分）	1	财务状况	对财务状况等进行要求
	2	质量认证情况	对取得有效期内 ISO 质量体系认证、环境管理体系认证、职业健康安全管理体系认证，每项得 0.5 分，最高得 1 分； 近 5 年获得省级及以上主管部门或全国行业协会颁发优秀 QC 小组成果、施工工法，每项得 1 分，全省性行业协会颁发的每项得 0.5 分，最高得 1 分。（奖项分为一、二、三等奖的，其中一等奖按 100%得分，二等奖按 80%得分，三等奖按 60%得分。） （投标信息与山东省水利建设市场监管服务平台公开信息不一致的不得分）
	4	获奖情况	所施工的水利工程项目近 5 年：获得国家级和省部级优质工程奖（如鲁班奖、大禹奖、泰山杯）的，得 2 分，最高 2 分；获得厅局级优质工程奖（如鲁水杯）的，得 1 分，最高 1 分；获得厅局级及以上“文明工地”称号的，每项得 0.5 分，最高 1 分；其他情况不得分。本项最高 4 分。（奖项分为一、二、三等奖的，其中一等奖按 100%得分，二等奖按 80%得分，三等奖按 60%得分。） （投标信息与山东省水利建设市场监管服务平台公开信息不一致的不得分）
信用和行为动态评价（8 分）	4	信用评价	有效期内水利部备案登记的信用评价机构出具的全国水利行业信用评价等级，AAA 得 4 分，AA 得 3 分，A 得 2 分，其他不得分。 （以水利部水利建设市场监管平台、山东省水利建设市场监管服务平台公布的信息为准）
	4	行为动态评价	投标人无下列行为的，得 4 分： （1）投标人或拟任项目负责人存在行政处罚、司法判决信息的，每项扣 1 分；存在较重或严重不良行为记录信息的，每项扣 2 分，此项最高扣 4 分。（以投标截止时仍在公开期限内的有关监管、信用平台公布的信息为准） （2）投标人或拟任项目负责人所施工的工程项目在 1 年内出现一般质量安全事故、负有责任的，每项扣 2 分，出现较大及以上质量安全事故、负有责任的，扣 4 分。此项最高扣 4 分。（以投标截止时仍在公开期限内的有关监管、信用平台公布的信息为准） （3）按投标人在山东省水利建设市场监管服务平台的动态评价合计扣分值的 1%扣分。此项最高扣 2 分。分值计算保留小数点后两位。 （以投标截止时仍在公开期限内的山东省水利建设市场监管服务平台公布的信息为准）

续 A-2-1

条款	分值	评分因素	评审标准
投标报价（22 分）	18	报价水平	投标报价与评标基准价一致的，得最高分 18 分； 在评标基准价以上，每提高一个百分点，在 18 分基础上减 0.5 分； 在评标基准价以下，每减少一个百分点，在 18 分的基础上减 0.4 分。 不足 1%，内插。报价分值计算保留小数点后两位。该项最低得分 12 分
	2	单价合理性和总价承包项目分解	对主要单价计算、总价承包项目分解等进行要求
	2	安全文明措施等费用	对安全生产措施费用单列及合理使用、扬尘污染防治费用列支等进行要求
其他（5 分）	5	其他	招标人在符合法律法规的前提下，结合本项目实际情况，自主拟定评审赋分因素，最高 5 分。 （招标人未提出赋分因素的，投标人该项自动满分。）
合计	100		

A-2-2　山东省水利工程建设项目施工招标评标标准二

条款	分值	评分因素	评审标准
施工组织设计（24 分）	6	施工方案与技术措施	对施工准备、主体工程、临时工程、施工总布置、度汛等进行要求
	4	质量管理体系与措施	对施工质量保证体系、质量管理岗位职责、质量标准，以及质量管理措施、质量检验检测等进行要求
	3	工程进度计划与措施	对总工期、各分项工程工期、进度计划及施工管理保障体系、工程所在地周边和谐共建、对外协调等进行要求
	5	重点、关键点分析及对策	对涉及的重点、关键点应对措施等进行要求。（可分项列出工程重点、关键点内容，如混凝土浇筑、大体积混凝土温度控制措施、深基坑施工、顶管穿越等）
	5	资源配备计划	对钢筋、水泥、砂、石等原材料采购，施工设备选型配套、劳动力、主要技术供应等施工资源的配置，资金使用（包括落实农民工工资保证金、实名制管理、工资专用账户等）等进行要求
	1	新技术、新工艺、新材料、新装备	对在本项目施工过程中采用适用的新技术、新工艺、新材料、新装备，智能建造等进行要求（如重点部位的施工模拟、智能施工、BIM 应用等）

续 A-2-2

条款	分值	评分因素	评审标准
安全文明施工管理（17分）	3	安全生产管理体系	对建立安全管理体系、健全规章制度，落实安全生产责任制、保障安全生产投入、加强安全教育培训、建设风险分级管控及隐患排查治理体系、安全生产标准化建设、强化应急管理、安全考核与激励等进行要求
	3	安全生产措施	对施工现场的安全管理措施等进行要求
	4	安全生产标准化	安全生产标准化一级达标企业得4分，二级达标企业得3分，三级达标企业得2分，未达标的得0分。如果被行业主管部门在安全生产标准化动态管理过程中定为黄牌、红牌监管单位，则在整改限制期内该项不得分。 （投标信息与山东省水利建设市场监管服务平台公开信息不一致的不得分）
	2	标准化工地建设	对标准化工地建设进行要求
	5	环境保护管理体系与措施	对水土保持、环境保护、扬尘污染治理、非道路移动机械达标排放、绿色施工、渣土处置利用、松材线虫病疫情防控等进行要求
项目管理机构（7分）	1	项目经理资历与业绩	获得省级及以上主管部门或全省性及以上行业协会颁发的优秀项目经理得0.5分；近5年担任同类工程项目经理（或技术负责人），每项得0.5分。本项最高1分。（投标信息与山东省水利建设市场监管服务平台公开信息不一致的不得分）
	1	技术负责人任职资格与业绩	具有工程类专业高级技术职称的得0.5分，近5年担任同类工程项目技术负责人（或项目经理）的得0.5分，无同类工程施工经验的不得分。 （投标信息与山东省水利建设市场监管服务平台公开信息不一致的不得分）
	1	项目安全总监	投标人向项目派驻安全总监且职责清晰的，此项得1分，否则酌情扣分，无项目安全总监的，此项不得分
	1	农民工工资管理相关人员	分别对项目经理、财务人员、劳资专管员就下述内容进行要求： （1）项目经理：熟悉保障农民工工资支付的各项法律法规和工作要求； （2）财务人员：熟悉工资专户开设、管理，总包企业代发工资，审核编制农民工工资支付表，人工费与工程款分账管理等政策要求； （3）劳资专管员：熟悉实名制、劳动合同管理、务工人员考勤记录、劳务用工台账管理、支付监管平台管理等

续 A-2-2

条款	分值	评分因素	评审标准
项目管理机构（7分）	1	其他主要人员	对可包括且不限于项目副经理、质量负责人、安全管理人员、合同管理人员、档案人员等进行要求。 （投标信息与山东省水利建设市场监管服务平台公开信息不一致的不得分）
	2	主要人员到岗到位	对主要人员到岗到位进行要求
投标人的业绩和资信（7分）	3	同类工程业绩	近5年具有同类工程项目施工经历的每项得1分，最高3分，无同类工程施工经历的不得分。已完工工程业绩证明材料需同时提供合同复印件，竣工（完工）验收证明、单项工程完工证明或相关交接书复印件，时间以竣工（完工）或系统试运行验收报告或相关交接书验收证明为准。在建工程业绩证明材料需提供合同复印件，时间以合同签订时间为准。（合同复印件提供关键页：首页、签署页或业主出具的有关工程规模及范围的证明文件） （投标业绩信息与山东省水利建设市场监管服务平台公开信息不一致的不得分）
	1	财务状况	对财务状况等进行要求
	1	质量认证情况	对取得有效期内ISO质量体系认证、环境管理体系认证、职业健康安全管理体系认证，得0.5分； 近5年获得省级及以上主管部门或全省性及以上行业协会优秀QC小组成果、施工工法，得0.5分。（奖项分为一、二、三等奖的，其中一等奖按100%得分，二等奖按80%得分，三等奖按60%得分。） （投标信息与山东省水利建设市场监管服务平台公开信息不一致的不得分）
	2	获奖情况	所施工的水利工程项目近5年：获得国家级和省部级优质工程奖（如鲁班奖、大禹奖、泰山杯）的，得2分，最高2分；获得厅局级优质工程奖（如鲁水杯）的，得1分，最高1分；获得厅局级及以上“文明工地”称号的，每项得0.5分，最高1分；其他情况不得分。本项最高2分。（奖项分为一、二、三等奖的，其中一等奖按100%得分，二等奖按80%得分，三等奖按60%得分。） （投标信息与山东省水利建设市场监管服务平台公开信息不一致的不得分）

续 A-2-2

条款	分值	评分因素	评审标准
信用和行为动态评价（6分）	2	信用评价	有效期内水利部备案登记的信用评价机构出具的全国水利行业信用评价等级，AA及以上得2分，A得1分，其他不得分。 （以水利部水利建设市场监管平台、山东省水利建设市场监管服务平台公布的信息为准）
	4	行为动态评价	投标人无下列行为的，得4分： （1）投标人或拟任项目负责人存在行政处罚、司法判决信息的，每项扣1分；存在较重或严重不良行为记录信息的，每项扣2分。此项最高扣4分。 （以投标截止时仍在公开期限内的有关监管、信用平台公布的信息为准） （2）投标人或拟任项目负责人所施工的工程项目在1年内出现一般质量安全事故、负有责任的，每项扣2分，出现较大及以上质量安全事故、负有责任的，扣4分。此项最高扣4分。 （以投标截止时仍在公开期限内的有关监管、信用平台公布的信息为准） （3）按投标人在山东省水利建设市场监管服务平台的动态评价合计扣分值的1%扣分。此项最高扣2分。分值计算保留小数点后两位。 （以投标截止时仍在公开期限内的山东省水利建设市场监管服务平台公布的信息为准）
投标报价（34分）	30	报价水平	投标报价与评标基准价一致的，得最高分30分； 在评标基准价以上，每提高一个百分点，在30分基础上减0.5分； 在评标基准价以下，每减少一个百分点，在30分的基础上减0.4分； 不足1%，内插。报价分值计算保留小数点后两位。该项最低得分20分
	2	单价合理性和总价承包项目分解	对主要单价计算、总价承包项目分解等进行要求
	2	安全文明措施等费用	对安全生产措施费用单列及合理使用、扬尘污染防治费用列支等进行要求
其他（5分）	5	其他	招标人在符合法律法规的前提下，结合本项目实际情况，自主拟定评审赋分因素，最高5分。 （招标人未提出赋分因素的，投标人该项自动满分。）
合计	100		

A-2-3 山东省水利工程建设项目监理招标评标标准

条款	分值	评分因素	评审标准
监理大纲（37分）	6	对项目关键点、难点的分析及对策建议	对影响工程工期、质量、投资的关键问题及工程的重点和难点的分析、针对性措施建议等进行要求
	2	开工条件控制	对合同工程开工、分部工程开工、单元工程开工、混凝土浇筑开仓等控制和工作流程等进行要求
	6	质量控制	对质量控制目标，旁站监理工作计划、部位，工程原材料和中间产品质量检测控制措施、跟踪检测方案，工程质量评定及验收方法和工作流程等进行要求
	6	安全控制	对安全生产目标管理，安全管理制度，安全技术措施和专项施工方案审批措施，安全教育培训，作业安全管理，安全事故隐患排查与重大危险源管理和工作流程等进行要求
	4	进度控制	对进度控制目标，进度控制的方法、措施、工作流程等进行要求
	2	资金控制	对投资控制目标，方法、措施、工作流程等进行要求
	2	合同、信息管理和组织协调	对信息管理制度、方法，合同管理措施，协调建设各方关系措施等进行要求
	4	文明施工与环境保护措施	对水土保持、环境保护、扬尘污染治理、农民工管理等进行要求
	2	缺陷责任期监理工作	对尾工项目完成、验收，质量缺陷修复的监督管理，缺陷责任期终止审核等进行要求
	3	监理检测、试验计划	对平行检测方案、试验计划、频次等进行要求
项目总监理工程师的素质和能力（7分）	2	总监资历	对项目总监理工程师的专业、资历等进行要求。（投标信息与山东省水利建设市场信用信息平台公开信息不一致的不得分）
	2	总监业绩	近5年担任过同类工程的项目总监理工程师职务的，每项得1分，最高2分。 （投标信息与山东省水利建设市场监管服务平台公开信息不一致的不得分）
	3	总监到岗到位	对总监理工程师到岗到位等进行要求

续 A-2-3

条款	分值	评分因素	评审标准
资源配置（10分）	5	专业监理工程师配备及可调用的后备资源	对监理人员搭配，人员数量，专业监理工程配置，随时可调用的总监理工程师、专业监理工程师及检测、办公设备等进行要求。 （投标信息与山东省水利建设市场监管服务平台公开信息不一致的不得分）
	3	主要监理人员到岗到位	对监理人员进场工作计划、监理工程师到岗到位等进行要求
	2	配置的检测及办公设备	对检测及办公设备配备、工程建设需要等进行要求
投标人的业绩和资信（11分）	1	财务状况	对财务状况等进行要求
	4	同类工程业绩	近5年具有同类工程项目监理经历的每项得2分，最高4分，无同类工程监理经历的不得分。 已完工工程业绩证明材料需同时提供合同复印件，竣工（完工）验收证明、单项工程完工证明或相关交接书复印件，时间以竣工（完工）或系统试运行验收报告或相关交接书验收证明为准。 在建工程业绩证明材料需提供合同复印件，时间以合同签订时间为准。（合同复印件提供关键页：首页、签署页、合同工程规模及范围页） （投标信息与山东省水利建设市场监管服务平台公开信息不一致的不得分）
	4	获奖情况	所监理的水利工程项目近5年：获得国家级和省部级优质工程奖（如鲁班奖、大禹奖、泰山杯）的，得2分，最高2分；获得厅局级优质工程奖（如鲁水杯）的，得1分，最高1分；获得厅局级及以上“文明工地”称号的，每项得0.5分，最高1分；其他情况不得分。本项最高4分。（奖项分为一、二、三等奖的，其中一等奖按100%得分，二等奖按80%得分，三等奖按60%得分。） （投标信息与山东省水利建设市场监管服务平台公开信息不一致的不得分）
	2	质量认证情况	对取得有效期内ISO质量体系认证、环境管理体系认证、职业健康安全管理体系认证，每项得0.5分，最高得1分； 近5年获得省级及以上主管部门或全国行业协会颁发优秀QC小组成果，每项得1分，全省性行业协会颁发的每项得0.5分，最高得1分。（奖项分为一、二、三等奖的，其中一等奖按100%得分，二等奖按80%得分，三等奖按60%得分。） （投标信息与山东省水利建设市场监管服务平台公开信息不一致的不得分）

续 A-2-3

<table>
<tr><th>条款</th><th>分值</th><th>评分因素</th><th>评审标准</th></tr>
<tr><td rowspan="2">信用和行为动态评价（8 分）</td><td>4</td><td>信用评价</td><td>有效期内水利部备案登记的信用评价机构出具的全国水利行业信用评价等级，AAA 得 4 分，AA 得 3 分，A 得 2 分，其他不得分。
（以水利部水利建设市场监管平台、山东省水利建设市场监管服务平台公布的信息为准）</td></tr>
<tr><td>4</td><td>行为动态评价</td><td>投标人无下列行为的，得 4 分：
（1）投标人或拟任项目负责人存在行政处罚、司法判决信息的，每项扣 1 分；存在较重或严重不良行为记录信息的，每项扣 2 分，此项最高扣 4 分。
（以投标截止时仍在公开期限内的有关监管、信用平台公布的信息为准）
（2）投标人或拟任项目负责人所监理的工程项目在 1 年内出现一般质量安全事故、负有责任的，每项扣 2 分，出现较大及以上质量安全事故、负有责任的，扣 4 分，此项最高扣 4 分。
（以投标截止时仍在公开期限内的有关监管、信用平台公布的信息为准）
（3）按投标人在山东省水利建设市场监管服务平台的动态评价合计扣分值的 1%扣分。此项最高扣 2 分。分值计算保留小数点后两位。
（以投标截止时仍在公开期限内的山东省水利建设市场监管服务平台公布的信息为准）</td></tr>
<tr><td rowspan="2">投标报价（22 分）</td><td>20</td><td>报价水平</td><td>投标报价与评标基准价一致的，得最高分 20 分；
在评标基准价以上，每提高一个百分点，在 20 分基础上减 0.5 分；
在评标基准价以下，每减少一个百分点，在 20 分的基础上减 0.4 分；
不足 1%，内插。报价分值计算保留小数点后两位。该项最低得分 15 分</td></tr>
<tr><td>2</td><td>报价项目组成的完整性和合理性</td><td>对报价项目组成，分项费用构成等进行要求</td></tr>
<tr><td>其他（5 分）</td><td>5</td><td>其他</td><td>招标人在符合法律法规的前提下，结合本项目实际情况，自主拟定赋分因素，最高 5 分。
（招标人未提出赋分因素的，投标人该项自动满分。）</td></tr>
<tr><td>合计</td><td>100</td><td></td><td></td></tr>
</table>

A-2-4　山东省水利工程建设项目质量检测招标评标标准

条款	分值	评分因素	评审标准
质量检测方案（44分）	8	方案完整性	对检测方案内容齐全、缺项，对涉及其他行业的原材料、中间产品有合理检测或委托方案等进行要求
	5	方案合理性	对检测方案、目标任务、保障措施、风险分析等进行要求
	5	对项目关键点、难点的理解及质量检测对策	对项目关键点、难点的理解及质量检测对策理解、分析、措施、方法等进行要求
	5	质量控制的程序、措施和质量保证体系	对检测工作程序、措施、质量控制点设置等进行要求
	10	检测项目及频次	对检测项目、检测频次等进行要求，符合检测规范和设计指标情况进行要求
	5	检测计划	对检测计划，过程检测成果提交节点等进行要求
	3	采用的检测依据及有效性	对检测依据、现行有效等进行要求
	3	检测成果的提交	对拟提交的质量检测报告、符合要求等进行要求
项目管理机构及资源配置（13分）	4	项目负责人资历与业绩	项目负责人具有水利工程高级及以上职称得2分； 项目负责人长期从事水利工程检测业务，参加过同类工程的质量检测工作，并担任检测专业负责人，每项业绩得1分，最高得2分。 （投标信息与山东省水利建设市场监管服务平台公开信息不一致的不得分）
	4	专业配套情况	对拟派的专业人员配套、满足工程需要等进行要求。 （投标信息与山东省水利建设市场监管服务平台公开信息不一致的不得分）
	2	人员进场计划	对各专业人员进场计划安排等进行要求
	3	配备的检测设备	对配备的检测设备等进行要求。 （投标信息与山东省水利建设市场监管服务平台公开信息不一致的不得分）

续 A-2-4

条款	分值	评分因素	评审标准
投标人的业绩和获奖情况（8分）	4	同类业绩	近5年具有同类工程项目检测经历的，每项得1分，最高2分，无同类工程检测经历的不得分。已完工工程业绩证明材料需同时提供合同复印件，竣工（完工）验收证明、单项工程完工证明或相关交接书复印件，时间以竣工（完工）或系统试运行验收报告或相关交接书验收证明为准。在建工程业绩证明材料需提供合同复印件，时间以合同签订时间为准。（合同复印件提供关键页：首页、签署页、合同工程规模及范围页） （投标信息与山东省水利建设市场监管服务平台公开信息不一致的不得分） 提供已完成的同类项目质量检测报告一份，检测项目齐全、方案合理、格式规范的得2分，其他情况不得分。 已完工工程业绩证明材料需同时提供合同复印件，竣工（完工）验收证明、单项工程完工证明或相关交接书复印件，时间以竣工（完工）或系统试运行验收报告或相关交接书验收证明为准。 在建工程业绩证明材料需提供合同复印件，时间以合同签订时间为准。（合同复印件提供关键页：首页、签署页、合同工程规模及范围页） （投标信息与山东省水利建设市场监管服务平台公开信息不一致的不得分）
	4	获奖情况	所检测的水利工程项目近5年：获得国家级和省部级优质工程奖（如鲁班奖、大禹奖、泰山杯）的，得2分，最高2分；获得厅局级优质工程奖（如鲁水杯）的，得1分，最高1分；获得厅局级及以上“文明工地”称号的，每项得0.5分，最高1分；其他情况不得分。本项最高4分。（奖项分为一、二、三等奖的，其中一等奖按100%得分，二等奖按80%得分，三等奖按60%得分。） （投标信息与山东省水利建设市场监管服务平台公开信息不一致的不得分）
信用和行为动态评价（8分）	4	信用评价	有效期内水利部备案登记的信用评价机构出具的全国水利行业信用评价等级，AAA得4分，AA得3分，A得2分，其他不得分。 （以水利部水利建设市场监管平台、山东省水利建设市场监管服务平台公布的信息为准）
	4	行为动态评价	投标人无下列行为的，得4分： （1）投标人或拟任项目负责人存在行政处罚、司法判决信息的，每项扣1分；存在较重或严重不良行为记录信息的，每项扣2分。此项最高扣4分。 （以投标截止时仍在公开期限内的有关监管、信用平台公布的信息为准） （2）投标人或拟任项目负责人所检测的工程项目在1年内出现一般质量安全事故、负有责任的，每项扣2分，出现较大及以上质量安全事故、负有责任的，扣4分。此项最高扣4分。 （以投标截止时仍在公开期限内的有关监管、信用平台公布的信息为准） （3）按投标人在山东省水利建设市场监管服务平台的动态评价合计扣分值的1%扣分。此项最高扣2分。分值计算保留小数点后两位。 （以投标截止时仍在公开期限内的山东省水利建设市场监管服务平台公布的信息为准）

续 A-2-4

条款	分值	评分因素	评审标准
投标报价（22 分）	20	报价水平	投标报价与评标基准价一致的，得最高分 20 分； 在评标基准价以上，每提高一个百分点，在 20 分基础上减 0.5 分； 在评标基准价以下，每减少一个百分点，在 20 分的基础上减 0.4 分； 不足 1%，内插。报价分值计算保留小数点后两位。该项最低得分 15 分
	2	报价项目组成的完整性和合理性	对报价项目组成、费用构成等进行要求
其他（5 分）	5	其他	招标人在符合法律法规的前提下，结合本项目实际情况，自主拟定赋分因素，最高 5 分。 （招标人未提出赋分因素的，投标人该项自动满分。）
合计	100		

A-2-5　山东省水利工程建设项目施工、监理、质量检测招标评标标准有关说明

施工、监理、质量检测评标基准价说明

本次招标设定最高投标限价为××××元。超出最高限价的报价无效。

（1）评标基准价：$P=Aa+Bb$

式中　P——评标基准价；

A——最高投标限价；

a——限价权重（a 值的区间范围为 10%～50%，由招标人在招标文件中确定 a 值）；

B——投标人报价平均值；

b——平均值权重（$b=1-a$）。

（2）B 值计算方式（保留两位小数，第三位小数四舍五入）：

①参与基准价计算的有效投标人报价少于 5 个（含）：

$$B=\frac{B_1+B_2+\cdots+B_n}{n}$$

②参与基准价计算的有效投标人报价多于 5 个，少于 20 个（含）：

$$B=\frac{B_1+B_2+\cdots+B_n-N_1-M_1}{n-1-1}$$

③参与基准价计算的有效投标人报价多于 20 家：

$$B=\frac{B_1+B_2+\cdots+B_n-N_1-N_2-\cdots-N_i-M_1-M_2-\cdots-M_j}{n-i-j}$$

n——有效报价的投标人个数；

N_i——不参与基准价计算的有效投标人的最高报价；

M_j——不参与基准价计算的有效投标人的最低报价。

注：1. 有效投标人是指通过资格审查的投标人；

2. 投标人通过了资格审查，但评委在初步评审、技术评审等环节否决投标人投标文件的情况，评标基准价不再重新计算；

3. $i=j$ 或 $i=j+1$，$n-i-j=X$（X 为详细评审数量，由招标人根据工程项目实际在招标文件中予以明确，$X\geq 20$）。

计算报价得分时，所有的比值计算及报价得分均保留两位小数。

续 A-2-5

评审方式说明	1. 水利工程施工、监理、质量检测评标采用综合评估法。 2. 上述水利工程施工、监理、质量检测评标基准价、报价水平的计算方式为水利工程电子交易系统的默认选项。招标人与交易中心对接电子交易系统实现的可行性后,可根据实际自主确定评标基准价、报价水平的计算方式,并在招标文件中予以明确。 3. 如有效投标人数量不多于 20 家,需对全部有效投标文件进行详细评审;如有效投标人数量多于 20 家时,需至少详细评审 20 家(对投标人投标文件详细评审数量由招标人根据工程项目实际,在招标文件中予以明确),提倡对全部有效投标文件进行详细评审。 设置详细评审数量的,水利工程电子交易系统默认以经资格审查后有效投标人按招标文件约定的评标基准价计算方法、“报价水平”得分排序。招标人与交易中心对接电子交易系统实现的可行性后,可根据实际自主确定详细评审方式,并在招标文件中予以明确
其他说明	1. 项目法人或招标代理机构在编制施工招标文件时,对于大型水利工程(大型水库、水闸、泵站、调水工程,一级堤防、防潮堤等)宜采用《山东省水利工程建设项目施工招标评标标准一》,其他中小型水利工程项目可自行选择其中一套。 2. 投标人的资质、业绩、获奖、信用评价,相关人员的职称、资格证书等市场信用信息由投标人登录山东省水利建设市场信用信息平台自行填报、调取,须保证资料真实完整。市场主体提交的材料信息与信用信息平台公布信息不符的均不予认定。 3. 施工标准中“新技术新工艺新材料新装备”,可在编制招标文件时由招标人具体说明。 4. 社保信息指社保经办机构出具的由用人单位缴纳的人员近 N 个月可经核验的社保五险信息(退休人员提供由单位缴纳的意外险信息)证明材料,对社保信息期限的要求由招标人在招标文件中约定。招标人认可由控股单位缴纳社保的,应在招标文件中进行说明。 5. 协会指合法登记、在中国社会组织公共服务平台公布且状态正常的社会组织。 6. 类似工程指建设内容相近或主体工程内容相同的施工项目,由招标人在招标文件中约定。 7. 获得奖励的年限从投标截止日往前推算,以获奖证书或称号发出日期为准。 8. 招标人不得设置违反公平竞争条款。 9. 推行水利工程在发布招标公告时同步发售或者下载资格预审文件(或招标文件)。 10. 取消水利工程施工招标条件中“监理单位已确定”的条件。 11. 提倡采取资格预审

附录 B　安全管理

B-1　水利工程施工度汛方案编制指南(试行)

1　编制依据及适用范围

1.1　编制依据

法律法规、规程规范、工程建设合同、设计文件、度汛技术要求、施工组织设计、当地防汛指挥机构及水行政主管部门要求等。

〔本方案编制主要依据:①《中华人民共和国防洪法》(主席令第 88 号,2016 年修正)、《中华人民共和国防汛条例》(国务院令第 86 号,2011 年第二次修订)、《水利工程建设安全生产管理规定》(水利部令第 26 号,2019 年水利部令第 50 号修改)、《突发事件应急预案管理办法》(国办发〔2013〕101 号)、水利建设项目稽查常见问题清单（2021 年版);②《生产经营单位生产安全事故应急预案编制导则》(GB/T 29639—2020)、《防洪标准》(GB 50201—2014)、《水利水电工程等级划分及洪水标准》(SL 252—2017)、《防汛储备物资验收标准》(SL 297—2004)、《防汛物资储备定额编制规程》(SL 298—2004)、《水利水电工程施工组织设计规范》(SL 303—2017)、《水利水电工程施工通用安全技术规程》(SL 398—2007)、《水利水电工程施工导流设计规范》(SL 623—2013)、《水利水电工程围堰设计规范》(SL 645—2013)、《水利水电工程施工安全管理导则》(SL 721—2015)、《水电工程施工期防洪度汛报告编制规程》(NB/T 10492—2021)、《水电水利工程施工度汛风险评估规程》(DL/T 5307—2013);③流域综合规划、流域防洪规划等;④设计文件及批文,施工合同、设计图纸、度汛技术要求及施工组织设计;⑤当地水行政主管部门及项目主管部门对项目度汛的要求以及批准的防洪度汛预案等。〕

1.2　适用范围

有度汛任务的项目应编制度汛方案。明确本方案涵盖时段、覆盖工程范围;本工程与其他邻近项目、流域防洪度汛的关系。

〔度汛方案的编制可根据项目度汛具体情况,对本大纲编制内容进行增减;本方案适用时段应充分考虑汛期相应的时间;覆盖范围主要包括工程本身范围以及对上下游可能影响范围;并简要说明本工程度汛方案对影响范围内上下游邻近项目可能产生的影响以及对所在河流度汛的影响。〕

2　工程概述及度汛要求

2.1　基本情况

工程概况、规模、等级,洪水标准,工程总体布置情况;涉及度汛的临时建筑物等级、标准及布置;工程建设管理模式等。

〔主要包括工程概况、工程规模、等级划分、洪水标准；工程主要建设内容和工程总布置情况;导流方案,以及围堰、导流设施等主要度汛挡、泄水建筑物等级标准、布置及断面形式;明确工程建设现场项目法人、施工、设计、监理、监测等单位管理机构以及代建制、管理总承包(PMC)、全过程咨询、施工总承包等管理模式及相互关系。〕

2.2 水文地质

工程所在流域及河流的水文、气象条件，以及工程范围内汛期水位、流量关系；工程所在地地形、地质条件等。

〔水文气象包括汛期的气温、降雨、径流、历史洪水和设计洪水等；工程范围内度汛挡、泄水建筑物的水位流量关系；工程地形地质主要包括工程范围内地形、地质条件描述，主要度汛挡、泄水建筑物地质条件。〕

2.3 工程面貌及度汛要求

本方案编制时与度汛相关的永久工程、临时设施面貌情况及度汛对这些项目面貌的要求，度汛方法及度汛总体布置方案。

〔工程面貌主要包括方案编制时永久性工程（主体工程和库区移民、地质灾害处理等专项工程）和临时工程（施工区生活和生产营地、排水沟渠、供水和供电系统、道路运输系统等）进度面貌；满足度汛对项目进度要求、度汛方法（含分期）及度汛总体的安排。〕

3 度汛组织机构及职责

3.1 组织机构

工程度汛组织机构的组成形式，组成单位、人员；成立工作小组。

〔明确以项目法人为主体，监理、施工、设计等参建单位主要负责人参加的工程现场度汛指挥机构；有相关单位人员组建"综合协调、物资保障、雨情、水情及险情监测与巡查、抢险技术支撑"等工作小组，并明确各工作小组成员及负责人。〕

3.2 职责与责任

各单位的度汛职责及责任清单。

〔明确本工程度汛责任清单；各单位应承担的度汛职责、各工作小组度汛职责和主要负责人的岗位职责。〕

4 度汛保障

4.1 汛前工程进度

根据工程不同阶段，为满足度汛要求，在建工程及临时设施在汛前应该完成的面貌安排及汛前应该完成的防护措施计划。

〔汛前工程进度计划应充分考虑工程建设不同阶段（如：截流前、围堰挡水、堤防挡水、建筑物挡水、工程完工后竣工验收前等不同阶段）的特点与要求，工程度汛前永久工程和临时工程应达到的进度要求；为保障工程安全度汛永久工程和临时工程应做的防护措施，并细化为实现进度及防护要求所需要的材料、设备、人员、资金使用及抢工等资源保障措施。〕

4.2 度汛资源保障

度汛物资、机械、设备清单，采购、保管与储存；汛期综合后勤保障，以及汛期值班、抢险人员、工作安排等。

〔防洪度汛设备与材料等物资的采购、保管与储存，数量及质量要满足《防汛物资储备定额编制规程》（SL 298—2004）和《防汛储备物资验收标准》（SL 297—2004）的要求；汛期电力供应及应急电源准备，常规与应急水源；医疗保障与救援方式；常规与应急通信、内部相关单位之间及与当地人民政府及防汛、气象、海洋、水文、国土等部门的联络渠道；

正常交通与备用通道；综合后勤保障、度汛经费保障等；防洪度汛值班安排，应急抢险队伍组成、分工及汛期管理等。〕

4.3　汛前检查

对照度汛要求及标准，明确汛前对工程及防护措施进行验收或检查内容；各种环境、资源保障措施落实情况的检查要求。

〔检查验收内容、标准、参加单位（可邀请与防汛度汛相关的单位）、验收时间、验收成果以及遗留问题处理方式。〕

4.4　汛期信息获取

获取汛期气象预报及雨情、水情、汛情的方式和通信保障渠道。

〔了解本区域雨情、水情测报站网布置情况；明确本工程汛期雨情、水情、汛情及通报的获取方式、联系人和联络方式，建立多渠道信息保障措施，确保及时准确获取相关信息资料。〕

4.5　汛期施工及工程调度

汛期施工部位及度汛安全防护；根据不同雨情、水情及洪水预报，工程范围内挡水、泄水和排水等工程的度汛调度方案。

〔保障汛期施工采取的安全措施；根据不同雨情、水情及汛情，明确工程范围内围堰、导流设施、排水泵站等施工度汛工程的调度方案；明确需要水行政主管部门等调度域外工程度汛的要求。〕

4.6　巡察监测及报告

施工现场雨情、水情、汛情、工情及险情等防汛情况巡查检测要求；对危及建筑物安全和其他安全度汛隐患检查的内容、排查方式、治理的时限与频次；度汛情况报告的主要内容、时限及报告程序、方式。

〔明确工程范围内度汛问题清单，开展常态化检查的项目、内容及频次，对相关数据的分析、内部及外部报告的要求等。〕

5　风险识别与应急处置

5.1　风险识别及评估

汛期对施工现场可能存在的安全风险进行识别，评估其对工程本身及对周边环境、人民生命、财产的影响。当汛期发生施工超标准洪水导致本工程失事对域外造成影响较大时，应制订施工超标准洪水应急预案。

〔汛期应对工程范围内可能发生超过本工程施工期设防标准的洪水、恶劣天气、地质灾害及溃坝、溃堰、基坑淹没（管涌）、建筑物冲毁、设备故障、冰（排）凌等风险进行识别，必要时制订施工超标准洪水应急预案。〕

5.2　预报预警及演练

根据雨情、水情及洪水等信息，设置预报预警值，明确启动应急处置措施条件；适时组织开展应急措施演练。

〔根据工程所处位置的水位情况，不同的水位预报预警值，确定启动应急处置的条件。〕

5.3 应急处置

根据风险评估结果，制定具体的抢险、疏散等风险控制应急处置措施；当风险扩大时与上一级应急预案的衔接程序。

〔根据预警从值班级别、工程调度、加固加高防汛设施、基坑冲水、人员救护、请求社会救援、事故控制、现场恢复等方面制定应急处置措施。〕

附录

A 附图

1 工程对外交通图。

（主要是汛期哪些陆路、水路可以使用，可以通行车辆的类型。）

2 工程施工总布置图。

3 施工导流布置图。

4 工程区域内地质灾害分布图。

（工程所在地存在地质灾害的类型、区域、地点。）

5 应急避险路线图。

（发生险情后人员、设备如何进行紧急避险及避险的路线、地点等。）

B 附表

1 防洪度汛组织机构表及成员联系方式。

2 防洪度汛检查表。

3 防汛物资、设备一览表。

B-2 水利工程施工超标准洪水应急预案编制指南(试行)

1 总则

1.1 编制目的

编制应急预案的目的。

1.2 编制依据

法律法规、规程规范、流域规划、防汛指挥机构要求、设计文件及度汛技术要求、工程建设合同及施工组织设计等。

〔本方案编制主要依据：①法律法规及规范性文件：《中华人民共和国防洪法》(主席令第88号，2016年修正)、《中华人民共和国水法》、《中华人民共和国突发事件应对法》、《中华人民共和国安全生产法》、《中华人民共和国防汛条例》(国务院令第86号，2011年第二次修订)、《国家突发公共事件总体应急预案》、《国家防汛抗旱应急预案》等；②《生产经营单位生产安全事故应急预案编制导则》(GB/T 29639—2020)、《防洪标准》(GB 50201—2014)、《水利水电工程等级划分及洪水标准》(SL 252—2017)、《水利水电工程施工组织设计规范》(SL 303—2017)、《水利水电工程施工导流设计规范》(SL 623—2013)及《水利水电工程围堰设计规范》(SL 645—2013)等；③流域综合规划、流域防洪规划及城市防洪规划等综合、专项规划；流域防御洪水方案、流域洪水调度方案和流域超标准洪水防御预案等；④防汛指挥机构对工程施工超标准洪水应急相关要求；⑤其他文件：工程建设合同、批复的设计文件及变更文件、度汛方案、业主批复的施工组织设计(施工

单位编制)等技术文件。〕

1.3　适用范围

本方案在施工期发生超出度汛方案洪水标准时启用,适用于施工超标准洪水引起的灾害事件的防御。

〔简述本工程挡水建筑物(围堰)的设计标准相应水位,发生超过度汛方案标准的洪水时对工程范围内和工程范围外产生的影响。〕

1.4　编制原则

应急预案编制应当遵循“以人为本、生命至上、依法依规、迅速有效”的原则。

2　工程简介

2.1　工程概况

工程概况及汛前工程总体面貌要求。

〔工程概况主要包括:流域基本情况、工程规模与等级划分、主要建设内容、工程总布置和主要保护对象等;汛前工程总面貌主要关注主汛前永久工程和临时工程应达到的形象面貌,永久工程包括主体工程和库区移民等专项工程,临时工程主要包括施工区生活和生产营地、排水沟渠、供水和供电系统、道路运输系统等重要辅助工程情况。〕

2.2　应急组织机构及职责

工程现场应急组织机构沿用工程度汛组织机构。

〔明确以项目法人为主体,监理、施工、设计等参建单位主要负责人参加的工程现场度汛指挥机构;有相关单位人员组建“综合协调、物资保障、雨情、水情及险情监测与巡查、抢险技术支撑”等工作小组,并明确各工作小组成员及负责人。明确本工程度汛责任清单;各单位应承担的度汛职责、各工作小组度汛职责和主要负责人的岗位职责。〕

2.3　度汛方案

简述永久工程和临时工程施工度汛标准,施工度汛方案主要内容(引用)。

3　超标准洪水影响分析

3.1　洪水分析

根据历史上本流域或河流的雨水情与汛情特点、洪水特征、流域超标准洪水发生情况,结合流域或河流防御洪水方案、洪水调度方案等内容,分析施工期可能发生的施工超标准洪水情况。

〔通过系统的水文资料分析本工程所在区域汛期发生不同频率洪水情况,提出本预案应对的施工超标准洪水范围。〕

3.2　风险评估

在施工超标准洪水分析的基础上,对施工超标准洪水可能引起的基坑管涌、围堰坍塌、建筑物冲毁、堤(坝)溃破、库区(或基坑)淹没、设备故障、冰凌洪水及次生灾害等安全风险评估。

3.3　监测预警

明确雨水情、识别的风险等监测内容、监测方法、频次及监测信息管控,研判监测结果及时发出预警,明确预警的对象、内容及方式。

〔监测内容:水位、雨水情、工情和基坑管涌、堰体渗漏等险情。监测信息管控:指挥机构内部监测信息获取、传递、接收及分析预测等，以及向外报送信息内容、负责报送单位、报送时限等制度规定。预警对象：项目法人单位、参建单位和相关责任人员，地方政府、防汛指挥机构、水行政主管部门，紧急情况下，可适情向超常规调度洪水影响区、工程失事影响区预警。预警内容：包括预警信号，具体内容（雨水情、险情及影响分析），防御意见和建议等。预警方式：通过电话、传真及现场预警装备等形式预警，面向公众的预警发布须经有权限的地方防汛指挥机构同意。〕

4　应急响应

4.1　应急响应程序和权限

根据预报预警和监测水位等情况进行分析预判，启动应急响应的程序，明确启用程序的条件和权限。

4.2　应急抢险措施

根据风险评估结果，制定应对基坑管涌、围堰坍塌、建筑物冲毁、堤（坝）溃破、库区（或基坑）淹没、设备故障、冰凌洪水及次生灾害等风险的抢险措施，根据响应程序启动抢险措施。

4.3　应急支援

发生施工超标准洪水，导致工程失事，对工程范围外地区产生较大影响，应及时向地方政府、防汛指挥机构、水行政主管部门报告影响情况，提出请求支援内容。

〔本节写出具体的影响内容和支援要求等。〕

4.4　响应调整与终止

明确响应级别调整与终止条件、程序及权限。

〔根据洪情或灾情形势变化，按地方防汛指挥机构指令及时调整应急响应级别，适时发布应急结束。〕

5　应急保障

5.1　现场应急保障

明确超标准洪水工程现场应具备的监测保障、人员保障、物资保障、器材装备保障、供水供电保障、场地保障、安全保障、通信保障、资金保障等工作安排。

〔这项工作的主要内容为超出正常度汛需要的应急保障。〕

5.2　应急支援保障

有条件地区应调查明确社会可支援的资源情况。

6　附件

（1）工程地理位置图、平面布置图、导流平面布置图及汛前工程面貌图。

（2）应急救援队伍行动路线图；疏散逃生线路图、涉险警戒范围图、汛期附近交通图；风险影响范围图。

（3）应急指挥机构、地方政府、地方防汛指挥机构、水行政主管部门、应急救援队伍人员表及联系方式。

B-3　水利水电工程施工重大危险源清单(指南)

序号	类别	项目	重大危险源	可能导致的事故类型
1	施工作业类	明挖施工	滑坡地段的开挖	坍塌、物体打击、机械伤害
2			堆渣高度大于 10 m(含)的挖掘作业	坍塌、物体打击、机械伤害
3			土方边坡高度大于 30 m(含)或地质缺陷部位的开挖作业	坍塌、物体打击、机械伤害
4			石方边坡高度大于 50 m(含)或滑坡地段的开挖作业	坍塌、物体打击、机械伤害
5		洞挖施工	断面大于 20 m^2 或单洞长度大于 50 m 及地质缺陷部位开挖;地应力大于 20 MPa 或大于岩石强度的 1/5 或埋深大于 500 m 部位的作业;洞室临近相互贯通时的作业;当某一工作面爆破作业时,相邻洞室的施工作业	冒顶片帮、物体打击、机械伤害
6			不能及时支护的部位	冒顶片帮、物体打击、机械伤害
7			隧洞进出口及交叉洞作业	冒顶片帮、物体打击、机械伤害
8			地下水活动强烈地段开挖	透水、物体打击、机械伤害
9		石方爆破	一次装药量大于 200 kg(含)的爆破;雷雨天气的露天爆破作业;多作业面同时爆破	火药爆炸、放炮、物体打击、坍塌
10			一次装药量大于 50 kg(含)的地下爆破	火药爆炸、放炮、物体打击、冒顶片帮
11			斜井开挖的爆破作业	火药爆炸、放炮、物体打击、冒顶片帮
12			竖井开挖的爆破作业	火药爆炸、放炮、物体打击、冒顶片帮
13			临近边坡的地下开挖爆破作业	火药爆炸、放炮、物体打击、坍塌
14		灌浆工程	采用危险化学品进行化学灌浆	中毒或其他伤害
15		斜井竖井开挖	提升系统行程大于 20 m(含)	高处坠落
16			大于 20 m(含)的沉井工程	物体打击、机械伤害
17		混凝土生产工程	制冷车间的液氨制冷系统	中毒、爆炸

续 B-3

序号	类别	项目	重大危险源	可能导致的事故类型
18	施工作业类	脚手架工程	搭设高度 24 m 及以上的落地式钢管脚手架工程;附着式整体和分片提升脚手架工程;悬挑式脚手架工程;吊篮脚手架工程;新型及异型脚手架工程	坍塌、高处坠落、物体打击
19		模板工程及支撑体系	滑模、爬模、飞模工程	物体打击、高处坠落
20			搭设高度 5 m 及以上;搭设跨度 10 m 及以上;施工总荷载 10 kN/m^2 及以上;集中线荷载 15 kN/m 及以上	物体打击、高处坠落
21		金属结构制作、安装及机电设备安装	用于钢结构安装等满堂支撑体系	物体打击、高处坠落
22			采用非常规起重设备、方法,且单件起吊重量在 10 kN 及以上的起重吊装工程	机械伤害、高处坠落
23			使用易爆、有毒和易腐蚀的危险化学品进行作业	爆炸、中毒或其他伤害
24		建筑物拆除工程	采取机械拆除,拆除高度大于 10 m;可能影响行人、交通、电力设施、通信设施或其他建、构筑物安全的拆除作业;文物保护建筑、优秀历史建筑或历史文化风貌区控制范围的拆除作业	坍塌、物体打击、高处坠落、机械伤害
25			围堰拆除作业	坍塌
26			爆破拆除作业	爆炸、物体打击
27		降排水	降排水工程	淹溺
28	机械设备类	起重吊装及安装拆卸	采用非常规起重设备、方法,且单件起吊重量在 10 kN 及以上的起重吊装工程	物体打击、机械伤害
29			采用起重机械进行安装的工程	物体打击、起重伤害、高处坠落
30			起重机械设备自身的安装、拆卸作业	起重伤害、高处坠落、触电

续 B-3

序号	类别	项目	重大危险源	可能导致的事故类型
31	设施场所类	存、弃渣场	弃渣堆下方有生活区或办公区	坍塌
32		基坑	开挖深度超过5 m(含)的深基坑作业,或开挖深度虽未超过5 m,但地质条件、周围环境和地下管线复杂,或影响毗邻建筑(构筑)物安全的深基坑作业	坍塌、高处坠落
33		油库油罐区	参照《危险化学品重大危险源辨识》(GB 18218—2009)标准	火灾、爆炸
34		材料设备仓库	参照《危险化学品重大危险源辨识》(GB 18218—2009)标准	爆炸
35		供电系统	临时用电工程	触电
36		隧洞	浅埋隧洞	坍塌
37		围堰	围堰工程	淹溺
38	作业环境类	超标准洪水、粉尘	超标准洪水	淹溺、火药爆炸
39		有毒有害气体及有毒化学品泄漏环境	参照《危险化学品重大危险源辨识》(GB 18218—2009)标准	中毒或其他伤害
40			参照《危险化学品重大危险源辨识》(GB 18218—2009)标准	中毒或其他伤害
41	其他	营地选址	施工驻地及场站设置在可能发生滑坡、塌方、泥石流、崩塌、落石、洪水、雪崩等的危险区域	坍塌、淹溺、物体打击
42		其他单项工程	采用新技术、新工艺、新材料、新设备的危险性较大的单项工程	坍塌
43			尚无相关技术标准的危险性较大的单项工程	坍塌

B-4 水利工程建设项目生产安全重大事故隐患清单指南

序号	类别	管理环节	隐患编号	隐患内容
1	基础管理	人员管理	SJ-J001	项目法人和施工企业未按规定设置安全生产管理机构或未按规定配备专职安全生产管理人员;施工企业主要负责人、项目负责人和专职安全生产管理人员未按规定持有效的安全生产考核合格证书;特种(设备)作业人员未持有效证件上岗作业
2		方案管理	SJ-J002	无施工组织设计施工;危险性较大的单项工程无专项施工方案;超过一定规模的危险性较大单项工程的专项施工方案未按规定组织专家论证、审查擅自施工;未按批准的专项施工方案组织实施;需要验收的危险性较大的单项工程未经验收合格转入后续工程施工
3	临时工程	营地及施工设施建设	SJ-J003	施工工厂区、施工(建设)管理及生活区、危险化学品仓库布置在洪水、雪崩、滑坡、泥石流、塌方及危石等危险区域
4		临时设施	SJ-J004	宿舍、办公用房、厨房操作间、易燃易爆危险品库等消防重点部位安全距离不符合要求且未采取有效防护措施;宿舍、办公用房、厨房操作间、易燃易爆危险品库等建筑构件的燃烧性能等级未达到 A 级;宿舍、办公用房采用金属夹芯板材时,其芯材的燃烧性能等级未达到 A 级
5		围堰工程	SJ-J005	围堰不符合规范和设计要求;围堰位移及渗流量超过设计要求,且无有效管控措施
6	专项工程	临时用电	SJ-J006	施工现场专用的电源中性点直接接地的低压配电系统未采用 TN-S 接零保护系统;发电机组电源未与其他电源互相闭锁,并列运行;外电线路的安全距离不符合规范要求且未按规定采取防护措施
7		脚手架	SJ-J007	达到或超过一定规模的作业脚手架和支撑脚手架的立杆基础承载力不符合专项施工方案的要求,且已有明显沉降;立杆采用搭接(作业脚手架顶步距除外);未按专项施工方案设置连墙件
8		模板工程	SJ-J008	爬模、滑模和翻模施工脱模或混凝土承重模板拆除时,混凝土强度未达到规定值
9		危险物品	SJ-J009	运输、使用、保管和处置雷管炸药等危险物品不符合安全要求

B-4　水利工程建设项目生产安全重大事故隐患清单指南

序号	类别	管理环节	隐患编号	隐患内容
10	专项工程	起重吊装与运输	SJ-J010	起重机械未按规定经有相应资质的检验检测机构检验合格后投入使用;起重机械未配备荷载、变幅等指示装置和荷载、力矩、高度、行程等限位、限制及连锁装置;同一作业区两台及以上起重设备运行未制订防碰撞方案,且存在碰撞可能;隧洞竖(斜)井或沉井、人工挖孔桩井载人(货)提升机械未设置安全装置或安全装置不灵敏
11		起重吊装与运输	SJ-J011	大中型水利水电工程金属结构施工采用临时钢梁、龙门架、天锚起吊闸门、钢管前,未对其结构和吊点进行设计计算、履行审批审查验收手续,未进行相应的负荷试验;闸门、钢管上的吊耳板、焊缝未经检查检测和强度验算投入使用
12		高边坡、深基坑	SJ-J012	断层、裂隙、破碎带等不良地质构造的高边坡,未按设计要求及时采取支护措施或未经验收合格即进行下一梯段施工;深基坑土方开挖放坡坡度不满足其稳定性要求且未采取加固措施
13		隧洞施工	SJ-J013	遇到下列9种情况之一,未按有关规定及时进行地质预报并采取措施:①隧洞出现围岩不断掉块、洞室内灰尘突然增多、喷层表面开裂、支撑变形或连续发出声响。②围岩沿结构面或顺裂隙错位、裂缝加宽、位移速率加大。③出现片帮、岩爆或严重鼓胀变形。④出现涌水、涌水量增大、涌水突然变浑浊、涌沙。⑤干燥岩质洞段突然出现地下水流,渗水点位置突然变化,破碎带水流活动加剧,土质洞段含水量明显增大或土的形状明显软化。⑥洞温突然发生变化,洞内突然出现冷空气对流。⑦钻孔时,钻进速度突然加快且钻孔回水消失,经常发生卡钻。⑧岩石隧洞掘进机或盾构机发生卡机或掘进参数、掘进载荷、掘进速度发生急剧的异常变化。⑨突然出现刺激性气味;断层及破碎带缓倾角节理密集带,岩溶发育地下水丰富及膨胀岩体地段和高地应力区等不良地质条件洞段开挖未根据地质预报针对其性质和特殊的地质问题制定专项保证安全施工的工程措施;隧洞Ⅳ类、Ⅴ类围岩开挖后,支护未紧跟掌子面
14		隧洞施工	SJ-J014	洞室施工过程中,未对洞内有毒有害气体进行检测、监测;有毒有害气体达到或超过规定标准时未采取有效措施
15		设备安装	SJ-J015	蜗壳、机坑里衬安装时,搭设的施工平台(组装)未经检查验收即投入使用;在机坑中进行电焊、气割作业(如水机室、定子组装、上下机架组装)时,未设置隔离防护平台或铺设防火布,现场未配备消防器材
16		水上作业	SJ-J016	未按规定设置必要的安全作业区或警戒区;水上作业施工船舶施工安全工作条件不符合船舶使用说明书和设备状况,未停止施工;挖泥船的实际工作条件大于《疏浚与吹填工程技术规范》(SL 17—2014)表5.7.9中所列数值,未停止施工

续 B-4

序号	类别	管理环节	隐患编号	隐患内容
17	其他	防洪度汛	SJ-J017	有度汛要求的建设项目未按规定制订度汛方案和超标准洪水应急预案；工程进度不满足度汛要求时未制定和采取相应措施；位于自然地面或河水位以下的隧洞进出口未按施工期防洪标准设置围堰或预留岩坎
18		液氨制冷	SJ-J018	氨压机车间控制盘柜与氨压机未分开隔离布置；未设置、配备固定式氨气报警仪和便携式氨气检测仪；未设置应急疏散通道并明确标识
19		安全防护	SJ-J019	排架、井架、施工电梯、大坝廊道、隧洞等出入口和上部有施工作业的通道，未按规定设置防护棚
20		设备检修	SJ-J020	混凝土（水泥土、水泥稳定土）拌合机、TBM 及盾构设备刀盘检维修时未切断电源或开关箱未上锁且无人监管

B-5 项目法人安全生产档案目录

1. 相关文件、证件及人员信息
(1)上级主管部门的安全生产文件；
(2)项目法人印发的安全生产文件；
(3)参建单位报送的安全生产文件；
(4)安全监督书；
(5)项目管理人员登记表；
(6)其他文件及证件等。
2. 安全生产目标管理
(1)安全生产目标及相关文件；
(2)安全生产目标管理计划及相关文件；
(3)安全生产目标责任书；
(4)安全生产目标考核办法；
(5)安全生产目标完成情况自查报告；
(6)安全生产目标考核结果等。
3. 安全生产管理机构和职责
(1)安全生产领导小组组建文件；
(2)安全生产管理机构成立文件；
(3)安全生产会议记录、纪要；
(4)安全生产责任制；
(5)安全生产责任制的考核结果；
(6)安全生产责任制适宜性的评审材料等。
4. 安全生产管理制度
(1)项目法人的安全生产管理制度；
(2)适用的安全生产法律、法规、规章、制度和标准清单；
(3)安全生产管理制度的学习记录；

(4)安全生产管理制度的检查评估报告；
(5)安全生产管理制度执行情况的检查意见及整改情况等。
5.安全生产费用管理
(1)安全生产费用使用计划；
(2)安全生产费用使用台账等。
6.安全技术措施和专项施工方案
(1)安全现状和验收评价报告；
(2)项目法人保证安全生产的措施方案及交底记录；
(3)拆除、爆破工程的备案材料；
(4)施工组织设计(含安全技术措施专篇)；
(5)备案或审核的专项安全施工方案；
(6)工程度汛方案、超标准洪水应急预案及演练记录；
(7)安全度汛目标责任书；
(8)消防设施平面布置图等。
7.安全生产教育培训
(1)安全生产教育培训计划；
(2)安全生产教育培训记录；
(3)安全生产教育汇总表；
(4)项目法人对教育培训情况的监督检查记录；
(5)外来人员安全教育记录等。
8.事故隐患排查治理
(1)各级主管部门安全检查的记录、意见、整改报告等；
(2)项目法人隐患排查的记录、整改通知、整改结果等；
(3)事故隐患排查、治理台账；
(4)事故隐患排查治理情况统计分析月报表；
(5)重大事故隐患报告；
(6)重大事故隐患治理方案及治理结果；
(7)重大事故隐患治理验证及评估意见等。
9.重大危险源管理
(1)重大危险源辨识记录及相关文件；
(2)重大危险源安全评估报告；
(3)重大危险源管理台账；
(4)重大危险源管理的责任单位、责任部门、责任人；
(5)重大危险源检查记录等。
10.职业卫生与环境保护
(1)职业危害告知单；
(2)职业危害申报材料等。
11.应急管理
(1)项目安全事故应急救援预案、专项应急预案及演练情况；
(2)生产安全事故快报；
(3)安全生产月报；
(4)安全事故档案等。

附录C　设计变更管理

C-1　设计变更分类表

类别	工程类别	工程分类	具体内容
重大设计变更	工程任务和规模	工程任务	工程防洪、治涝、灌溉、供水、发电等主要设计任务的变化和调整
		工程规模	水库总库容、防洪库容、死库容、调节库容的变化
			正常蓄水位、汛期限制水位、防洪高水位、死水位、设计洪水位、校核洪水位,以及分洪水位、挡潮水位等特征水位的变化
			供水、灌溉及排水工程的范围、面积、工程布局发生重大变化;干渠(管)及以上工程设计流量、设计供(引、排)水量发生重大变化
			大中型电站或泵站的装机容量发生重大变化
			河道治理、堤防及蓄滞洪区工程中河道及堤防治理范围、治导线形态和宽度、整治流量,蓄滞洪区及安全区面积、容量、数量,分洪工程规模等发生重大变化
	工程等级及设计标准	工程防洪标准、除涝(治涝)标准的变化	
		工程等别、主要建筑物级别的变化	
		主要建筑物洪水标准、抗震设计等安全标准的变化	
	工程布置及建筑物	水库、水闸工程	挡水、泄水、引(供)水、过坝等主要建筑物位置、轴线、工程布置、主要结构形式的变化
			主要挡水建筑物高度、防渗形式、筑坝材料和分区设计、结构设计的重大变化
			主要泄水建筑物设计、消能防冲设计的重大变化
			引水建筑物进水口结构设计的重大变化
			主要建筑物基础处理方案、重要边坡治理方案的重大变化
		电站、泵站工程	主要建筑物位置、轴线的重大变化
			厂区布置、主要建筑物组成的重大变化
			电(泵)站主要建筑物型式、基础处理方案的重大变化
			重要边坡治理方案的重大变化
		供水、灌溉及排水工程	水源、取水方式及输水方式的重大变化
			干渠(线)及以上工程线路、主要建筑物布置及结构形式,以及建筑物基础处理方案、重要边坡治理方案的重大变化
			干渠(线)及以上工程有压输水管道管材、设计压力及调压设施的重大变化
		堤防工程及蓄滞洪区工程	堤线及建筑物布置、堤顶高程的重大变化
			堤防防渗形式、筑堤材料、结构设计、护岸和护坡形式的重大变化
			对堤防安全有影响的交叉建筑物设计方案的重大变化
			防洪以及安全建设工程形式、分洪工程形式的重大变化

续 C-1

类别	工程类别	工程分类	具体内容
重大设计变更	机电及金属结构	水力机械	水电站水轮机形式、布置形式、台数的变化
			大中型泵站水泵形式、布置形式、台数的变化
			压力输水系统调流调压设备形式、数量的重大变化
		电气工程	出线电压等级在 110 kV 及以上的电站接入电力系统接入点、主接线形式、进出线回路数及高压配电装置形式变化
			110 kV 及以上电压等级的泵站供电电压、主接线形式、进出线回路数、高压配电装置形式变化
		金属结构	大型泵站高压主电动机形式、启动方式的变化
			具有防洪、泄水功能的闸门工作性质、闸门门型、布置方案、启闭设备形式的重大变化
			电站、泵站等工程应急闸门工作性质、闸门门型、布置方案、启闭设备形式的重大变化
			导流封堵闸门的门型、结构、布置方案的重大变化
	施工组织设计		水库枢纽和水电站工程的混凝土骨料、土石坝填筑料、工程回填料料源发生重大变化
			水库枢纽工程主要建筑物的导流建筑物级别、导流标准及导流方式的重大变化
一般设计变更			水利枢纽工程中次要建筑物的布置、结构形式、基础处理方案及施工方案变化
			堤防和河道治理工程的局部变化
			灌区和引调水工程中支渠(线)及以下工程的局部线路调整、局部基础处理方案变化,次要建筑物的布置、结构形式和施工组织设计变化
			一般机电设备及金属结构设备形式变化
			附属建设内容变化
			其他

附录D 档案管理

D-1 水利工程建设项目文件归档范围和档案保管期限

序号	归档文件范围	保管期限	归档单位
	一、前期工作		
1	项目策划、筹备文件	永久	项目法人
2	项目建议书及审批相关文件	永久	项目法人
3	项目评估、论证、咨询文件	永久	项目法人
4	项目审批、核准及补充文件	永久	项目法人
5	各阶段环境影响、水土保持、水资源、地震安全、文物保护、地质灾害、林地、消防等专项评估报告及批复文件	永久	项目法人
6	压覆矿产资源、劳动安全与工业卫生、职业健康、防洪等专项评价文件	永久	项目法人
7	停建令、社会稳定风险评估报告及批复文件	永久	项目法人
8	取水(砂)、林木采伐及电网接入许可文件	永久	项目法人
9	可行性研究报告及设计图纸、可行性研究阶段审批所需各类专题报告及图件、各类报批文件、技术审查意见	永久	项目法人 设计单位
10	地形、地貌、控制点、建筑物、构筑物及重要设备安装测量定位、观测监测记录	永久	项目法人 设计单位
11	气象、地震等其他设计基础资料	永久	项目法人 设计单位
12	规划报告书、补充报告及审批文件	永久	项目法人 设计单位
13	方案论证、设计及审批文件	永久	项目法人 设计单位
14	招标文件及主管部门审核意见	永久	项目法人 设计单位
15	初步设计报告及设计图纸、初步设计阶段审批所需各类专题报告及图件、各类报批文件、技术审查意见、概算核定意见及审批文件	永久	项目法人 设计单位
16	供图计划、施工图纸及各类技术文件、技术报告及审批文件	永久	项目法人 设计单位

续 D-1

二、征地补偿与移民安置			
1	建设用地预审材料及审查意见	永久	项目法人
2	建设用地组卷报批材料及审批文件	永久	项目法人
3	征迁协议、土地移交、临时用地复垦及返还等资料	永久	项目法人
4	建设用地规划许可证、国有土地使用证、林权证、不动产权证等	永久	项目法人
5	实物调查成果、勘测定界成果图	永久	项目法人
6	建设前原始地貌、征地拆迁、移民安置的音像资料	永久	项目法人
7	企事业单位资产评估资料	永久	项目法人
8	移民安置规划及审批文件	永久	项目法人
9	移民安置协议、移民安置年度计划	永久	项目法人
10	移民安置监督评估合同、报告	永久	项目法人
11	移民村、城(集)镇拆迁实施相关资料	永久	项目法人
12	征地补偿与移民安置项目建设的招投标、合同、安置实施、验收等文件	永久	项目法人
13	征地补偿与移民安置资金合同、决算、审计、稽查等管理文件	永久	项目法人
14	征地补偿与移民安置各阶段验收文件	永久	项目法人
三、建设实施			
(一)工程建设管理文件			
1	项目建设管理组织机构成立、调整文件	永久	项目法人
2	项目管理人员任免文件	永久	项目法人
3	项目管理的各项管理制度、业务规范、工作程序,质保体系文件	30年	项目法人
4	项目施工前涉及水通、电通、道路通和场地平整的文件	永久	项目法人
5	开工报告文件	永久	项目法人
6	有关工程建设计划、实施计划和调整计划	永久	项目法人
7	工程建设年度工作总结	30年	项目法人
8	工程管理相关会议文件	永久	项目法人
9	工程建设管理大事记	永久	项目法人
10	重大设计变更申请、审核及批复文件	永久	项目法人
11	关键技术设计、试验文件	永久	项目法人
12	工程预算、差价管理、合同价结算等文件	永久	项目法人

续 D-1

13	索赔与反索赔文件	永久	项目法人
14	投资、质量、进度、安全、环保等计划、实施和调整、总结	30年	项目法人
15	通知、通报等日常管理性文件,一般性来往函件	30年	项目法人
16	质量、安全、环保、文明施工等专项检查考核、监督、履约评价文件	30年	项目法人
17	第三方检测文件(资质及检测报告等)	永久	项目法人
18	有关质量及安全生产事故处理文件	永久	项目法人
19	重要领导视察、重要活动及宣传报道文件	永久	项目法人
20	监管部门制发的重要工作依据性文件,涉及法律事务文件	永久	项目法人
21	组织法律法规、标准规范、制度程序宣贯培训文件,信息化工作文件	10年	项目法人
22	出国考察报告及外国技术人员提供的有关文件	永久	项目法人
23	工程建设不同阶段产生的有关工程启用、移交的各种文件	30年	项目法人
24	获得奖项、荣誉、先进人物等文件	永久	项目法人
25	工程原始地形、地貌,开工仪式、重要会议、重要领导视察,质量及安全生产事故处理,专项检查、质量监督活动,新技术、新工艺、新材料等应用,竣工后新貌等建设管理音像文件	永久	项目法人
	(二)招标投标、合同协议文件		
1	招标计划及审批文件,招标公告、招标书、招标修改文件、答疑文件、招标委托合同、资格预审文件	30年	项目法人
2	中标的投标书、澄清、修正补充文件	永久	项目法人
3	未中标的投标文件(或作资料保存)	项目审计完成	项目法人
4	开标记录、评标人员签字表、评标纪律、评标办法、评标细则、打分表、汇总表、评审意见	30年	项目法人
5	评标报告、定标文件,中标通知书	永久	项目法人
6	市场调研、技术经济论证采购活动记录、谈判文件、询价通知书、响应文件	30年	项目法人
7	供应商的推荐、评审、确定文件,政府采购、竞争性谈判、单一来源采购协商记录、质疑答复文件	30年	项目法人
8	合同准备及谈判、审批文件,合同书、协议书,合同执行、合同变更、合同索赔、合同了结、合同台账文件	永久	项目法人
	(三)施工文件		
1	施工项目部组建、印章启用、人员任命文件	永久	施工单位
2	进场人员资质报审文件	永久	施工单位
3	施工设备、仪器进场报审及设备仪器校验、率定文件	永久	施工单位
4	工程技术要求、技术(安全)交底、图纸会审纪要	永久	施工单位

续 D-1

5	施工组织设计、施工方案及报审文件	永久	施工单位
6	施工计划、施工技术及安全措施、施工工艺及报审文件	永久	施工单位
7	工地实验室成立、资质、授权及外委试验协议、资质文件	30年	施工单位
8	原材料及构配件进场报验文件(出厂合格证、质量保证书、进场试验检验台账等)	永久	施工单位
9	原材料、半成品、终产品与构配件的见证取样记录及各种试验检验报告、试验检验台账等文件	永久	施工单位
10	工程项目划分报审文件	永久	施工单位
11	合同标段开工报审文件	永久	施工单位
12	设计技术(安全)交底、作业指导书、图纸会审及回复文件,强制性条文实施文件	永久	施工单位
13	交桩记录及复测记录文件	永久	施工单位
14	施工定位、施工放样、控制测量及报审文件	永久	施工单位
15	配合比设计(含砂石骨料实验室)及商品混凝土质量保证文件	永久	施工单位
16	混凝土浇筑(开仓)报审文件	永久	施工单位
17	单元工程(含隐蔽工程、关键部位)质量验收、评定报审文件(工序、三检、试验、测量、施工记录等)及验收评定台账	永久	施工单位
18	设备及管线焊接工艺评定报告,焊接试验记录、报告,施工检验记录、报告,探伤检测、测试记录、报告,管道单线图(管段图)	永久	施工单位
19	设备及管线强度、密闭性等试验检测记录、报告,联动试车方案、记录、报告、安装记录	永久	施工单位
20	分部工程验收申请、批复、分部工程质量评定表、工作报告、验收鉴定书	永久	施工单位
21	单位工程验收申请、批复、外观及单位工程质量评定表、各方工作报告、验收鉴定书	永久	施工单位
22	工程或设备变化状态(测试、沉降、位移、变形等)的各种监测记录及分析文件	永久	施工单位
23	缺陷处理方案、记录及验收、备案文件	永久	施工单位
24	设计(变更)通知、设代函,有关工程变更的洽商单、联系单、报告单、申请、指示及批复文件	永久	施工单位
25	原材料、零部件、设备、代用变材变价的审批、技术核定单及工程变更台账文件	永久	施工单位
26	合同变更索赔文件	永久	施工单位
27	水土保持、环境保护实施与监测文件	永久	施工单位
28	施工期间的有关投资、质量、进度、安全、环保、相关事件的各类报告单、请示等文件	永久	施工单位

续 D-1

29	施工日志、月报、年报、大事记	30年	施工单位
30	竣工图及竣工图编制说明	永久	施工单位
31	合同项目验收申请、批复、各方工作报告、验收鉴定书	永久	施工单位
32	施工音像文件(进场时的初始地形、地貌、各阶段节点、隐蔽、重要部位、缺陷处理、会议及完工新貌等)	永久	施工单位
	(四)设备制造、采购文件		
1	设备制造单位质量管理体系,设备制造计划、方案及报审文件	永久	设备制造单位
2	原材料、外购件等质量证明及报审文件	永久	设备制造单位
3	设备设计、出厂验收文件	永久	设备制造单位
4	设备防腐、保护措施等文件材料	永久	设备制造单位
5	设备制造技术核定单、联系单、会议纪要,强制性条文实施文件	永久	设备采购单位
6	设备、材料装箱单、开箱记录、工具单、备品备件单	永久	设备采购单位
7	工艺设计、说明、规程、试验、技术报告	永久	设备采购单位
8	设备制造探伤、检测、测试、鉴定的记录、报告	永久	设备采购单位
9	设备变更、索赔文件	永久	设备采购单位
10	设备台账、设备图纸,出厂试验报告、产品质量合格证明、安装及使用说明、维护保养手册	永久	设备采购单位
11	自制专用设备任务书、设计、检测、鉴定文件	永久	设备采购单位
12	进口设备报关(商检、海关等)文件	永久	设备采购单位
13	特种设备生产安装使用维修许可、监督检验证明、安全监察文件	永久	设备制造单位
14	设备设计图、竣工图	永久	设备制造单位
15	设备制造音像文件(设备制造过程中各关键节点、重要部位及完工面貌等)	永久	设备制造单位
	(五)信息系统开发文件		
1	需求调研计划、需求分析、需求规格说明书、需求评审	30年	系统开发单位
2	设计开发方案、概要设计及评审、详细设计及评审文件	30年	系统开发单位
3	数据库结构设计、编码计划、代码编写规范、模块开发文件	30年	系统开发单位
4	信息资源规划、数据库设计、应用支撑平台、应用系统设计、网络设计、处理和存储系统设计、安全系统设计、终端、备份、运维系统设计文件	30年	系统开发单位
5	信息系统标准规范文件	10年	系统开发单位
6	实施计划、方案及批复文件	30年	系统开发单位

续 D-1

7	源代码及说明、代码修改文件、网络系统、二次开发支持文件、接口设计说明书	30年	系统开发单位
8	程序员开发手册、用户使用手册、系统维护手册	30年	系统开发单位
9	安装文件、系统上线保障方案,测试方案及评审意见、测试记录、报告,试运行方案、报告	30年	系统开发单位
10	信息安全评估、系统开发总结、验收交接清单、验收证书	30年	系统开发单位
	(六)监理(监造)文件		
1	监理(监造)项目部组建、印章启用、监理人员资质,总监任命、监理人员变更文件	永久	监理(监造)单位
2	监理(监造)规划、大纲及报审文件、监理(监造)实施细则	永久	监理(监造)单位
3	开工通知、暂停施工指示、复工通知等文件,图纸会审、图纸签发单	永久	监理(监造)单位
4	监理平行检验、试验记录、抽检文件	30年	监理(监造)单位
5	监理检查、复检、旁站记录、见证取样	永久	监理(监造)单位
6	质量缺陷、事故处理、安全事故报告	永久	监理(监造)单位
7	监理(监造)通知单、回复单、工作联系单、来往函件	永久	监理(监造)单位
8	监理(监造)例会、专题会等会议纪要、备忘录	永久	监理(监造)单位
9	监理(监造)日志、月报、年报	30年	监理(监造)单位
10	监理工作总结、质量评估报告、专题报告	永久	监理(监造)单位
11	工程计量支付文件	永久	监理(监造)单位
12	联合测量或复测文件	永久	监理(监造)单位
13	监理组织的重要会议、培训文件	永久	监理(监造)单位
14	监理音像文件	永久	监理(监造)单位
	(七)科研项目文件		
1	科研项目(技术咨询服务)立项文件,科研项目计划、批准文件	永久	项目法人
2	科研项目(技术咨询服务)合同、协议、任务书	永久	项目法人
3	研究大纲、方案、计划、调查研究、开题报告	永久	项目承担单位
4	试验方案、记录、图表、数据、照片、音像	永久	项目承担单位
5	试验计算、分析报告、阶段报告	永久	项目承担单位
6	试验装置及特殊设备图纸、工艺技术规范说明书	永久	项目承担单位
7	试验操作规程、事故分析报告	永久	项目承担单位
8	技术评审、考察报告、研究报告、结题验收报告、会议文件	永久	项目承担单位
9	成果申报、鉴定、获奖及推广应用材料	永久	项目承担单位

续 D-1

10	获得的专利、著作权等知识产权文件	永久	项目承担单位
四、生产准备/试运行			
1	技术准备计划、方案及审批文件	永久	项目法人
2	试生产、试运行管理、技术规程、规范	30 年	项目法人
3	试生产、试运行方案、操作规程、作业指导书、运行手册、应急预案	30 年	项目法人
4	试车、验收、运行、维护记录	30 年	项目法人
5	试生产产品质量鉴定报告	30 年	项目法人
6	试运行发现的缺陷台账及处理记录,事故分析记录、报告	永久	项目法人
7	试生产工作总结、试运行考核报告	永久	项目法人
8	技术培训文件	10 年	项目法人
9	产品技术参数、性能、图纸	永久	项目法人
10	环保、水保、消防、职业安全卫生等运行检测、监测记录、报告	30 年	项目法人
五、竣工验收			
1	项目各项管理工作总结	永久	项目法人
2	工程建设管理报告、设计工作报告、施工管理工作报告、监理工作报告、采购工作报告、总承包管理报告、运行管理工作报告等	永久	项目法人
3	项目安全鉴定报告、质量检测评审鉴定文件、质量监督报告	永久	项目法人
4	评估报告、阶段验收文件	永久	项目法人
5	工程决算、审计报告	永久	项目法人
6	环境保护、水土保持、移民安置、消防、档案等专项验收申请及批复文件	永久	项目法人
7	竣工验收大纲、验收申请、验收报告及批复	永久	项目法人
8	验收组织机构、验收会议文件、签字表,验收意见、备忘录、验收证书等	永久	项目法人
9	工程竣工验收后相关交接、备案文件	永久	项目法人
10	运行申请、批复文件、运行许可证书	永久	项目法人
11	项目评优报奖申报材料、批准文件及证书	永久	项目法人
12	项目后评价文件	永久	项目法人
13	项目专题片、验收工作音像材料	永久	项目法人

注:该表中所列为项目文件归档范围,不作为项目档案分类方案。

D-2 水利工程建设项目档案验收评分标准

序号	验收项目	验收内容	验收备查材料	评分标准	标准分值	自检得分	验收赋分
1	档案工作保障体系（13分）	项目法人对项目档案负总责，在管理机构、人员配备、制度建设、职责分工、经费保障和设备设施配备等方面，保障项目档案工作的顺利开展		详见以下各小项内容	13分		
1.1	组织保障（3分）	（1）明确有档案工作的分管领导	有关文件	未明确分管领导的不得分	1分		
		（2）明确有负责档案工作机构或部门及具体人员	相关机构设置文件及部门、人员岗位职责和培训证明	未明确负责档案工作机构或部门的，酌扣0.2~0.5分；未明确负责档案工作具体人员的不得分；档案专职人员需获得档案培训证书或证明，达不到要求的，扣0.2分；档案管理人员更换频繁并且无交接手续的，扣0.2分	1分		
		（3）建立了由项目法人档案管理机构牵头，工程建设管理相关部门和参建单位参与、权责清晰的项目档案管理工作网络	网络图表和落实相关人员责任制的文件或依据	达不到要求的酌扣0.5~1分	1分		

续 D-2

序号	验收项目	验收内容	验收备查材料	评分标准	标准分值	自检得分	验收赋分
1.2	制度保障（3分）	（4）按“集中统一管理”的原则，建立了较完善的项目档案管理制度，明确规定了各责任单位的职责与任务，并有相应的控制措施	项目法人制定的相关制度	未建立制度的不得分；制度要求不完善的，酌扣0.2~0.5分	1分		
		（5）制定了项目文件归档范围和保管期限表	归档范围与保管期限表	无此制度的不得分；归档范围已涵盖工程项目建设管理过程中的各类应归档文件材料，且保管期限划分准确，有明显缺陷或不足的，酌扣0.2~0.5分	1分		
		（6）制定了较实用的档案分类及档号编制方案、整理细则，档案接收、保管、利用、安全及统计等相关制度或工作规范	相关文件	无相关制度的不得分；制度达不到要求或有明显缺陷的，酌扣0.2~0.5分	1分		
1.3	经费保障（1分）	（7）将档案工作所需的各项业务经费列入预算，并能满足档案工作的需要	有关凭证性材料	未列有专项经费的，酌扣0.2~0.5分；因经费原因影响到档案工作的正常开展，或已造成一定后果的，酌扣0.5~1分	1分		
1.4	设备设施保障（1分）	（8）有符合安全保管条件的专用档案库房，办公与库房的设备设施及档案装具能满足工作需要	实地检查	无档案专用库房及专用设备设施的不得分；存在一定差距的，酌扣0.2~0.5分	1分		

续 D-2

序号	验收项目	验收内容	验收备查材料	评分标准	标准分值	自检得分	验收赋分
1.5	各项管理制度或措施的贯彻落实与实施情况（5分）	（9）与参建单位签订合同、协议时，明确提出归档要求；监理合同还应明确对所监理项目的归档文件审核责任	相关合同协议	未纳入合同协议的不得分；存在一定问题的，酌扣0.2~0.5分	1分		
		（10）检查工程进度、质量时，同时检查档案收集、整理情况	工作记录或文件	不符合要求的不得分，存在一定差距的，酌扣0.2~0.5分	1分		
		（11）项目成果评审、鉴定或项目阶段与完工验收，同时检查或验收相关档案	验收文件	不符合要求的不得分，存在一定差距的，酌扣0.2~0.5分	1分		
		（12）项目法人对施工、监理等参建单位档案收集、整理工作进行监督指导	有关证明材料	不符合要求的不得分，存在一定差距的，酌扣0.2~0.5分	1分		
		（13）档案部门或档案人员对本单位各业务部门或所属分支机构档案收集、整理、归档工作进行监督指导	有关证明材料	不符合要求的不得分，存在一定差距的，酌扣0.2~0.5分	1分		
2	档案收集整理质量与移交保管（70分）	应归档项目文件完整、准确、系统、规范（同样适用于电子文件归档相关内容）；字迹清楚、图样清晰、图表整洁、标注清楚、签字手续完备；移交手续与保管工作符合要求		详见以下各小项内容	70分		

续 D-2

序号	验收项目	验收内容	验收备查材料	评分标准	标准分值	自检得分	验收赋分
2.1	文件材料完整性（25 分）	（14）前期工作文件	归档范围与归档目录和档案实体	按《水利工程建设项目档案管理规定》（水办〔2021〕200 号）所附的“水利工程建设项目文件归档范围和档案保管期限表”的内容进行检查。存在缺项的，所缺项不得分；若项目建设不涉及该项文件材料，则该项不扣分；各项中存在不完整现象的，每发现一处扣 0.2 分；重要活动及事件、重要阶段、施工及设备缺陷处理、工程质量或安全事故等无音像归档文件的，相关项不得分；重要音像归档文件不齐全的，酌扣 0.5～1 分	3 分		
		（15）建设管理文件（含移民管理工作相关文件）			3 分		
		（16）施工文件			5 分		
		（17）监理文件			3 分		
		（18）设备制造及采购文件			2 分		
		（19）试运行文件			1 分		
		（20）财务管理文件			1 分		
		（21）验收文件（含阶段、专项、竣工）			1 分		
		（22）项目法人按规定完成项目总平面图与综合管线竣工图的编制工作			1 分		
		（23）项目法人按规定完成项目档案管理卷的编制工作			1 分		
		（24）音像文件			2 分		
		（25）科研项目文件			1 分		
		（26）实物			1 分		

续 D-2

序号	验收项目	验收内容	验收备查材料	评分标准	标准分值	自检得分	验收赋分
2.2	项目档案准确性（20分）	（27）反映同一问题的不同文件材料内容应一致	已归档文件材料	如发现存在不一致现象的，每发现一处扣0.2分，扣满2分为止	2分		
		（28）竣工图编制能清晰、准确地反映工程建设的实际。竣工图图章签字手续完备；监理单位按规定履行了审核手续	竣工图	无竣工图编制说明的扣1分；竣工图如有模糊不清、与工程实际不符、未标注变更说明、审核签字手续不全等现象，每发现一处扣0.2分，扣满2分为止；如发生结构形式、工艺、平面布置等重大变化，未重新绘制竣工图或有较大变化未能如实反映的，每发现一项扣0.5分，扣满4分为止	8分		
		（29）归档文件为原件，且字迹清晰，图表整洁，审核签章手续完备，书写材料符合规范要求	已归档文件材料	归档文件缺少原件或存在字迹不清、破损、污渍、缺少审核签字等不能准确反映其具体内容的，每发现一处扣0.2分，扣满2分为止	4分		
		（30）照片与音视频等文件应按规定著录事由、时间、地点、人物、作者、文字说明等内容	档案整编情况	照片及音视频归档文件存在著录不符合要求的，每发现一处扣0.2分，扣满2分为止	3分		
		（31）案卷题名简明，能够准确反映卷内文件主要内容	案卷题名编制情况	案卷题名拟写不够简明、准确，每发现一处扣0.2分，扣满2分为止	3分		

续 D-2

序号	验收项目	验收内容	验收备查材料	评分标准	标准分值	自检得分	验收赋分
2.3	项目档案系统性（10分）	（32）分类科学。按照项目档案分类方案，归类准确，各类归档文件脉络清晰	分类方案与案卷分类情况	归档文件未按项目分类方案归类的扣2分；归类不准确或存在一定问题的，酌扣0.2~1分	3分		
		（33）组卷合理。遵循项目文件的形成规律和成套性特点，保持卷内文件之间的有机联系，组成的案卷能反映相应的主题，且薄厚适中、便于保管和利用	案卷组卷情况	存在一定问题的，每发现一处扣0.5分，扣满3分为止	4分		
		（34）排列有序。相同内容或关系密切的文件，按重要程度或时间、项目划分、工程部位等循序排列；反映同一主题或专题的案卷相对集中排列	案卷与卷内文件的排列情况	案卷无序排列的扣2分；排列中存在混乱现象的，酌扣0.2~1分	3分		
2.4	项目档案规范性（10分）	（35）项目文件形成规范。工程用表符合相关标准、规范，内容填写规范	案卷文件材料	项目文件样式及内容填写不规范的，每发现一处扣0.2分，扣满2分为止	3分		
		（36）案卷结构规范。案卷封面、案卷脊背、案卷目录、卷内目录及卷内备考表等编制、填写规范	案卷结构编制情况	案卷结构要素不符合规范要求，每发现一项扣0.5分，扣满3分为止	4分		
		（37）纸质档案装订规范。案卷装订牢固、整齐、美观，装订线不压内容；单份文件归档时应在每件文件首页空白处加盖档号章	案卷文件材料	案卷装订存在一定问题，或未装订文件缺少档号章的，每发现一处扣0.2分，扣满2分为止	3分		

续 D-2

序号	验收项目	验收内容	验收备查材料	评分标准	标准分值	自检得分	验收赋分
2.5	项目档案移交保管（5分）	（38）各参建单位按承担的合同内容已向项目法人移交了相关项目档案（含电子档案），并认真履行了交接手续	移交手续及档案目录	项目法人尚未接收各参建单位移交档案的不得分；存在档案移交不全或缺少移交手续的，酌扣0.2~1分	2分		
		（39）档案柜架标识清楚、排列整齐、间距合理，档案种类及数量台账清楚	档案库房及台账	无档案柜架标识或档案数量统计台账的不得分；在档案柜架摆放、标识或档案统计方面存在一定问题的，酌扣0.2~0.5分	1分		
		（40）定期对档案保管状况进行检查，落实库房防火、防盗、防水、防潮、防有害生物等防护措施，确保档案实体安全	检查工作记录及温湿度记录	未落实库房安全管理措施或存在明显安全隐患的不得分；库房管理存在一定问题的，酌扣0.2~1分	2分		
3	档案信息化管理（17分）	项目档案信息化与单位信息化同步实施，满足项目档案信息化管理需要		详见以下各小项内容	17分		
3.1	档案信息化工作计划（1分）	（41）项目档案管理信息化与单位业务信息化同步开展情况，项目电子文件管理和电子档案管理系统纳入项目建设计划	相关信息化工作计划	无档案信息化工作计划的不得分。有档案信息化工作计划，但未与单位业务信息化同步的，酌扣0.2~0.5分；未与项目建设计划同步的，酌扣0.2~0.5分	1分		
3.2	信息化设备设施（2分）	（42）配置档案信息化管理需要的网络环境、专用服务器、终端及辅助设备等，满足可用、安全、高效等要求	信息化设施设备及其清单	未配置相关设备设施的不得分。未配置成套专用设备设施的酌扣0.5~1分；配置成套专用设备设施距离可用、安全、高效有一定差距的，酌扣0.2~0.5分	2分		

续 D-2

序号	验收项目	验收内容	验收备查材料	评分标准	标准分值	自检得分	验收赋分
3.3	档案数字化（5分）	（43）建立了档案数字化工作机制，项目法人或参建单位按要求完成档案数字化工作	合同协议或工作安排	未建立档案数字化工作机制的不得分。已建立档案数字化工作机制并开展档案数字化工作，但完成比例达不到90%的，酌扣0.2~1分	2分		
		（44）档案数字化工作符合规范要求，数字化成果字迹清楚、图样清晰，与传统载体相一致，建立数据库，实现安全、规范存储	档案数字化成果	档案数字化工作不符合规范要求的不得分；数字化成果质量有欠缺的，酌扣0.2~1分	3分		
3.4	电子档案管理（5分）	（45）配置档案管理软件，有效管理项目档案目录数据库和电子档案（含数字化成果），满足档案查询、统计、利用等基本需求	档案管理软件及系统使用情况	未配置档案管理软件的不得分。配置档案管理软件，满足档案查询、统计、利用等基本需求，但使用功能和效果有一定差距的，酌扣0.2~1分	2分		
		（46）配置电子档案管理系统，与项目业务应用、综合办公等系统相互衔接，电子档案管理系统满足电子档案真实性、完整性、可用性、安全性等管理要求，可为数字孪生水利（工程、流域、水网）应用提供基础信息服务	电子档案管理系统及使用情况	未配置电子档案管理系统的不得分。与项目业务应用、综合办公等系统相互衔接满足电子档案真实性、完整性、可用性、安全性等管理要求有欠缺的酌扣0.2~1分。可为数字孪生水利（工程、流域、水网）应用提供基础信息服务有欠缺的酌扣0.2~1分	3分		

续 D-2

序号	验收项目	验收内容	验收备查材料	评分标准	标准分值	自检得分	验收赋分
3.5	档案信息安全（4分）	（47）建立电子档案（含数字化成果）定期复制备份工作机制，实行在线、离线等备份保管措施，重要的电子档案进行异地异质备份	电子档案安全管理制度及其执行情况	未建立电子档案定期复制备份工作机制，且电子档案未实行备份保管的不得分。已建立电子档案定期复制备份工作机制，且电子档案备份保管措施有一定差距的，酌扣0.2~1分	2分		
		（48）统筹开展档案数字化、电子文件归档及电子档案管理的安全保密工作	工作记录或协议文件	无安全保密措施的不得分；安全保密工作有差距的，酌扣0.2~1分	2分		
评定等级：				合计得分分数：			

注：第2部分“档案收集整理质量与移交保管”应达到60分以上，否则评定等级为不合格。

附录 E　财务管理与绩效管理

E-1　预算项目支出绩效自评表

（20××年度）　　单位：万元

<table>
<tr><td colspan="2">项目名称</td><td colspan="3"></td><td>主管部门</td><td colspan="3"></td></tr>
<tr><td colspan="2">项目实施单位</td><td colspan="3"></td><td>联系电话</td><td colspan="3"></td></tr>
<tr><td colspan="2" rowspan="5">项目预算
执行情况
（10 分）</td><td></td><td>年初
预算数</td><td>全年
预算数
（A）</td><td>全年
执行数
（B）</td><td>分值</td><td>执行率
（B/A）</td><td>得分</td></tr>
<tr><td>年度资金总额</td><td></td><td></td><td></td><td>10</td><td></td><td></td></tr>
<tr><td>其中：当年财政拨款</td><td></td><td></td><td></td><td>—</td><td></td><td>—</td></tr>
<tr><td>上年结转资金</td><td></td><td></td><td></td><td>—</td><td></td><td>—</td></tr>
<tr><td>其他资金</td><td></td><td></td><td></td><td>—</td><td></td><td>—</td></tr>
<tr><td colspan="2" rowspan="2">年度总体
目标</td><td colspan="3">年初预算目标</td><td colspan="4">目标实际完成情况</td></tr>
<tr><td colspan="3"></td><td colspan="4"></td></tr>
<tr><td rowspan="9">年度绩效指标</td><td>一级指标</td><td>二级指标</td><td>三级
指标</td><td>年度
指标值
（A）</td><td>实际完成
指标值（B）</td><td>分值</td><td>得分</td><td>偏差原因
分析及
改进措施</td></tr>
<tr><td rowspan="8">产出指标
（50 分）</td><td rowspan="2">数量指标</td><td>指标 1：</td><td></td><td></td><td></td><td></td><td></td></tr>
<tr><td>⋮</td><td></td><td></td><td></td><td></td><td></td></tr>
<tr><td rowspan="2">质量指标</td><td>指标 1：</td><td></td><td></td><td></td><td></td><td></td></tr>
<tr><td>⋮</td><td></td><td></td><td></td><td></td><td></td></tr>
<tr><td rowspan="2">时效指标</td><td>指标 1：</td><td></td><td></td><td></td><td></td><td></td></tr>
<tr><td>⋮</td><td></td><td></td><td></td><td></td><td></td></tr>
<tr><td rowspan="2">成本指标</td><td>指标 1：</td><td></td><td></td><td></td><td></td><td></td></tr>
<tr><td>⋮</td><td></td><td></td><td></td><td></td><td></td></tr>
</table>

续 D-1

年度绩效指标	效益指标（30分）	经济效益指标	指标1：					
			⋮					
		社会效益指标	指标1：					
			⋮					
		生态效益指标	指标1：					
			⋮					
		可持续影响指标	指标1：					
			⋮					
	满意度指标（10分）	服务对象满意度指标	指标1：					
			⋮					
总分								
总分在80分以下的项目，未实现绩效目标的原因分析及拟采取的措施说明：								

注：1. 得分一档最高不能超过该指标分值上限。

2. 定性指标根据指标完成情况分为：完成预期指标、部分完成预期指标并具有一定效果、未完成预期指标且效果较差分档，分别按照该指标对应分值区间100%～80%（含）、80%～60%（含）、60%～0%（含）合理确定分值。

3. 定量指标若为正向指标（即指标值≥＊），则得分计算方法应用全年指标值（B）/年度指标值（A）×该指标分值。

4. 请在“未完成原因分析”中说明偏离目标、不能完成目标的原因。

5. 自评得分在80分以下的，要简要说明绩效目标未能实现的原因和下一步拟采取的具体措施。

E-2 支出绩效评价指标体系框架(参考)

一级指标	二级指标	三级指标	四级指标	指标说明	适用类型
产出	项目产出	实际完成情况	水利建设工程完成率	实际完成工程(数)量/计划完成工程(数)量×100%	水利工程建设类
			水利配套工程完成率	实际完成工程(数)量/计划完成工程(数)量×100%	
			水利其他工程完成率	实际完成工程(数)量/计划完成工程(数)量×100%	
		实际完成情况	配套设施改造内容完成情况	实际完成(数)量/计划完成(数)量×100%	配套与修缮改造类
			加固类项目内容完成情况	实际完成(数)量/计划完成(数)量×100%	
			修缮及改造内容的完成情况	实际完成(数)量/计划完成(数)量×100%	
		实际完成情况	功能实现情况	实际功能实现(数)量/预期功能计划(数)量×100%	信息化建设与改造类
			软件和数据库改造完成情况	实际完成情况/计划完成情况×100%	
			通信服务完成情况	实际完成情况/计划完成情况×100%	
			监测站点(含移动)完成情况	实际完成(数)量/计划完成(数)量×100%	
			业务系统集成率	实际完成情况/计划完成情况×100%	
			电子政务平台建立情况	实际完成情况/计划完成情况×100%	
		实际完成情况	水利工程维护率	实际完成情况/计划完成情况×100%	水利工程运行与维护
			工程维护检查完成情况	实际完成情况/计划完成情况×100%	
			工程勘测次数	实际完成情况/计划完成情况×100%	
			正常运行完成情况	实际完成情况/计划完成情况×100%	
		实际完成情况	设备采购任务完成率(包括数量金额等)	实际完成情况/计划完成情况×100%	购置类
			采购设备安装、调试情况	实际完成情况/计划完成情况×100%	

续 E-2

一级指标	二级指标	三级指标	四级指标	指标说明	适用类型
产出	项目产出	实际完成情况	培养人才数量	实际培养数量/计划培养数量×100%	人才队伍建设类
产出	项目产出	实际完成情况	引进（或外聘）人才数量	实际数量/计划数量×100%	人才队伍建设类
产出	项目产出	实际完成情况	人才培养次数	实际完成情况/计划完成情况×100%	人才队伍建设类
产出	项目产出	实际完成情况	课题（规划）调研/研究完成情况	实际完成情况/计划完成情况×100%	课题及规划类
产出	项目产出	实际完成情况	课题（规划）资料归档情况	实际完成情况/计划完成情况×100%	课题及规划类
产出	项目产出	实际完成情况	课题（规划）验收的完成情况	实际完成情况/计划完成情况×100%	课题及规划类
产出	项目产出	实际完成情况	监测站建设	实际完成（数）量/计划完成（数）量×100%	监测类
产出	项目产出	实际完成情况	监测完成率	实际完成监测数/计划完成监测数×100%	监测类
产出	项目产出	实际完成情况	监测覆盖面积	实际完成面积/计划完成面积×100%	监测类
产出	项目产出	实际完成情况	加固措施实施数	实际完成情况/计划完成情况×100%	监测类
产出	项目产出	实际完成情况	督导次数	实际完成情况/计划完成情况×100%	监测类
产出	项目产出	实际完成情况	保障人员配置数	实际完成情况/计划完成情况×100%	监测类
产出	项目产出	实际完成情况	加固措施实施数	实际完成情况/计划完成情况×100%	监察类
产出	项目产出	实际完成情况	督导次数	实际完成情况/计划完成情况×100%	监察类
产出	项目产出	实际完成情况	保障人员配置数	实际完成情况/计划完成情况×100%	监察类
产出	项目产出	实际完成情况	人员培训任务完成率	人员培训实际数/计划数×100%	会议及培训类
产出	项目产出	实际完成情况	会议、培训的次数	对实际组织次数进行统计	会议及培训类
产出	项目产出	实际完成情况	会议、培训的天数	对实际天数进行统计	会议及培训类
产出	项目产出	实际完成情况	会议、培训的参加人数	对实际参加人数进行统计	会议及培训类

续 E-2

一级指标	二级指标	三级指标	四级指标	指标说明	适用类型
产出	项目产出	实际完成情况	宣传、活动开展次数	对实际开展次数进行统计	宣传及大型活动类
			宣传、活动开展天数	对实际开展天数进行统计	
			宣传、活动参加人数	对实际参加人数进行统计	
			开展宣传、活动的地点数	对开展的宣传活动地点数进行统计	
			宣传、活动的相关报道完成率	对相关有效媒体的报道次数进行统计	
		质量达标情况	项目实施前期准备工作的质量	前期准备工作是否满足实施中的需要	水利工程建设类项目
			工程达标率	检验合格工程数(量)/应检验工程数(量)×100%	
			工程运行寿命指数	现状预期寿命/立项时预期寿命×100%	
			工程完好率	工作运行状态良好工程数(量)/总工程数(量)×100%	
			项目验收合格率	验收合格项目数/总工程数×100%	
		质量达标情况	功能实现率	实际功能实现是否满足需求	信息化建设与改造类
			性能提升情况	性能提升情况是否达到预期要求	
			系统质量稳定性	系统的安全稳定运行情况	
		质量达标情况	设备性能情况	设备购置价格与性能情况	购置类
			设备安装调试结果	设备安装调试的运行情况	
			设备使用寿命指数	设备预期寿命/计划使用年限×100%	
			运转能力饱和率	设备运转能力是否满足需要,设备使用是否饱和	
			勘测合格率	勘测合格数/勘测总数×100%	
		质量达标情况	运行和维护的程序规范性	运行维护是否按照质量控制程序进行	水利工程运行与维护类

续 E-2

一级指标	二级指标	三级指标	四级指标	指标说明	适用类型
产出	项目产出	质量达标情况	工程运行故障次数	纵向、横向比较	水利工程运行与维护类
			水利工程维护率	维护数量/需维护工程总数×100%	
		质量达标情况	研究(调研、规划)内容结构合理性	设置不同层级、赋予相应分值进行评价	课题及规划类
			研究(调研、规划)报告的实用性	设置不同层级、赋予相应分值进行评价	
			研究(调研、规划)报告的先进性	设置不同层级、赋予相应分值进行评价	
		质量达标情况	人才队伍的稳定性	人才队伍是否满足需要,流失率是否影响工作运行	人才队伍建设类
			人才学历(或职称)结构	人才学历(职称)占比情况	
			培养人才考核合格率	考核合格数/培养数×100%	
			项目实施后人才能力的提高	问卷调查、电话调查、网络调查	
			引进(或外聘)人才与岗位需求相符情况	引进(或外聘)人才是否能满足岗位工作需要	
			外聘人员工作完成情况	外聘人员工作完成率:实际完成工作量/计划完成工作量×100%	
			人才梯队建设是否合理	人才梯队占比是否符合工作需要	
		质量达标情况	培训人员获得相关技能考试证书的情况	获得证书人数/培训人数×100%	会议及培训类
			学员对相关知识、技能的掌握程度	相关测试通过数/学员数×100%	
			学员对培训中所学知识和技能的应用熟练程度	实际应用测试合格情况	
			培训合格(优秀)率	培训考试合格和优秀的比率	
			会议后跟踪服务质量	会议后跟踪服务问卷满意度	
			会议培训资料及相关档案管理情况	会议资料的完整性与档案归档及时性及档案管理情况	

续 E-2

一级指标	二级指标	三级指标	四级指标	指标说明	适用类型
产出	项目产出	质量达标情况	服务对象对宣传的相关知识、技能等的掌握程度	问卷调查、电话调查、网络调查	宣传及大型活动类
			宣传、活动资料及相关档案管理情况	宣传资料的完整性与档案归档及时性及档案管理情况	
			宣传品质量	宣传品的使用寿命与材质质量	
			宣传、活动后期跟踪服务质量	后期服务问卷满意度	
		完成及时情况	项目实施的及时性	进度控制日完成率：实际完成情况/计划完成情况×100%	全部项目类型
			项目整体进度实施的合理性	项目整体进度与计划进度的相符情况	
		成本控制情况	实际成本与工作内容的匹配程度	纵向、横向数据比较	
			产出成本控制措施的有效性	确保项目支出不超合理预算	
			设备性价比	设备购置价格与性能情况	
效果	项目效益	经济效益	水利工程建设与水资源利用产生的经济效益	水利工程与水资源利用产生的直接收入	全部项目类型
			控制和降低水域自然灾害所产生的损失	工程能够达到的防洪水平较以往提高情况	
			水力发电与供水收益	水力发电与供水收入情况	
			提高农业生产的间接经济效益	水利投入资金/覆盖区域农业收入×100%	
			降低水利工程运行成本效益	实际成本/计划运行成本×100%	
		社会效益	流域防洪保安预期效果	抵挡多少年一遇洪水的能力	全部项目类型
			水资源调度能力	年度水资源调度能力	
		社会效益	供水保障率	实际供水数/需求供水数×100%	水利水务类
			水务建设情况	年度水务建设投入情况	
			解决供水人口数量	较上年度增长情况	

续 E-2

一级指标	二级指标	三级指标	四级指标	指标说明	适用类型
效果	项目效益	社会效益	灌溉覆盖	有效灌溉面积覆盖情况	水利水务类
			灌溉面积增长情况	新增灌溉面积	
			灌溉预期实现情况	是否可以达到预期标准	
			除涝预期实现情况	是否可以达到预期标准	
		社会效益	国际论文发表篇数	发表篇数/计划发表数×100%	水利设计与科学研究类
			水利设计论文数量	实际数/计划数×100%	
			国家核心期刊论文发表篇数	实际数/计划数×100%	
			成果获奖情况	实际数/计划数×100%	
			标准制定修订情况	实际数/计划数×100%	
			人才培养情况	实际数/计划数×100%	
			科技成果转化数	实际数/计划数×100%,或纵向、横向比较	
		社会效益	水利资源利用率	已利用水资源/可利用水资源×100%	资源利用类
			雨洪资源开发利用情况	实际数/计划数×100%	
		社会效益	水利突发事件报告及时率	及时报告数/突发事件数×100%	防汛抗旱类
			洪区应急预案体系完整性	洪区应急预案是否完整,是否满足应急需求	
			洪区模拟演练次数	模拟演练次数是否能满足实际需求	
			应急物品储备齐全率	应急物品储备数量/应储备数量×100%	
			突发事件处置的有效性	是否达到预期目标	

续 E-2

一级指标	二级指标	三级指标	四级指标	指标说明	适用类型
效果	项目效益	社会效益	水域纳污率	是否达到预期目标	水保及生态保护类
			排污总量控制率	排污量/排污控制量×100%	
			入河排污口管理情况	实际排污数量/监控管理排污口数量×100%	
			水源保护、地下水开发管理情况	实际开采利用数/登记管理开采利用数×100%	
		社会效益	农田水利利用情况	是否达到设计指标	农田水利类
			农田治理产值保持率	当年度产值/前三年度产值平均值×100%	
			新增收益人口数量	是否达到设计指标	
			新增灌溉面积	是否达到设计指标	
			恢复改善灌溉面积	是否达到设计指标	
			年新增节水能力	是否达到预期目标	
			年新增供水能力	是否达到预期目标	
			灌溉保证率	是否达到设计指标	
			水利工程生态保护情况	水利工程对生态环境保护的影响情况	
		生态效益	河流、湖泊、水库的水功能区保护情况	水功能区的持续保护与恢复情况	全部项目类型
			城市污水处理回用率	污水处理回用数/污水处理数×100%	
			水环境保护效果	当年水源环境报告较上年的改善情况	
			水资源承载能力提高情况	较上年度水资源承载能力提高量	
			环境供水保证率	是否达到预期目标，纵向、横向比较	
			水土流失治理率	是否达到预期目标，纵向、横向比较	
			清污分流情况	是否达到预期目标，纵向、横向比较	

续 E-2

一级指标	二级指标	三级指标	四级指标	指标说明	适用类型
效果	项目效益	可持续影响	对流域的防洪抗旱减灾的长期作用	项目预期长期效果是否能满足当地抗旱减灾的需求	水利工程运行与维护类
			对当地相关农业发展的促进作用	项目对农业发展促进作用的显著性	
			对水资源利用和水资源承载力的可持续影响	设置不同层级、赋予相应分值进行评价	
			对供水区域的长期影响	项目对供水区域长期影响情况	
		可持续影响	流域防洪的中长期效果	设置不同层级、赋予相应分值进行评价	水利工程运行与维护类
			水务服务的长效机制及效果	项目是否制定长效运行机制,能否满足当地水务需求	
			灌溉区域的长效影响	设置不同层级、赋予相应分值进行评价	
			除涝排涝的长效影响	设置不同层级、赋予相应分值进行评价	
		可持续影响	对水利发展的促进作用	问卷调查、电话调查、网络调查	水利设计和科学研究
			水资源利用的先导作用	问卷调查、电话调查、网络调查	
			研究与设计成果转化情况	纵向、横向数据比较	
			标准制定对水利发展的影响	设置不同层级、赋予相应分值进行评价	
		可持续影响	对水利利用水平提高的可持续影响	设置不同层级、赋予相应分值进行评价	水利开发与利用类
			对提高水利开发水平的促进作用	设置不同层级、赋予相应分值进行评价	
			对水利项目管理水平的支撑作用	设置不同层级、赋予相应分值进行评价	
		可持续影响	对解决自然灾害和确保工程安全的保障作用	设置不同层级、赋予相应分值进行评价	水利安全监测类
			对污水处理回用水平提高的可持续影响	设置不同层级、赋予相应分值进行评价	非常规水资源利用
			对非常规水资源利用整体水平的促进作用	设置不同层级、赋予相应分值进行评价	
			雨洪资源利用开发的促进作用	设置不同层级、赋予相应分值进行评价	

续 E-2

一级指标	二级指标	三级指标	四级指标	指标说明	适用类型
效果	项目效益	可持续影响	对地上与地下水源保护的作用	设置不同层级、赋予相应分值进行评价	水保及生态保护类
			生态环境保护的长期影响	设置不同层级、赋予相应分值进行评价	
			对提高流域水质的保障作用	设置不同层级、赋予相应分值进行评价	
		可持续影响	库区移民安置长效机制情况	设置不同层级、赋予相应分值进行评价	库区移民类
			库区移民后期扶持情况	设置不同层级、赋予相应分值进行评价	
		可持续影响	滩涂治理率	实际治理数/应治理数×100%	滩涂治理及围垦工程类
			围垦项目的长远影响	设置不同层级、赋予相应分值进行评价	